ÁNGEL ESTEBAN Y ANA GALLEGO

DE GABO A MARIO

Ángel Esteban es profesor de Literatura Hispanoamericana en la Universidad de Granada. Ha dictado cursos y conferencias en más de cincuenta universidades y publicado más de cuarenta libros, entre los que cabe citar *Donde no habita el olvido, Cuando llegan las musas, Literatura cubana: entre el viejo y el mar* y, con Ana Gallego, *Juegos de manos: antología de la poesía hispanoamericana de mitad del siglo* XX.

Ana Gallego es doctora en Filología Hispánica y licenciada en Antropología Social y Cultural por la Universidad de Granada. Actualmente da clases de literatura hispanoamericana en esta universidad. Es coautora de la antología *Juegos de manos*, así como la autora de *Trujillo: el fantasma y sus escritores (Historia de la novela del trujillato)* y de más de una veintena de artículos científicos en revistas especializadas del campo.

DE GABO A MARIO

ÁNGEL ESTEBAN Y ANA GALLEGO

DE GABO A MARIO

EL *BOOM* LATINOAMERICANO A TRAVÉS
DE SUS PREMIOS NOBEL

VINTAGE ESPAÑOL
Una división de Random House, Inc.
Nueva York

PRIMERA EDICIÓN VINTAGE ESPAÑOL, ENERO 2011

Copyright © 2009 por Ángel Esteban y Ana Gallego
Copyright del epílogo © 2011 por Ángel Esteban

Todos los derechos reservados.
Publicado en los Estados Unidos de América por Vintage Español,
una división de Random House, Inc., Nueva York,
y en Canadá por Random House of Canada Limited, Toronto.
Originalmente publicado en España como *De Gabo a Mario: la estirpe del Boom*
por Espasa Calpe, S. A., Madrid, en 2009.
Copyright © 2009 por Espasa Calpe, S. A.

Vintage es una marca registrada y Vintage Español y su colofón
son marcas de Random House, Inc.

Información de catalogación de publicaciones disponible
en la Biblioteca del Congreso de los Estados Unidos.

Vintage ISBN: 978-0-307-74339-8

www.grupodelectura.com

Impreso en los Estados Unidos de América
10 9 8 7 6 5 4 3 2 1

ÍNDICE

A Álvaro y Pepa

DE GABO A MARIO

DE VEZ EN CUANDO LA VIDA

«Todos somos ignorantes, lo que ocurre es que no todos ignoramos las mismas cosas». Por eso, unos alcanzan cimas y otros se quedan en las simas. El dueño de la primera frase, un tal Albert Einstein, era un ignorante porque no sabía que Gabo nació en Aracataca el 6 de marzo de 1927, pero su tesis doctoral, que apenas tenía una línea, cambió el mundo: aquello tan escueto que no ignoraba (no necesitó varios cientos de páginas para convencer a un sesudo tribunal) tuvo una repercusión en la física contemporánea y en el conocimiento científico posterior solo comparable al descubrimiento de Newton. Eso demuestra que lo que no se ignora es lo que pone a cada uno en su sitio. «Del derecho y del revés, uno solo es lo que es y anda siempre con lo puesto: nunca es triste la verdad, lo que no tiene es remedio». El dueño de esta última frase, Joan Manuel Serrat, bien lo sabe, y por eso lo que no ignora le ha dado el reconocimiento de que hoy goza.

Lo que vas a encontrar en este libro, ignorante lector, es una historia en la que los protagonistas tuvieron la suerte de saber lo necesario en el lugar correcto y el tiempo adecuado, y por ello hoy son lo que son: grandes figuras de la literatura mundial, culpables de que los años sesenta y setenta del XX hayan sido el verdadero siglo de oro de la literatura hecha en América Latina, la más floreciente de todo el planeta. Verdad nada triste y que no tiene remedio, ni desea tenerlo. Pero no todo fueron facilidades: los proyectiles del *boom,* que estallaron en un perímetro similar al del globo terráqueo, tienen una historia de oscuras y difíciles vicisitudes. Nadie ignora el trauma que sufrió Mario Vargas Llosa cuando conoció a su padre a los nueve años y los tormentos a los que fue sometido durante su adolescencia, por la rigidez de su educación y la negativa a que el cadete escribiera literatura. Pocos desconocen ya la vida errante de García Márquez durante más de treinta años, primero con sus abuelos, porque los padres no podían alimentarlo, y luego por los diversos trabajos que realizó para ganar una miseria, lo que lo llevó a empeñar sus manuscritos y ser fiado por el dueño de la casa de putas donde vivía; tampoco resulta grato recordar el momento en que el pequeño Borges, con nueve años, habiendo vivido entre algodones en un ambiente familiar de ensueño, tuvo que ir a la escuela y comprobar que el mundo era ancho y ajeno, o más tarde, cuando constató que había heredado la enfermedad de su padre e iba a quedarse ciego a una edad temprana. Como tétrico podría definirse el aspecto de Guillermo Cabrera siendo doblemente infante, sin zapatos ni apenas ropa, hasta que pudo salir de Gibara; pobre y desolado fue el primer contacto de Donoso con el mundo editorial, pues tuvo que pagar la publicación de su primer libro de cuentos con el dinero que le adelantaron amigos y familiares; y triste fue, en fin, la infancia de Julio Cortázar, entre una madre deprimida por el abandono de su marido, y un médico que le aconsejaba a su progenitora que el niño no leyese, porque podía ocasionarle trastornos mentales.

Pero todos ellos, y muchos más de los relacionados con el *boom*, supieron cómo sobreponerse a esas dificultades y llegar a la cima en la que se colgaron, por méritos propios, y por creer y apostar por una vocación certera. Seguramente, si han escuchado la canción de Serrat «De vez en cuando la vida», han pensado en el camino que recorrieron, las noches de sustancia infinita caídas en su dormitorio, las crisis de creación, la ausencia o el capricho de las musas, la negativa de un editor a aceptar un manuscrito, las críticas ácidas a alguna de sus obras, y, probablemente, han concluido que, a pesar de todo, merece la pena vivir y dedicarse a la literatura, porque:

De vez en cuando la vida
Nos besa en la boca
Y a colores se despliega
Como un atlas,
Nos pasea por las calles
En volandas
Y nos sentimos en buenas manos;
Se hace de nuestra medida,
Toma nuestro paso
Y saca un conejo de la vieja chistera
Y uno es feliz como un niño
Cuando sale de la escuela.

De vez en cuando la vida
Toma conmigo café
Y está tan bonita que
Da gusto verla.
Se suelta el pelo y me invita
A salir con ella a escena.

De vez en cuando la vida
Se nos brinda en cueros
Y nos regala un sueño
Tan escurridizo
Que hay que andarlo de puntillas
Por no romper el hechizo.

De vez en cuando la vida
Afina con el pincel
Se nos eriza la piel
Y faltan palabras
Para nombrar lo que ofrece
A los que saben usarla.

De vez en cuando la vida
Nos gasta una broma
Y nos despertamos
Sin saber qué pasa,

Chupando un palo sentados
Sobre una calabaza.

(J. M. Serrat, «De vez en cuando la vida»)

Los chicos del *boom* supieron cómo usar la vida, pero tuvieron que trabajar duro para ello. En este libro veremos cómo, en los años sesenta, cuando nadie hablaba todavía de la literatura en Latinoamérica, una serie de hechos y la publicación de ciertas obras cambiaron el panorama cultural de Occidente de manera ostensible; asistiremos al triunfo de la Revolución Cubana y a la incorporación de los intelectuales latinoamericanos, y muchos europeos, al carro de los exultantes vencedores; recorreremos las calles de Caracas, Bogotá y Lima de la mano de Gabo, Mario y José Miguel Oviedo para asistir a los fastos del estallido real del *boom,* con el premio de Mario y la publicación estelar de la gran obra del colombiano; viajaremos de París a Londres, de Puerto Rico a los Estados Unidos, y de allí a Barcelona, para participar en la vida de esas ciudades, plagada de continuas fiestas y reuniones, actividades culturales y entrevistas en diversos medios de comunicación; leeremos las cartas, inéditas hasta hoy, que se enviaron durante todos esos años; acudiremos a Cuba hasta los momentos del caso Padilla; nos pasearemos por París, México y Praga en 1968, para revivir los momentos más interesantes de las convulsiones estudiantiles y el horror de los tanques rusos; cenaremos en los más afamados restaurantes catalanes, en compañía de los amigos, y pasaremos juntos las mejores navidades de nuestra vida; conoceremos a Carlos Barral y Carmen Balcells, que serán nuestro editor y nuestra agente literaria, gracias a los cuales ganaremos mucho dinero; publicaremos en las mejores revistas de la época; nos reiremos, lloraremos, e incluso tendremos enfrentamientos y serias disputas.

De vez en cuando la vida nos besa en la boca, pero aunque no lo hiciera, siempre nos quedaría la literatura: un libro de vez en cuando. Gracias a ella, aunque el rumor de la vida nos falte y su aire no nos llene los pulmones, soñamos que alguien nos pasea por las calles en volandas y nos sentimos en buenas manos, que alguien saca un conejo de la vieja chistera y somos felices como un niño cuando sale de la escuela. La literatura nos transporta a otra dimensión, nos libra de las frustraciones, nos hace traspasar el espejo de Alicia, seguir caminos de baldosas amarillas y coronarnos reyes de Macondo. Si los chicos del *boom* han llegado a ser lo que son, es porque, en su ignorancia de la Teoría de la relatividad, sabían cómo hay que agarrar al lector por las solapas y no soltarlo hasta la última línea. La literatura no supera a la vida, pero sí la matiza y hasta la hace mejor. Por eso leemos, y por eso, la lectura enriquece nuestra existencia, nos regala experiencias de otros mundos, otros individuos con los que nos identificamos, con los que coincidimos, a los que criticamos, aprobamos o rechazamos rotundamente. La literatura, sin duda, nos hace sentirnos más vivos, por ello es necesaria en todas sus manifestaciones: la historia de los libros, los entresijos del orbe literario, las ideas de los escritores acerca de su creación y las relaciones personales que se establecen entre ellos.

Dentro del ámbito hispánico, la época del *boom* marcó un hito incontestable que hemos tratado de historiar y presentar en todas sus manifestaciones, a lo largo de estas páginas. Para lograrlo hemos realizado múltiples entrevistas, tanto a escritores como a sus amigos, a aquellos que han vivido, junto a los genios, momentos inolvidables. Asimismo, hemos encontrado materiales ya publicados que nos han ayudado. Pero, sin duda, lo que más puede interesar en este libro, por la novedad que ello supone, es la cantidad de datos y textos inéditos de los narradores y sobre los narradores: cartas manuscritas, testimonios personales, declaraciones verbales, etc.; un universo que nos hará entrar con más pasión y conocimiento en sus obras, para que seamos menos ignorantes y mejores lectores. El que sabe lo que es necesario, no tiene que saber otras cosas que ignora. Y al que sabe, en más de una ocasión, la vida, o la literatura, se le brinda en cueros, y le regala un sueño tan escurridizo que hay que andarlo de puntillas por no romper el hechizo. Y es que disfrutando las obras literarias, conociendo los pliegues de su realización, nunca nos despertaremos sin saber qué pasa, chupando un palo, sentados sobre una calabaza.

1
EL SUR TAMBIÉN EXISTE

La década de los sesenta es uno de los períodos más interesantes de la cultura e historia de Occidente. Los Beatles, los Rolling, la Primavera de Praga, el Concilio Vaticano II, la Teología de la Liberación, el Mayo del 68, la Revolución Cubana, el *boom* de la narrativa hispanoamericana, el progresismo político en las élites culturales, la llegada a la Luna, la esperanza en el triunfo de nuevos sistemas políticos, más equitativos, la Guerra de Vietnam, la rebelión antirracista en los Estados Unidos, etc., todo eso constituyó una *densidad* humana y pública que no ha vuelto a manifestarse hasta el día de hoy. Estos acontecimientos propusieron una serie de interrogantes al universo de la contemporaneidad, cuya respuesta está todavía, *my friend, blowing in the wind,* como diría Bob Dylan. Terminada la Guerra Mundial y dividido el mundo en dos grandes bloques, los roles de unos y otros parecían perfectamente definidos y delimitados, hasta que en esos años alguien echó una pastilla blanca, efervescente, en las aguas frías del Atlántico: Occidente se convirtió en una fiesta de la rebeldía donde las burbujas salpicaban, de norte a sur y de este a oeste, las costas europeas y americanas. En ese ambiente de euforia colectiva, el Este se transforma en un eje de reivindicación frente al Occidente capitalista, pero también el Sur, secularmente pobre y desplazado, sale de su invisibilidad. Mario Benedetti escribe un poema, «El Sur también existe», que describe esas inquietudes:

Con su ritual de acero
sus grandes chimeneas
sus sabios clandestinos
su canto de sirenas
con sus llaves del reino
el Norte es el que ordena,
pero aquí abajo, abajo
el hambre disponible
recurre al fruto amargo
de lo que otros deciden.
Con su esperanza dura
el Sur también existe.

Con sus predicadores
sus gases que envenenan
su escuela de Chicago
sus dueños de la tierra
con sus trapos de lujo
y su pobre osamenta
sus defensas gastadas
sus gastos de defensa.
Con su gesta invasora
el Norte es el que ordena.

Pero aquí abajo, abajo
cada uno en su escondite
hay hombres y mujeres
que saben a qué asirse
apartando lo inútil
y usando lo que sirve.
Con su fe veterana
el Sur también existe.

Con su corno francés
y su academia sueca
su salsa americana
y sus llaves inglesas
con todos sus misiles

y sus enciclopedias
con todos sus laureles
el Norte es el que ordena.

Pero aquí abajo, abajo
cerca de las raíces
es donde la memoria
ningún recuerdo omite
y hay quienes se desmueren
y hay quienes se desviven
y así entre todos logran
lo que era un imposible
que todo el mundo sepa
que el Sur también existe.

(Esteban y Gallego 2008: 1040-1042)

El Sur existe porque todo el mundo sabe, a partir de entonces, que ocupa un lugar en el mundo. En la esfera política, Cuba lo introducirá en el Este, para llegar al Norte, y en la literaria, los del *boom* convocarán a las nueve musas para decir: «aquí estamos» a los cinco continentes y a los cinco océanos. En 1985, cuando esa literatura ya tiene dos premios Nobel y las traducciones de sus obras capitales empapelan los aeropuertos de todo el mundo, Joan Manuel Serrat da a conocer un disco con letras de Benedetti, titulado precisamente «El Sur también existe», recordando a toda América Latina lo que había comenzado veinte años antes. Lo presenta en Santo Domingo, cuna de la Hispanidad, y desde allí realiza una gira por toda América Latina, que culmina a principios de 1986 con los recitales de Rosario y Mar del Plata (Argentina) y la apoteosis final de Montevideo, la patria chica de Benedetti, donde se congregan treinta mil personas. Asimismo, graba para Televisión Española un especial titulado como el disco y el poema del uruguayo (con guión de Manuel Vázquez Montalbán y la colaboración del periodista Fernando García Tola), donde se recogen, además, los momentos estelares de su paso por Madrid, Barcelona y Valencia.

¿Cómo empezó el Sur a hacerse Norte? Literariamente, cuando unos cuantos jóvenes latinoamericanos inventaron otro modo de decir las cosas. De entre ellos, dos figuras indiscutibles, Gabo y Mario, el poeta y el arquitecto, el mago de la palabra y el constructor de universos. Carlos Fuentes, amigo de ambos y sagaz crítico, ya se daba cuenta, en 1964, de que algo estaba cambiando radicalmente en el mundo, y que el protagonismo cultural iba a proceder, a partir de entonces, de ese continente mestizo, nuevo y casi virgen. En una carta a Mario Vargas Llosa fechada en el bisiesto 29 de febrero de 1964, le confesaba al amigo:

> Acabo de terminar *La ciudad y los perros,* y me cuesta trabajo escribirte y saber por dónde empezar. Siento envidia, de la buena, ante una obra maestra que, de un golpe, lleva la novela latinoamericana a un nuevo nivel y resuelve más de un problema tradicional de nuestra narrativa. Hablaba con Cohen en Londres y coincidíamos en que el futuro de la novela está en América Latina, donde todo está por decirse, por nombrarse y donde, por fortuna, la literatura surge de una necesidad y no de un arreglo comercial o de una imposición política, como tan a menudo sucede en otras partes. Ahora, al leer una detrás de la otra *El siglo de las luces, Rayuela, El coronel no tiene quien le escriba* y *La ciudad y los perros,* me siento confirmado en este optimismo: creo que no hubo, el año pasado, otra comunidad cultural que produjera cuatro novelas de ese rango. El penoso ascenso narrativo a través de las novelas impersonales o documentales, de la selva y del río, la revolución y la moraleja ilustrada nos permitió llegar a un Carpentier que convierte esa materia documental en mito, y a través del mito lo americano en lo universal. Pero la plena personalización de la novela latinoamericana (en un doble sentido: personajes vivos vistos desde el punto de vista personal de un escritor) solo se alcanza, creo, en *La ciudad y los perros.* ¿Para qué te voy a decir todo lo que me ha impresionado en tu maravillosa obra?
>
> (Princeton C.0641, III, Box 9)[1]

---

[1] Esta cita está sacada de la documentación que existe sobre los autores latinoamericanos en la sala Rare Books de la Firestone Library de la Universidad de Princeton, en los Estados Unidos de América. Se trata de manuscritos inéditos que pueden consultarse únicamente allí. Cada uno tiene una clave y en su interior existen varias cajas dedicadas a diversos textos ordenados alfabéticamente y por

Es evidente que Fuentes, en un detalle de humildad, ha dejado fuera de ese grupo de novelas *La muerte de Artemio Cruz,* del mismo año, la cual, hoy por hoy, sigue siendo la obra cumbre del mexicano, y uno de los referentes más exquisitos del *boom.* Por lo demás, el juicio es acertadísimo, y digno de admiración. Ahora, después de casi cincuenta años, es muy fácil valorar lo que fueron esos momentos, pero solo una clarividencia como la de Fuentes es capaz de aventurar esa hipótesis en el mismo momento en que el proceso acaba de empezar a gestarse. Y Mario Benedetti, en 1967, se preguntaba, cuando quedaban ya pocas dudas sobre la importancia del grupo que armaría el *boom:* «¿Qué literatura puede exhibir hoy un conjunto de equivalente calidad a *Los pasos perdidos, Pedro Páramo, El astillero, La muerte de Artemio Cruz, Hijo de hombre, Rayuela, La casa verde y Cien años de soledad?*» (Benedetti 1967: 23). Por eso no es extraño que, en 1968, una revista tan ajena al ámbito latino como el suplemento literario de *The Times* asegurara, sin dudas, que la contribución más significativa a la literatura mundial estaba llegando en esos años de la América que escribe en español.

En lo político, el Sur comienza a acercarse al Norte a través del Este, como ya hemos anunciado. El hecho clave se sitúa el 1 de enero de 1959, justo hace medio siglo, en una isla del Caribe, cuando unos pocos barbudos bajan de una montaña y toman una república bananera hasta entonces ideada, dominada y explotada por los Estados Unidos. Todavía no hemos reflexionado lo suficiente sobre lo que supuso el triunfo del grupo de guerrilleros revolucionarios que cambiaron no solo la historia de Cuba, sino toda una idea de Tercer Mundo frente al imperio del capitalismo. Es difícil pensar qué habría pasado en la segunda mitad del siglo XX si Castro y sus colaboradores no hubieran situado Cuba en el punto estratégico de la alternativa colectivista, y no hubieran liderado un proyecto que comenzó localmente y pronto se convirtió en una realidad continental, que obtuvo réplicas importantes, al menos, en Europa y África. Y no

---

antigüedad, divididos en secciones según el tipo de documentación. A partir de ahora, todas las citas que hagamos de esos textos tendrán en cuenta esas claves, tipos y cajas, con la indicación «Princeton» donde debería ir el nombre del autor.

solo esto: la revolución castrista inundó tanto el orbe político como el cultural: los intelectuales cerraron filas, con escasas excepciones, en torno a un proyecto que les atrajo profundamente. Por eso, hablar del *boom* de la literatura de los sesenta es también seguir la evolución de la vida política y cultural de la Cuba de esos años. Si el Sur existe, lo es en gran medida porque Cuba existe y Castro existe. Y son los años sesenta y primeros setenta, hasta el caso Padilla, los que marcarán el dominio de «lo cubano» en el área del Sur. Todavía en 1979 se hablaba de la huella que habían dejado los revolucionarios en el universo cultural latino desde 1959. Prueba de ello es la carta que Juancho Armas Marcelo le envía a Mario Vargas Llosa el 25 de julio de 1979, una vez terminado el Congreso sobre literatura latinoamericana que él mismo había organizado en las islas Canarias. En esta reunión hubo mucha polémica, sobre todo porque los cubanos quisieron controlarlo y politizarlo, como acostumbraban a hacerlo siempre:

> El Congreso, y eso para mí es una gran experiencia, resultó una partida de ajedrez que pensé —en los primeros días— que estaba perdida. Vimos que no y que el *cubacentrismo* iba a desaparecer en esta reunión. Parece que es un efecto general: Cuba ya no manda subrepticiamente en las determinaciones culturales de América Latina y está, paulatinamente, empezando a ser cuestionada por las nuevas generaciones de escritores e intelectuales. El Gabo envió un telegrama para paliar la posible queja interior de los Padillas. Tenías que haber visto a Adriano (Glz. León) hecho una fiera venezolana: ¿Desde dónde carajo iba a enviarlo su familia desde La Habana? Y entre ironías sacar adelante unas conclusiones más o menos firmes o, al menos, perentorias.
>
> La contestación interior, la mediocridad y la envidia de los anónimos escritores canarios, localmente internacionales (aunque no pasaron de 20) no se hizo esperar. Acusaciones ridículas marcadas por su propia frustración, como puedes imaginarte. Ahora, sí recordé una palabra que me dijiste en Lima, cuando la recepción del Embajador Tena: «Desagradable». Ese es el sentimiento que se acomodó en mí los días del Congreso, porque fue esa misma mediocridad que estaba en la reunión del Embajador, los «zorrillos» y «ale-

jandros», los que también desde Canarias lanzaron su inútil proclama sobre el Congreso.

(Princeton C.0641, III, Box 2)

EL SUR TAMBIÉN ES TRISTE, EL SUR TAMBIÉN EMBISTE

También los sesenta significan un acercamiento emocional por parte de la intelectualidad internacional hacia esa gran tajada de la sandía que se encuentra podrida y sin recursos. El papa Juan XXIII, con sus encíclicas *Mater et Magistra* y *Pacem in terris,* de 1961 y 1963, respectivamente, culminaba un proceso abierto en 1891 por León XIII con su texto *Rerum Novarum,* en el que por primera vez se había entrado de lleno en cuestiones sociales de gran calado, como la explotación a la que son sometidos los obreros y los humildes por parte de los dueños del capital. Lo cierto es, que en América Latina y otras muchas regiones del planeta, la situación de desamparo de las clases bajas y el constante asedio de los países poderosos sobre las quebradizas economías de los *sures,* reflejan que hace falta una dinámica diferente. Y es precisamente en esa década cuando se plantean las bases teóricas y prácticas, en América Latina, para un cambio posible. Ni la independencia de comienzos del XIX, ni los movimientos obreros de fin del mismo siglo, ni la revolución mexicana de principio del XX, ni la proliferación de partidos de izquierdas de los años veinte, ni las reformas agrarias de los treinta, ni las consecuencias intercontinentales de la Segunda Guerra Mundial habían conseguido quebrar la estructura básica de los modelos políticos o económicos del triste Sur. Pero la década de los sesenta convierte en promesa probable lo que hasta entonces solo había sido un deseo inútil. Son catorce años de *gloria* que van desde la entrada de los barbudos de la Sierra en La Habana hasta la muerte violenta de Allende en Chile (1959-1973). Curiosamente, los mismos en los que explota la producción literaria latinoamericana y se convierte en referente mundial.

Y en ese proyecto tienen igual relevancia los políticos y los intelectuales, ya que estos adquieren un protagonismo exquisito. Algo que no ocurre en el Primer Mundo. En Alemania, Francia, Inglaterra, Estados Unidos, etc., los políticos manejan el poder y los intelectuales manifiestan su opinión acerca de lo que hacen los otros. Pocas veces un magnífico novelista (como Vargas Llosa en Perú) se presenta a unas elecciones presidenciales, o un Premio Nobel (como Neruda en Chile) encabeza la campaña presidencial de un partido que ganará, y luego lo colocará al frente de la embajada más codiciada; o un gran narrador (como Sergio Ramírez en Nicaragua) será vicepresidente de su país, o ministro (como Abel Prieto en Cuba o Cardenal en Nicaragua). Pero en América Latina, la línea que divide al hombre de acción y al artista es, a menudo, bastante delgada. Es más, en los años sesenta, la política llega a constituir el nudo gordiano de la legitimidad de la obra de los artistas e intelectuales, y la *res* pública es la materia que autoriza su voz. Se produce así un intento denodado por destruir, de una vez por todas, los límites entre el arte y la vida y acabar para siempre con la imagen romántica del escritor en su torre de marfil. Es el *cajón de Sartre* donde todo el compromiso del escritor es poco para cambiar el mundo. El escritor francés, que tuvo una gran influencia en los latinoamericanos del *boom,* sobre todo en Vargas Llosa y en Sábato, justificaba la violencia revolucionaria en el prólogo a *Los condenados de la tierra,* como motor de la historia, y veía un papel activo y determinante en el escritor para llevar a cabo ese movimiento. De hecho, el mismo término *intelectual* se carga de contenido político y revolucionario. El intelectual, a partir de esa década, será no solo el que maneje ideas y las exponga, sino el que esté comprometido con las causas de las izquierdas y llegue a ser «uno de los principales agentes de la transformación radical de la sociedad» (Gilman 2003: 59). En 1960, Morin aseguró que «el escritor que escribe una novela es un escritor, pero si habla de la tortura en Argelia, es un intelectual» (Morin 1960: 35).

En este contexto, uno de los hitos históricos que contribuyeron a la identificación del intelectual con un proyecto político fue la Revolución Cubana. Cuando unos franceses preguntaron a Sartre cómo manifestar una actitud comprometida con las causas de los más necesitados, el pensador galo, recién vuelto de la isla mayor del

Caribe, les contestó: «¡Vuélvanse cubanos!» (Gilman 2003: 73). Desde la fundación de la Casa de las Américas, la mayoría de los escritores latinoamericanos, y gran parte de la intelectualidad europea, estuvieron fuertemente ligadas a las actividades políticas y culturales que organizaban los cubanos, y viajaban con frecuencia a la isla. Ya en 1960 se puso en marcha la revista *Casa de las Américas,* dirigida por una de las heroínas de la Sierra Maestra, Haydée Santamaría, cuyo protagonismo en la institución sería fundamental hasta su muerte en 1980. En esos primeros números de los sesenta, entre los incorporados paulatinamente al consejo de redacción y los colaboradores, observamos la confluencia de muchos de los integrantes del *boom,* sus críticos y sus acólitos. Personajes como Julio Cortázar, Mario Vargas Llosa, Ernesto Sábato, Roberto Fernández Retamar, Roque Dalton, Carlos Fuentes, Ángel Rama, Antón Arrufat, Mario Benedetti, David Viñas, Lisandro Otero, Juan Goytisolo, Ernesto Cardenal, Régis Debray, Juan Carlos Onetti, Alejo Carpentier, José Donoso, circularon con frecuencia alrededor de la publicación y mostraron su faz más comprometida. El mérito cubano consistió en hacer creer que había un proyecto común latinoamericano, por el cual el Sur se diferenciaba radicalmente del Norte, no solo de modo identitario, sino a través de la actuación y el compromiso para transformar el mundo.

Tan inmediata y aglutinante fue la impronta del nuevo proyecto cubano que enseguida hubo reacciones en contra. De hecho, la política cultural norteamericana fue desde los primeros momentos adversa a la cubana, y desde el enemigo del Norte se intentó acabar con actividades como las de Prensa Latina, la agencia de noticias creada a instancias del Che, en la que trabajó García Márquez durante unos meses en 1960, no sin peligro hasta de su propia integridad, sobre todo en su etapa neoyorquina. Otra respuesta rápida, en el mismo año, a las inquietudes cubanas fue el Congreso por la Libertad y la Cultura, un gremio fundado en 1950, de carácter anticomunista y pronorteamericano. Los delegados de los países latinoamericanos tuvieron varias sesiones a mitad de diciembre en París para reflexionar sobre la excesiva politización de los intelectuales del subcontinente, y su adhesión incondicional a las ideologías de izquierda, unidos en causa común con el caso cubano. Se trataba de convencer a los escritores de que evitaran entusiasmos excesivos y, a la vez, darles informaciones objetivas sobre lo que pretendían los barbudos recién llegados al poder. En la «Declaración sobre Cuba», publicada en la revista *Cuadernos* en 1961, se deploraba que el anhelo por conseguir una sociedad justa, libre y democrática no se hubiera llevado a cabo, porque Cuba «se había convertido en satélite de la Rusia soviética y de la China roja y, lo que era más preocupante, se proponía lograr iguales propósitos en el resto de América Latina» (Gilman 2003: 106).

La verdad, Cuba no solo fue un foco de ideas y actitudes, sino incluso un hogar para los intelectuales latinoamericanos comprometidos. Muchos siguieron las huellas del Che y se instalaron en la perla del Caribe, al abrigo de sus palmeras, como Elizabeth Burgos, Mario Benedetti, Javier Heraud, Enrique Lihn, García Márquez, Plinio Apuleyo Mendoza, Roque Dalton, Régis Debray, etc. Al mismo tiempo, Fidel Castro se organizó en torno a los supervivientes de la Sierra Maestra, pero también fue aprovechando, poco a poco, todo el caudal de antiguos comunistas que, desde la fundación del partido en los años veinte, había sembrado la isla de contestatarios.

Es conocido, por ejemplo, el caso de Edith García Buchaca, nombrada muy pronto presidenta del Consejo Nacional de Cultura. Ella promovió uno de los primeros episodios tristes de censura y represión, contra el documental de Sabá Cabrera y Orlando Jiménez, titulado *PM*. El mismo Orlando nos lo contaba en una entrevista que le hicimos en Marbella en agosto de 2007, en el hotel donde él y Mario Vargas Llosa, entre otros intelectuales, pasan unas semanas cada verano. Jiménez se dedica desde hace muchos años al cine en Madrid, pero guarda un vivo recuerdo de lo que fueron los primeros años sesenta en Cuba. Edith García Buchaca —comentaba— supo «arrimarse a los buenos», pues se casó en primeras nupcias con Carlos Rafael Rodríguez, miembro del Comité Central del Partido Comunista y ministro en varias ocasiones; y en segundas, con otro histórico, Joaquín Ordoqui. Concretamente, Buchaca fue quien dictó las primeras pautas «revolucionarias» sobre el modo de ejercer la crítica literaria: cuando se realiza contra el enemigo imperialista debe ser una crítica aniquiladora, sin piedad, aunque el escritor tenga calidad literaria reconocida, y hay que manifestarla en ambos sentidos, el ideológico y el formal. Sin embargo, cuando se trata de un escritor amigo de la revolución, la crítica ha de ser benévola, amistosa y comprensiva, aunque los textos comentados carezcan del mínimo sentido literario. De esa época datan las famosas «Palabras a los intelectuales» de Fidel Castro, donde se pronunció la no menos famosa sentencia: «Dentro de la revolución, todo; fuera de la revolución, nada», que era una manera más categórica y menos burda de completar la idea de Buchaca. Por eso, no puede extrañarnos que la conferencia que Cortázar pronunció a principios de los sesenta en La Habana no cumpliera todas las expectativas de los más radicales. Esa conferencia fue publicada mucho más tarde, en 1970, en el número que celebraba los diez años de la revista *Casa de las Américas,* bajo el título «Algunos aspectos del cuento». En ella, el argentino aseguraba que no hay temas buenos o malos, sino «solamente un buen o un mal tratamiento del tema» (Cortázar 1994/2: 372). Y casi al final de la dilatada y magnífica charla, llegaba al punto más espinoso. Después de sugerir que no basta solo con un buen estilo, sino que hay que contar con las vivencias más profundas, concluía que el caso contrario es peor, «porque de nada valen el fervor, la voluntad de comunicar un mensaje, si se carece de los instrumentos expresivos, estilísticos, que hacen posible esa comunicación» (Cortázar 1994/2: 380). Y a continuación soltaba una frase, absolutamente categórica, que podía ser malinterpretada o mal digerida por los burócratas culturales, porque además jugaba con la dicotomía *dentro/fuera* utilizada por Fidel un año antes: «Yo creo, y lo digo después de haber pesado largamente todos los elementos que entran en juego, que escribir para una revolución, que escribir *dentro* de una revolución, que escribir revolucionariamente, no significa, como creen muchos, escribir obligadamente acerca de la revolución misma» (Cortázar 1994/2: 381), para ser mucho más explícito en las líneas siguientes:

> Contrariamente al estrecho criterio de muchos que confunden literatura con pedagogía, literatura con enseñanza, literatura con

adoctrinamiento ideológico, un escritor revolucionario tiene todo el derecho de dirigirse a un lector mucho más complejo, mucho más exigente en materia espiritual de lo que imaginan los escritores y los críticos improvisados por las circunstancias y convencidos de que su mundo personal es el único mundo existente, de que las preocupaciones del momento son las únicas preocupaciones válidas.

(Cortázar 1994/2: 382)

Sin embargo, a pesar de que los criterios de los grandes escritores revelaban un respeto mucho mayor por la literatura que por la revolución, y que los criterios de los políticos revolucionarios se alineaban más bien con el *stalinito* que todos llevamos dentro, la mayoría de los intelectuales latinoamericanos continuaron apoyando sin reservas el proyecto que dotaba de esperanza a un Sur que luchaba por deshacerse de sus dependencias multiseculares.

EL SUR TAMBIÉN ASISTE (A LOS CONGRESOS)

Uno de los grandes potenciales de una revolución que parecía que iba a tomar tintes continentales, e incluso mundiales, fue la recurrencia a las reuniones científicas de escritores, políticos, historiadores, teóricos literarios, catedráticos e intelectuales del más variopinto pelaje. En ellas había discusiones acaloradas sobre el valor de la palabra frente al de los hechos o las armas, sobre el papel de la literatura en los procesos revolucionarios, sobre los autores que (con nombre y apellidos) estaban practicando o no una literatura acorde con la turbulencia política de los tiempos, etc. A principios de los sesenta, y con un carácter universal, tuvieron lugar una serie de reuniones en diversas partes del planeta que ya utilizaban el concepto de países del Tercer Mundo como base de los planteamientos para la acción política. En 1960, en un congreso de escritores americanos realizado en Chile, el primero de la década, donde participaron Gonzalo Rojas (el anfitrión), Ernesto Sábato, Sebastián Salazar Bondy y Allen Ginsberg, entre otros, se llegó a la conclusión de que los escritores no pueden ni deben olvidar la realidad urgente que marca la desdicha y, en muchos casos, explotación de los países dominados. De hecho, los puntos fundamentales de la sesión conclusiva fueron:

1) la rebelión hispanoamericana contra el superregionalismo;
2) la validez de la función social de la expresión literaria;
3) las relaciones entre literatura y vida en el proceso americano.

El discurso de la sesión inaugural, publicado en el número 380-381 de *Atenea*, enfatizaba: «No pretendemos imponer a nadie nuestro punto de vista; pero mucho, muchísimo de lo que leemos hoy y hemos leído antes, en nuestros escritores del continente, nos induce a pensar que, en la forja de una tradición genuina, la literatura debe ser considerada, hasta nueva orden, más que como producto cultural o fenómeno artístico, como un instrumento de construcción en Nuestra América». Evidentemente esa construcción tenía mucho que ver con los planteamientos políticos y sociales que había que llevar a cabo para el desarrollo de la zona. Tanto es así, que Salazar Bondy, homenajeado a su muerte por Mario Vargas Llosa como intelectual comprometido, llegó a preguntarse en esa reunión si no era más digno dejar de escribir poemas o novelas, para unirse a la lucha por la liberación de América Latina en una tarea militante (Gilman 2003: 108).

En 1961, nació la idea del tercermundismo en una reunión de países no alienados. También en ese año, pero en Belgrado, unos meses más tarde, hubo un congreso de países neutrales. Dos años después, en Tanganika, se celebró un encuentro de solidaridad afroasiática, donde una iniciativa singular puso en órbita al mundo latino, pues un nutrido colectivo de intelectuales de los cinco continentes propuso y acordó dedicar el día 17 de abril de 1963 a la solidaridad internacional con los países latinoamericanos (Gilman 2003: 45). Por esas fechas, se desarrolló, asimismo, un Congreso Continental de Solidaridad con Cuba, en Brasil, al que acudieron intelectuales de todos los países latinoamericanos. Nicolás Guillén, como presidente de la recién creada Unión Nacional de Escritores y Artistas de Cuba (UNEAC), fue una de las estrellas del evento.

Un año antes se habían reunido en Chile nuevamente, y otra vez por iniciativa de Gonzalo Rojas, numerosos escritores latinoamericanos, bajo el lema «Imagen del hombre en América Latina», con Pablo Neruda, Carlos Fuentes, Alejo Carpentier, José Miguel Oviedo, José María Arguedas, José Donoso, Roberto Fernández Retamar, Mario Benedetti, Claribel Alegría, etc. Fuentes tomó el liderazgo del grupo y concluyó que el intelectual no solo tiene el derecho, sino también el deber de intervenir en la vida política, sobre todo si se trata de luchar contra el imperialismo, asunto en el que los tres continentes pobres (el «Sur» de América, África y Asia) se encuentran íntimamente involucrados. Entre el mexicano y Neruda derivaron el interés del encuentro hacia la causa cubana, y trataron de ganar para ella a todos los todavía indecisos o alejados del apoyo a la revolución. Queda patente, entonces, que declarar la vía comprometida para Latinoamérica significaba mayormente abrir un surco en la dirección del Caribe hacia su isla más preciada. Todo eso quedó corroborado en 1965, cuando coincidieron en Génova muchos de los participantes en los congresos de años anteriores. Fue un evento peculiar, organizado en el Colombianum, institución fundada por el sacerdote jesuita Angelo Arpa, el Cura rojo, en honor a Cristóbal Colón, el genovés que se encontró con el continente americano sin haberlo planeado, y dedicada al estudio y defensa de América Latina y, en general, del entorno del recién nombrado «Tercer Mundo». En los primeros sesenta, este jesuita italiano organizó festivales de cine, conferencias, congresos, etc. Por allí pasaron Fellini, Rossellini, Pasolini y algunos directores con apellidos menos italianos y más aragoneses, como Buñuel, que ganó el premio del festival de Sestri Levante en 1962 con *El ángel exterminador*. Leopoldo Zea guarda un magnífico recuerdo de su amistad con Arpa y del coloquio de 1965:

> La actividad del *Columbianum* se multiplicaba. En 1965 esta institución convocó a una gran reunión sobre las culturas latinoamericana y africana. La doble reunión se realizó en su sede en Génova. ¡Era demasiado! Se montó una campaña en Europa y América Latina para desalentar la asistencia de los intelectuales invitados. Era una reunión comunista, organizada por comunistas, a la que asistirían solo comunistas. Pese a la campaña tuvo un gran éxito. Por

su magnitud, el costo de la reunión rebasó el presupuesto de los organizadores. Se les ofreció un préstamo para resolver el problema. Bastaba la firma del padre Arpa para garantizarlo. Poco después de terminar la reunión se exigió el pago inmediato del préstamo. El padre Arpa se encontraba en México organizando una reunión de Premios Nobel contra el uso de la bomba atómica. El padre Arpa se enteró aquí, por la prensa, de que era acusado de ladrón en Italia y de que a su regreso sería encarcelado, a pesar de esta amenaza volvió y sufrió las consecuencias. El padre Arpa fue encarcelado en Roma y expulsado de la Compañía de Jesús. Federico Fellini, de quien el cura era amigo y confesor, tal como aparece su personaje en *Ocho y medio,* se movilizó de inmediato y logró la intervención del Papa Pablo VI que lo sacó de la cárcel y le dio un puesto en el Vaticano. Un colaborador suyo explicaba: «El padre Arpa es un santo que se comunica con Dios pero no sabe lo que sucede a sus pies». Después me encontré con él en Roma en la Via della Consolazione donde vivía. Me habló mucho de la época que vivió. Un día me dijo: «Su visita es providencial, he hablado con Berlinguer y vamos a resucitar el *Columbianum*». No fue así, no he vuelto a encontrarlo, sé que aún vive [2].

En realidad, el congreso contó con la asistencia de marxistas, católicos, conservadores, independientes de la izquierda, y en sus conclusiones se proclamó la existencia de América Latina como unidad, se consideró la Revolución Cubana como el acontecimiento más importante de los últimos tiempos y se propuso la lucha antiimperialista como una posición moral. Todo ello fue recogido en el número 30 de la revista cubana *Casa de las Américas.* Al abrigo de esa reunión, se creó la Asociación de Escritores Latinoamericanos, que procuró establecer un movimiento conjunto de los intelectuales para actuar políticamente de modo institucional.

Sin embargo, fue especialmente importante la siguiente actividad, la Conferencia de Solidaridad de los pueblos de Asia, África e Iberoamérica celebrada en la capital de Cuba, del 3 al 15 enero de 1966, más conocida como la Conferencia Tricontinental de La Ha-

---

[2] Zea, Leopoldo (2003). *El Nuevo Mundo en los retos del nuevo milenio.* En <http://ensayo.rom.uga.edu/filosofos/mexico/zea /milenio /2-9.htm>.

bana. Asistieron representaciones de setenta países, con unos quinientos delegados que representaban a gobiernos, partidos legales y
en la clandestinidad e, incluso, organizaciones guerrilleras. No es
casual que el aparato que lideraba el proyecto, bajo la dirección de
Elizabeth Burgos, residiera en la capital cubana. La organización se
oponía frontalmente al neoliberalismo de los pueblos del Norte, y
se fijaba como objetivos la realización de proyectos de cooperación
al desarrollo económico y social de los pueblos subdesarrollados y
en vías de desarrollo; la coordinación de grupos e individuos que
trabajen en pro de la solidaridad con los pueblos de América Latina, África y Asia y la promoción de la paz y los derechos humanos
entre los pueblos. Esa organización de solidaridad continuó reuniéndose en años posteriores y lo ha seguido haciendo en las últimas décadas. De hecho, en el verano de 1967 mantuvo otro encuentro la Organización Latinoamericana de la Solidaridad, recién
creada, y presidida por Haydée Santamaría. Ese concilio fue especialmente polémico porque concluyó que la lucha armada era la
única vía para la revolución, y que, en ese sentido, Cuba se declaraba como vanguardia del mundo latinoamericano y del Tercer Mundo en general, en su lucha contra el imperialismo. Pero, en esas mismas fechas, y para conmemorar el 26 de julio, Cuba vivió unos días
de apoteosis colectiva, con la presencia de más de cien artistas entre
escritores, pintores, músicos, etc. Hubo un encuentro de pintores
europeos y americanos y un festival de canción protesta en Varade-
ro, donde Silvio Rodríguez, aunque no participó, se fue dando a conocer como miembro de la Nueva Trova Cubana. En la isla, hasta
los más escépticos aceptaban la idea de que Cuba era, en esos momentos, el núcleo cultural más efervescente y prolífico del mundo
entero. Así da cuenta Lisandro Otero, el escritor cubano fallecido
recientemente, en la crónica de un encuentro muy sugerente:

> En 1968, tuvo lugar el importantísimo Congreso Cultural de La
> Habana, con la presencia de cuatrocientos ochenta y tres partici-
> pantes extranjeros, entre los cuales se contaban figuras del relieve de
> Julio Cortázar, Roberto Matta, Jules Feiffer, Antonio Saura, Blas
> de Otero, Ives Lacoste, Michel Leiris, Edouard Pignon, André

Pieyre de Mandiargues, Vasarely, Siné, Giulio Einaudi, Arnold Wesker, Luigi Nono, Giangiacomo Feltrinelli, Francesco Rossi, Aimée Cesaire, David Alfaro Siqueiros, Hans Magnus Enzensberger, Mario Benedetti, Roman Karmen, así como una cuantiosa representación de intelectuales asiáticos, africanos y de los entonces llamados países socialistas. Antes de ser inaugurado el congreso se realizó un seminario preparatorio en uno de balnearios del oeste de La Habana. Allí se comprobó que las tensiones y pugnas entre los diversos sectores de la cultura eran mayores que en los comienzos de la revolución. Hubo fuertes discusiones por el número de invitaciones al seminario: cada organización competía por una participación mayoritaria de los miembros de su clan. Subyacía una clara rivalidad por la hegemonía en la cultura. No obstante, fue muy útil para unir, por primera vez en varias décadas, a intelectuales de todo el mundo, para luchar juntos contra el imperialismo y el neocolonialismo.

El encuentro fue un terreno de conflictos. El legado más importante que dejó el congreso fue la nítida unidad de surrealistas, trotskistas, comunistas, católicos, guerrilleros, pacifistas, masones y freudianos para proclamar que el conflicto principal de nuestra época ocurre entre el Sur y el Norte, el llamado Tercer Mundo y el imperialismo de los países ricos, sobre todo los Estados Unidos. Estos hombres de pensamiento y de creación constituirían la nueva vanguardia que propiciaría una subversión contra las estructuras tradicionales y su sustitución por procedimientos innovadores. Pero la invasión de Checoslovaquia nubló esta alianza. La posición asumida por el gobierno cubano y su líder máximo precipitó la ruptura. El Congreso Cultural de La Habana murió a los pocos meses de nacido.

El evento no fue exiguo en incidentes pintorescos. Uno de ellos me hizo entablar amistad con uno de los grandes pintores latinoamericanos, David Alfaro Siqueiros. En una céntrica esquina del Vedado se inauguró un complejo cultural y el eminente pintor francés Pignon decoró el vestíbulo con un mural. La noche de la apertura los invitados se agolpaban ante la escalinata esperando que se abrieran las puertas cuando advertí que la poetisa franco-egipcia Joyce Mansour se acercaba a las primeras filas. Conocía a la Mansour, puesto que la había invitado personalmente en París por sugerencia de Jean Pierre Faye y el grupo de Tel-Quel. Me informaron que era inmensamente rica y prodigaba su fortuna entre auténticos creadores, así que su mecenazgo la hacía apreciable. Me pareció entonces un poco delirante, con desvaríos que bordeaban un surrealismo superado; al lado de ella el pintor Matta parecía un prodigio de razonable ecuanimidad.

La Mansour se situó detrás de Siqueiros y tomando impulso le propinó una fuerte patada mientras gritaba: «¡Esto es por Trotsky!», aludiendo al atentado frustrado en el que participara el pintor mexicano. Siqueiros se volvió sorprendido pero su estupor duró segundos. Habituado a todo tipo de escándalos y desafíos, de inmediato improvisó un mitin en el que acusó de provocación del imperialismo la agresión que sufría. Entre risas discretas y tímidas escapatorias de quienes no querían verse comprometidos en una vieja pendencia, el incidente se diluyó al comenzar el acto inaugural[3].

Ciertamente, ese Congreso marcó un hito en la historia de la intelectualidad latinoamericana porque allí acudieron personajes relevantes del mundo de la literatura y del arte de los cinco continentes, porque se abordaron temas que se venían de algún modo investigando durante toda la década y porque la postura sobre la invasión checoslovaca produjo escisiones que más tarde se harían más grandes e irreparables con el caso Padilla. Fue memorable el discurso final de Fidel Castro, donde daba su confianza a los intelectuales presentes en relación con las posibilidades reales de que la lucha revolucionaria continuara cosechando éxitos. Por esas fechas, todos los autores del *boom* habían manifestado su entusiasmo por Cuba. Pero esa homogeneidad duraría poco tiempo. Algunos sucesos como el caso Padilla, el conflicto entre las revistas *Mundo Nuevo* y *Marcha,* las alharacas del Mayo del 68, la confluencia de varios casos relevantes de exilio como el de Guillermo Cabrera Infante, Néstor Almendros, Lino Novás Calvo o Severo Sarduy, que a finales de

---

[3] Texto tomado de <http://laventana.casa.cult.cu/modules.php?name=News&.file=print&sid=3222>. Publicado inicialmente en *La Ventana*, el portal informativo de la Casa de las Américas, el día 2 de junio de 2006, bajó el título «Un episodio en la vida de Siqueiros».

los sesenta ya eran unas voces muy asentadas en los países de acogida, etc., terminaron con los años felices. Sin embargo, lo que políticamente nunca llegaría a cuajar, como proyecto continental, se desbordó en el terreno literario. La mecha estaba encendida, y nunca más se apagaría.

Han pasado casi cincuenta años del estallido del *boom* latinoamericano, y algunos de sus protagonistas siguen vivos y coleando (unos colean más que otros, los años no perdonan), y todos los que han venido después nunca se han librado del peso de sus mayores. Las generaciones de fin de siglo, hasta la actualidad, se han definido desde el *boom:* a partir del 1975 ya se hablaba de un *postboom,* con escritores más jóvenes que comenzaban a sobresalir, como Alfredo Bryce Echenique, Antonio Skármeta, Reinaldo Arenas, Abel Posse, Isabel Allende y Luis Sepúlveda, que ofrecían una estética y una mirada distintas a las de sus padres, sin grandes pretensiones, sin novelas totalizantes, ajenos a las explicaciones universales y la construcción de mundos excesivamente complejos. Y ya en los últimos años del siglo pasado, cuando vio la luz una nueva hornada de buenos escritores jóvenes, que hacían recordar de algún modo el esplendor de los sesenta, se habló de un *boomerang,* es decir, una vuelta del primitivo *boom* latinoamericano arrasando en las listas de los más vendidos de España y América Latina. Finalmente, en los primeros años del presente siglo, una nueva generación, quizá más impetuosa y profesional que las anteriores, ha generado una presencia magnífica en el mundo editorial y cultural del Sur y del Norte, y se ha vuelto a recurrir al término imprescindible, esta vez bajo la forma de *baby boom.* La irrupción de plumas muy jóvenes como Andrés Neuman (argentino radicado en España, con más premios que libros), Santiago Roncagliolo (peruano afincado en Barcelona, ganador del Premio Alfaguara), Wendy Guerra, cubana entre dos aguas, Ronaldo Menéndez o Iván Thays son una buena muestra de ello.

¿Existe, pues, el Sur? Existe, pero también embiste, también insiste, también asiste. Gracias, quizá, a aquellos que lo hicieron visible, allá por los sesenta. De todo aquel grupo, dos puntas de lanza, los dos delimitadores de las primaveras, los dos que continúan vivos, el poeta y el arquitecto, Gabo y Mario, tanto monta, monta tanto.

2
LOS DELIMITADORES DE LAS PRIMAVERAS

El *boom* no fue un grupo que conscientemente tratara de abrirse paso entre las bambalinas del éxito comercial. Lo que hubo fue una serie de coincidencias que, unidas a la gran calidad literaria de sus protagonistas, provocaron el terremoto más impetuoso de todas las épocas en las letras hispánicas. Todo se gestó a principios de los sesenta, y comenzó a tener una realidad visible, patente y arrolladora a partir de 1967, con la publicación de *Cien años de soledad,* del poeta, y la concesión del Premio Rómulo Gallegos, por *La casa verde,* al arquitecto. Estos dos delimitadores de la primavera del *boom,* contemporánea de la de Praga, fueron la punta del iceberg que dejó entrever lo que había debajo: ese mismo año vería la luz *Tres tristes tigres,* de Guillermo Cabrera Infante, y dos de los autores más relevantes del momento, con una obra ya sólida a sus espaldas, se unirían a la comitiva: el diplomático, experto en relaciones públicas, la fuente del aparato propagandístico —Carlos Fuentes—, y el mago, que cuatro años antes había creado a la Maga y había revolucionado el concepto mismo de novela en el entorno del idioma de Cervantes. Cortázar, que en 1963 saltó a la fama con *Rayuela* —después de haber publicado ya tres nada tristes libros de cuentos, magníficos, surrealistas y altamente originales—, en 1967, se revaloriza al calor del *boom.* A esa primera línea se uniría el cronista del grupo —José Donoso—, atento siempre a no perder el tren y a arrimarse a los celebradores del festín y a compañeros singulares como Jorge

Edwards, muy joven por entonces, pero amigo de varios de ellos. Y muchos más acusaron el impacto, aunque no participaran directamente de las mieles de la amistad con alguno de los de vanguardia.

Pero no adelantemos acontecimientos. Lo cierto es que en los primeros sesenta, nadie podía sospechar lo que vendría después. Donoso, en su imprescindible *Historia personal del boom,* que casi podría retitularse «Histeria pasional (por no quedar fuera) del *boom»,* hace referencia al importante Congreso de 1962, en Chile, organizado por el Premio Cervantes Gonzalo Rojas, y escribe una década más tarde:

> Durante ese Congreso [...] apenas se mencionaron los nombres de Sábato, Cortázar, Borges, Onetti, García Márquez, Vargas Llosa (publicó su primera novela ese año), ni Rulfo. Eran casi desconocidos o marginados hace diez años. El *boom* no había comenzado.
>
> (Donoso 1999: 46)

¿Qué hacían, entonces, aquellos jóvenes delimitadores, uno con su poesía y el otro con sus estructuras perfectas? ¿Cuáles eran sus circunstancias en los primeros sesenta, los años revolucionarios, y cuáles sus inquietudes y pretensiones? Gabo era un buen periodista, de treinta y pocos años, metido a narrador sin éxito, que había publicado una novela en 1955, *La hojarasca,* unos cuantos relatos en periódicos y revistas, de tipo kafkiano, que hasta 1974 no constituirían un libro de gran divulgación, *Ojos de perro azul.* También estaba escribiendo una novela de la que saldrían dos, *El coronel no tiene quien le escriba* y *La mala hora,* ambas de principios de los sesenta, y otros relatos macondianos que tomarían cuerpo en un libro de 1962, *Los funerales de la Mamá Grande.* Mario, nueve años más joven, se había casado antes de los veinte con una tía suya bastante mayor que él y había ganado un premio con uno de sus primeros relatos, gracias al cual pudo realizar un viaje a la capital francesa. Fue a España en 1958 y allí decidió, con poco más de veinte años, dedicar su vida a la escritura. Publicó su primer libro de cuentos en 1959, y más tarde, ya viviendo en París, trabajó en el periodismo y la enseñanza para poder sobrevivir y entregarse por entero a su vocación literaria. Pero, entre 1962 y 1963, cambió su vida: una novela titulada *La ciudad y los perros* habría de irrumpir con orgullo, pisando fuerte, en el anodino panorama literario español de tremendismos, realismos sociales y censuras franquistas.

Por entonces no se conocían los que luego iban a ser grandes amigos, ni había una especial conexión entre sus obras, pero ya tenían noticias mutuas. El Premio Biblioteca Breve y el de la Crítica que ganó Mario con su primera novela no pasaron desapercibidos para nadie, y los ecos de *El coronel no tiene quien le escriba,* aunque no tan estentóreos como los del peruano, asombraron a quienes solo conocían los primeros escritos del colombiano.

MÉXICO, DE CABO A GABO

El día anterior acababa de llegar a México, el país que no ha abandonado nunca desde entonces. El poeta Juan García Ponce lo llamó temprano y le dijo: «el cabrón de Hemingway se ha partido la madre de un escopetazo». Esa barbaridad permaneció en su mente «como el comienzo de una nueva época». Así es como Gabo empezó una vida fascinante en la capital azteca, aunque el primer día estuviera teñido de sangre y olor a pólvora. Eso ocurrió en 1961, y la coincidencia de una vida que empezaba y otra que terminaba no dejaba de ser inquietante, porque el Nobel suicida había sido uno de los ejes de la formación literaria del futuro Nobel deicida. Cuenta el colombiano que una vez lo vio, en 1957, caminando por el bulevar St. Michel en París, y que no se le ocurrió otra cosa que gritarle desde la acera de enfrente: «Maestroooo». El gringo comprendió que no podía haber muchos maestros entre la muchedumbre de estudiantes y turistas, por lo que se volvió, y con un gesto de la mano le gritó en español: «Adiooooooós, amigo». De Hemingway aprendió Gabo las «costuras» de la escritura, ya que, con un rigor lúcido, el gringo «dejaba sus tornillos a la vista por el lado de fuera, como en los vagones de ferrocarril. Tal vez por eso Faulkner —compara el colombiano— es un escritor que tuvo mucho que ver con mi alma, pero Hemingway es el que más ha tenido que ver con mi oficio» (Cremades y Esteban 2002: 258).

Cuando comenzamos esta investigación, pensábamos iniciarla en 1967 que, como ya se ha dicho, fue el año de oro de la narrativa latinoamericana, pero hace un año, conversando con Michael Palencia-Roth en su casa de Urbana-Champaign, en Illinois (USA), nos comentó que era mucho más adecuado adelantarla hasta la llegada de Gabo a México en 1961, porque ese evento, ese cambio de residencia, supuso para él no solo una nueva etapa, sino el punto de partida de una carrera exitosa que explotaría a mitad de la década y que no habría sido posible sin esos primeros años. Michael, aparte de un gran amigo, que nos alojó en su casa y nos presentó generosamente en la conferencia que impartimos, es también, quizá, el mejor conocedor de la obra del colombiano, y el que con más tino ha profundizado en los hitos, mitos y ritos de las novelas y cuentos de Gabo. Incluso ha escrito sobre la relación entre el poeta y el arquitecto, en un artículo del que nos dio copia durante esa entrevista, titulado «The Art of Memory in García Márquez and Vargas Llosa» (Palencia 1990: 351-367). Además, la universidad en la que enseña desde hace muchos años, la de Illinois en el campus de Urbana-Champaign, es una de las mejores del país, y su biblioteca, la segunda mejor, después de la de Harvard.

Ciertamente, de esos primeros sesenta se puede decir que son los verdaderos años de formación del colombiano. Instalado en el D. F. conoce, a través de Álvaro Mutis, a lo más granado de la intelectualidad mexicana y latinoamericana, y se introduce en un campo que desde hacía tiempo le tentaba poderosamente, pero en el que nunca había puesto los pies con rotundidad: el cine. Conoce a Carlos Fuentes y se hace amigo de él con motivo de la realización de un guión cinematográfico, basado en el cuento «El gallo de oro», de Juan Rulfo. Fue Carlos Barbachano, productor y fundador del cine independiente de México, quien se lo propuso, alentado por Mutis. Y Gabo aceptó, pero cuando el productor vio el resultado comentó: «Está muy bien, pero lo has escrito en colombiano, y hace falta traducirlo al mexicano». Fue entonces cuando entró en acción Fuentes, y los dos futuros amigos fueron presentados. Meses más tarde, se consolidó esa amistad cuando coincidieron en la adaptación de *Pedro Páramo,* nuevamente de Rulfo, aunque el proyecto fue un fiasco rotundo. No obstante, quedó para siempre el aprecio mutuo, que se afianzó aún más en los años primaverales del *boom* y ha seguido creciendo hasta el día de hoy.

Además, es muy interesante observar cómo esta evolución ha ido siempre de la mano de Juan Rulfo, probablemente uno de los mentores indirectos e involuntarios del *boom,* junto con Borges y Carpentier. Especímenes de otro mundo, verdaderos monstruos de la literatura, pertenecientes a una generación anterior, sazonaron durante los cincuenta y primeros sesenta un terreno que todavía basculaba sobre el realismo naturalista apegado a la tierra, y al binomio decimonónico civilización/barbarie, mediante un lenguaje asentado en tradiciones anteriores. Y en el caso de Gabo, fue Rulfo la gran sorpresa porque, además de las anécdotas de los guiones, el descubrimiento de toda su obra fue una verdadera revelación. Michael Palencia nos lo contaba una tarde de otoño, de las pocas en la Urbana de clima continental extremo que ni te congelas ni te derrites. Un día de los primeros meses de Gabo en México, su protector, Álvaro Mutis, fue a visitarlo a casa, y aquel le preguntó qué autores había que leer en México. Mutis volvió al poco tiempo con un paquete de libros, separó dos muy finos y le dijo: «Léete esa vaina y no jodas, para que aprendas cómo se escribe» (Saldívar 1997: 410). En poco más de un día se leyó varias veces *Pedro Páramo* y *El llano en llamas,* se los aprendió de memoria sucesivamente y en ese año apenas leyó más novelas, por considerar todo lo demás inferior a esas dos obritas. El trancazo que recibió con su lectura fue similar solo al que sufrió después de leer la primera línea de *La metamorfosis,* de Kafka, cuando estudiaba en la Universidad de Bogotá a fines de los cuarenta.

Y Rulfo vuelve a aparecer, incluso en persona, en la vida de Gabo en el México de los sesenta. El colombiano continuaba haciendo amigos relacionados con el mundo del cine y la literatura: Jomí García Ascot y María Luisa Elío (exiliados catalanes a quienes dedicaría su obra maestra), Luis Vicens, Luis Buñuel, Elena Poniatowska, Juan José Arreola, Tito Monterroso, José Emilio Pacheco,

Jaime García Terrés, y los directores de cine Luis Alcoriza, Alberto Isaac y Arturo Ripstein. Muchos de los cineastas que trató entonces dirigieron las películas de Gabo durante décadas. Así las cosas, entre 1963 y 1964, su historia de amor con el cine adquiere tintes de obsesión hasta el punto de que piensa dejar la escritura literaria para dedicarse por completo al séptimo arte. Uno de los mejores frutos de ese maridaje es la adaptación que él mismo hizo de su cuento «En este pueblo no hay ladrones», donde se dio un festín con los amigos. En el conocido documental sobre su vida y obra *La escritura embrujada* aparecen imágenes de la película y de su puesta en escena: se puede ver al propio García Márquez cobrando las entradas en las primeras sesiones y, una vez comenzada la película, Luis Buñuel aparece como actor, encarnando a un cura que da un sermón apocalíptico desde un púlpito elevado, mientras que Juan Rulfo y Carlos Monsiváis juegan al dominó como dos pueblerinos más. Luis Vicens (librero y cineasta) encarnó a don Ubaldo, y José Luis Cuevas y Emilio García Riera, uno de los directores, se enfrascaron en interminables partidas de billar. El film estuvo codirigido por el también amigo Alberto Isaac. El relato en el que se basa cuenta la historia de un pueblo que ha caído en una profunda crisis cuando alguien roba las bolas de billar del bar, única fuente de esparcimiento para los hombres del pueblo. El culpable, uno de los jóvenes del lugar, no quiere devolverlas aunque su mujer le insta a que lo haga. Algo que solo ocurre cuando acusan a un negro y se lo llevan a la cárcel. Pero lo que resulta sorprendente es que Gabo consiguiese que Rulfo actuase en la película. Se habían conocido meses antes en una boda de un amigo común, exactamente el día de la muerte del asesino de Kennedy, Oswald (Saldívar 1997: 425). Poco a poco fueron intimando y, desde entonces, habrían de verse con mucha frecuencia en tertulias literarias y citas cinematográficas.

Pero el idilio con el séptimo arte no fue eterno. Esa luna de miel tuvo lugar sobre todo en 1964, con la producción de varios guiones bien pagados, algunos basados en cuentos anteriores, y algún otro original, como el de *Tiempo de morir*. Sin embargo, el cansancio empezaba a hacer mella en el guionista, y se fue desalentando. En estos momentos Carlos Fuentes fue muy claro con el colombiano, y animándolo, le dijo que no se preocupara, porque la relación de ellos dos con el cine no tenía otro propósito que financiar indirectamente sus novelas, con las que nunca pensaban hacerse ricos. También Álvaro Mutis confió en la madera de Gabo para seguir escribiendo y, en 1965, el milagro se produjo. Dos circunstancias veraniegas lo iban a convertir en delimitador de la primavera del *boom*. La primera fue el encuentro con su agente literaria Carmen Balcells. Ella ha sido una de las piezas claves del triunfo del *boom* en España y fuera de la Península. Con su mentalidad catalana, ferozmente atenta al negocio, hizo de oro no solo a Gabo, sino también a Mario, a Cortázar, Fuentes, Bryce y un largo etcétera de autores. Y, por supuesto, también se hizo de oro a sí misma. «Barcelona és bona, si la bolsa sona», dice el refrán más catalán del mundo. La Balcells ya representaba los intereses comerciales de Gabo desde 1962 y, a principios de julio de 1965, pasaba unos días por la capital mexicana después de un viaje a los Estados Unidos, donde había conseguido un contrato de 1.000 dólares por los cuatro libros de Gabo. Pensaba que era el mejor momento para conocer a su protegido y darle en persona la magnífica noticia. Pero el colombiano, ni corto ni perezoso, le espetó: «Es un contrato de mierda» (Saldívar 1997: 432). No obstante, la química personal funcionó al instante y, durante tres días y tres noches, el anfitrión agasajó a la recién llegada con fiestas interminables y paseos memorables por una ciudad que nunca se acaba. Finalmente, y como prueba de su lealtad y espíritu magnánimo, fuera de toda solemnidad y burlándose de los menesteres comerciales, Gabo firmó un contrato con Carmen autorizándola a representarlo en todos los idiomas durante ciento cincuenta años. Aquel fue el comienzo de una amistad que todavía dura, después de casi cincuenta años, y que tantas alegrías, económicas y personales, ha generado para los dos. La otra anécdota es muy conocida, y ya la adelantábamos en el libro *Cuando llegan las musas*:

> Llevaba casi cuatro años sin escribir una sola línea de creación y, en un viaje de México a Acapulco en 1965, para inesperadamente el coche y dice a Mercedes, su mujer: «¡Encontré el tono! ¡Voy a narrar

la historia con la misma cara de palo con que mi abuela me contaba sus historias fantásticas, partiendo de aquella tarde en que el niño es llevado por su padre a conocer el hielo!». Nunca llegaron a Acapulco. Media vuelta y a escribir. García Márquez decide encerrarse. Reúne 5.000 dólares con los ahorros de la familia, las ayudas de los amigos, etc., y dice a Mercedes que no le moleste en los próximos meses. Son 18, en concreto, los que pasa escribiendo la novela, y durante ese año y medio, la economía familiar contrae una deuda de 10.000 dólares.

(Cremades y Esteban 2002: 262)

Donoso dice que en 1965 conoció a Gabo con motivo del Simposio de Intelectuales de Chichén Itzá, al que fue invitado por Fuentes. En una fiesta que el anfitrión-diplomático organizó para algunos de los participantes extranjeros en su propia casa, alguien comentó a Donoso que el autor del libro que acababa de leer, y lo había dejado anonadado, estaba en la fiesta. Se trataba de *El coronel no tiene quien le escriba*. Recuerda Donoso: «En el momento en que yo le estaba pasando esta información a mi mujer para que me ayudara a localizarlo, se acercó un señor de bigote negro que me preguntó si yo era Pepe Donoso, y al abrazarnos latinoamericanamente la *tarántula* desenfrenada que iba pasando nos absorbió» (Donoso 1999: 106). Y destaca que en esa época Gabo estaba inmerso en una sequía literaria que ya le iba durando unos diez años. Sus libros circulaban muy poco, en ambientes muy marginales y estrechos. «Vi a García Márquez —continúa el chileno— como un ser sombrío, melancólico, atormentado por su bloqueo literario... tan legendario ese bloqueo como los de Ernesto Sábato, y el eterno bloqueo de Juan Rulfo» (Donoso 1999: 106). Pero aquello duró poco, sobre todo después del fallido viaje a Acapulco.

El resto de la historia, hasta la publicación de la novela primaveral, dura cien años, en los que la soledad del corredor de fondo se instala en una habitación, y Gabo convive con sus personajes, los mata, los hace nacer, los fusila, los lleva de un lado a otro, los eleva al cielo con una sábana, los mete en una huelga bananera o en un tren amarillo. Así hasta 1967.

MARIO CONTRA EL CALENDARIO

Vargas Llosa es el más joven del *boom,* pero es el primero en convertirse en escritor de éxito. Bate todos los récords: primer premio con veintidós años, primer libro (y nuevo premio) con veintitrés, primera novela maestra (y más premios) con veinticinco. Y entre 1962 y 1963 su vida cambia y, para muchos, es el momento del verdadero comienzo del *boom.* Vive en París, junto al Jardín de Luxemburgo. Ya hace tiempo que ha visto clara su vocación de escritor, pero tiene que realizar otro tipo de labores para alimentarse. Trabaja en la Radio Televisión Francesa, en la Agencia France Press y también imparte algunas clases de español en la Escuela Berlitz. Pero tiene prisa por destrozar el crono en la etapa contrarreloj de este peculiar tour francés, y envía un manuscrito recién terminado a una editorial española, Seix Barral. Uno de los editores, Carlos Barral, está leyendo algunos de los textos que acaban de llegar, y se topa con uno de los que han sido rechazados, que se titula *La morada del héroe.* Juancho Armas Marcelo recrea el momento estelar del descubrimiento de un genio:

> Siguió leyendo. La novela lo iba ganando a toda velocidad. Inmerso en su lectura, Carlos Barral no se dio cuenta de que la noche se estaba echando encima. Ensimismado, comenzó a imaginar que tenía entre manos un original narrativo extraordinario y que el informe negativo que había elevado su lector rechazando la novela podía ser un gravísimo error. [...] Estaba sorprendido. Aquella tarde había tenido lo que él mismo llamaba una *epifanía* literaria, un descubrimiento sensacional. Tenía que conocer cuanto antes al autor. Debía hablar con él a la mayor brevedad posible. Iba a proponerle algo, necesariamente. Hipnotizado por el texto de la novela que se llamaría definitivamente *La ciudad y los perros,* Barral tomó nota del lugar de residencia del novelista incipiente. Estaba en París, vivía en París y era peruano.

> (Armas 2002: 34)

Así que decidió viajar a París. Cuando Barral lo vio por primera vez, dice con cierto humor, «con aquel bigote ocupándole casi todo el gesto y una mirada profunda y desconfiada al mismo tiempo», creyó que estaba «ante un tanguista argentino más que ante un escritor peruano» (Armas 2002: 34). La novela no solo se publicó, sino que ganó el Premio Biblioteca Breve de la editorial, luego el de la Crítica española, y quedó también finalista en el Formentor. Todo en tiempo récord, contra el reloj y contra el calendario pero, sobre todo, contra todo pronóstico. Cualquier escritor desea la gloria y el éxito, y además de modo fulminante, pero en ese caso, Mario nunca pensó que el mundo fuera a cambiar de un modo tan veloz, siendo casi inédito. Así nos lo hacía saber en una de las entrevistas que nos concedió durante varios veranos, en el entorno marbellí donde suele pasar tres semanas, entre julio y agosto, desde hace muchos años. Ni la sorpresa de la primera novela, ni el Rómulo Gallegos, ni tantas otras cosas que han sucedido en su trayectoria. Por no esperar, ni el Nobel, según nos afirmaba asimismo, ya que «la mejor manera de recibir es no esperar».

El apartamento de París era minúsculo, y en su puerta se cruzaban dos sables y un estandarte de dragones. Lo más visible era la máquina de escribir, en medio de la estancia. También lo más audible. Cuando el joven ex cadete trabajaba, solo se sentían las pulsaciones. Allí había vivido el actor Gérard Philipe, justo en el apartamento de debajo, y su viuda, todavía viva, aporreaba con fruición el techo, todos los días, a partir de las doce de la noche, porque el ruido de las teclas no la dejaba dormir. Cuenta Barral que así lo recuerda en aquellos escasos metros, trabajando incansable. No bebía alcohol, solo leche, mientras el catalán se despachaba ginebra tras ginebra. Pasaban las horas hablando de literatura. A veces llegaban visitas, a menudo femeninas, pero la vocación era arrolladora e infranqueable. Ni se inmutaba, como asegura Carlos con admiración:

> «Hola», oyó Barral que hablaba una voz femenina. «Hola», contestó MVLL al saludo. Para luego añadir, siempre imperturbable en el tono de su voz: «Estoy trabajando». El rigor del novelista con su oficio no pareció arredrar a la visitante anónima, que entró en la casa y debió —imaginaba Barral en la penumbra— sentarse en alguna silla cercana al escritor. Inmediatamente, Barral quedó de nuevo

sorprendido: MVLL había reiniciado su trabajo de novelista sin hacer caso alguno a la presencia femenina que había venido a liberarlo de las penas del yugo literario. Y unos minutos más tarde, escuchó de nuevo la voz de MVLL: «¿Qué haces? Vístete, que te vas a enfriar», exigía a la visitante el joven Vargas Llosa. Y de nuevo, como un suplicio imparable y tantálico, sonó la máquina de escribir siguiendo «un extraño ritmo de pulsaciones y silencios». Segundos más tarde, mientras la máquina de escribir marcaba sus personales respiraciones, un colérico portazo señalaba a su vez el final imprevisto de la visita clandestina que había tenido el escritor en pleno éxtasis creativo.

(Armas 2002: 35-36)

El mismo Barral es consciente de que en esos años no había un grupo compacto ni se hablaba de *boom* ni de amistades. En la tercera parte de sus memorias, resume la época y la vida del peruano: «En esos primeros años, cuando el encuentro con Vargas Llosa, yo conocía todavía mal el entramado de esa generación de dispersos narradores iberoamericanos que tampoco se conocían entre sí, a menudo ni de oídas, que se irían reconociendo y que finalmente se encontrarían en las salas y agujeros de la editorial barcelonesa o en las fiestas revolucionarias de La Habana. O en un café de París. [...] Mario Vargas Llosa era el fugitivo romántico que yo había conocido viviendo en la Rue de Tournon y que había pasado unas laboriosas vacaciones de verano en Calafell, trabajando ya como un poseso ocho horas diarias en la redacción de *La casa verde*. Aquel julio canicular, en mi pueblo marinero, apenas había salido de una habitación sin ventanas con improvisada decoración mural de mapas y amarillentos grabados que representaban la selva amazónica. Cuando me llevó a la casa de Edwards, un elegante apartamento de diplomático en la Rue Boisière, Mario seguía llevando la misma vida de obrero literario a jornada completa en su rincón del Luxemburgo. Parecía frecuentar solo a unos pocos amigos del gremio de la letra, seguramente impuestos por la rutina profesional —Carlos Semprún, Claude Couffon, Jean Supervielle—, y a la pareja formada por Aurora Bernárdez y Julio Cortázar, que siempre se dejaron ver poco. Recibía en cambio a innumerables peruanos salvajes, antropólogos viajeros, charlatanes y tañedores de cajón o maduras poetisas que trituraban sangrientamente su tiempo milimetrado» (Barral 2001: 574-575).

Su seriedad a la hora de trabajar ha sido luego corroborada por todos los que lo han conocido en los últimos cincuenta años. No suele recibir visitas antes de las 6 ó 7 de la tarde y nunca coge el teléfono. Es también nuestra experiencia desde que lo conocimos en 2001, en su apartamento de Londres. Después hemos coincidido en Pau, en Marbella, en su casa madrileña (entre la calle Flora y Trujillo, casualmente), en Washington y en Nueva York, y el resultado es igual, incluso en los veranos de terapias gastronómicas y pantalones cortos. El trabajo es lo primero, lo segundo y lo tercero. Eso sí, cuando te atiende, cayendo la tarde, da la impresión de que nunca ha tenido otra cosa que hacer que pasar un rato contigo. Generoso y amable. Esa seriedad llega a todos los rincones de su personalidad. Cuenta Alfredo Bryce que, en el París de los sesenta, un día acompañó a Mario a comprar libros en *La joie de lire* y ocurrió lo siguiente:

> Me quedé realmente asombrado al ver lo pasmosamente bien que robaba. Se ponía un libro tras otro bajo el brazo y luego salía tranquilo. En la esquina lo felicité y él exclamó ¡qué!, cuando se dio cuenta de que, distraídamente, se había salido sin pagar. Y por más que insistí en que éramos pobres y felices, él regresó a la librería y pagó. «Hay que pagar siempre», me dijo.

> (Bryce 1993: 311)

Pero el que mejor cuenta el ambiente de esos sesenta en París es Jorge Edwards, en su libro sobre Neruda *Adiós, poeta*. Refiere el chileno que, al poco de instalarse allí, en 1962, fue invitado a un programa de radio sobre literatura, donde iban a participar Jean Supervielle, Carlos Semprún y un joven cuentista peruano «un poco cerrado de mente, aficionado a los esquematismos de la izquierda» (Edwards 1990, 109-110). Edwards lo describe como un «galán de barrio», con el infaltable bigote y el peinado «con copete de los cantantes de bolero o de los actores de cine mexicanos», que vestía con sencillez, ajeno a la moda intelectual. Literariamente era más interesante todavía, pues en sus opiniones era «siempre original, audaz, excepcionalmente informado, apasionado e inventivo», «adorador fervoroso de Tolstoi» y de todos los novelistas «ambiciosos, que se esforzaban como titanes para salir de su yo y construir mundos novelescos objetivos, variados, completos, que pudieran levantarse frente a la realidad *real* como realidades ficticias, totales». Gran conocedor de la poesía en lengua española y francesa, que sabía de memoria, era sobre todo lector ferviente de narrativa objetiva, como *Tirante el Blanco,* del valenciano Joanot Martorell, Balzac, Flaubert, Dumas, Faulkner, etc. (Edwards 1990: 110-113).

A través de Mario, recuerda Edwards, conoció a Julio Cortázar también en 1962, que sabía más que ellos, «sobre todo respecto de narradores del género fantástico, de precursores del surrealismo, o, en general, de la modernidad» y de autores de algún modo «marginales, contemporáneos o antiguos, como Sterne, el marqués de Sade, Fourier o Marcel Schwob, Georges Bataille o Macedonio Fernández y José Lezama Lima». Comenta asimismo que el argentino «se había hecho amigo en París de Octavio Paz, circunstancia que nos infundía respeto, y reconocía un estrecho parentesco literario con Jorge Luis Borges», y que coincidieron «en un departamento estrecho, oscuro, completamente desprovisto de gracia, donde Mario y Julia Urquidi vivieron un corto tiempo». Allí estaba «Julio sentado, con las manos de niño gigantón cruzadas sobre las piernas y con su increíble cara de adolescente, a pesar de que tendría unos quince años más que yo, hablando con su erre afrancesada, curiosamente parecida a la erre de Alejo Carpentier. A un costado suyo estaba su madre, a quien solo recuerdo ahora como una presencia confusa, un borrón, y al otro Aurora Bernárdez, su mujer, y esas dos presencias femeninas servían para subrayar, de algún modo, su adolescencia extrañamente prolongada» (Edwards 1990: 113-114).

Vargas Llosa actuará, incluso, en alguna de las últimas películas del francés René Clair, como extra, junto a su primera esposa, Julia Urquidi, de quien se divorcia en 1964. Concretamente, de las dos o tres películas en las que actuó, según nos cuenta él mismo, una era de Clair, *Todo el oro del mundo,* de 1961, protagonizada por Bourvil, y en la que un modesto granjero atraviesa todo tipo de calamidades para impedir que una empresa muy poderosa instale un centro residencial en sus terrenos. Mario solo tuvo que posar con un traje que le prestaron y dejarse grabar por las cámaras, sin pronunciar palabra. Tras esa experiencia continuará escribiendo. Y se casará con su prima Patricia Llosa, sobrina de su ex, en 1965. Tendrá tres hijos, publicará *La casa verde* (1966), recibirá el Premio Rómulo Gallegos (1967) después de haber obtenido nuevamente el de la Crítica en España, sacará a la luz *Los cachorros* (1967), comenzará su relación con el PEN Club, mediante una primera reunión en Nueva York (1966), enseñará en el Queen Mary College de la Universidad de Londres, etc. Siempre contra el reloj y contra el calendario, exitoso, impactante, decidido, ambicioso, controvertido, deicida. El sacudimiento que supuso en muchos la publicación, por ejemplo, de *La casa verde,* es solo comparable con un torbellino. Para dar una breve muestra de ello, baste citar algún párrafo de una extensísima carta que Julio Cortázar, absolutamente noqueado y fascinado, le envía al peruano el 18 de agosto de 1965, cuando todavía no se ha publicado la novela. Él solo ha visto el manuscrito definitivo:

> He dejado pasar una semana después de la lectura de tu libro, porque no quería escribirte bajo el arrebato del entusiasmo que me provocó *La casa verde* [...]. Quisiera decirte, ante todo, que una de las horas más gratas que me reserva el futuro será la relectura de tu libro cuando esté impreso, cuando no haya que luchar con esa «a» partida en dos que tiene tu condenada máquina (tírala a la calle desde el piso 14, hará un ruido extraordinario, y Patricia se divertirá mucho, y a la mañana siguiente encontrarás todos los pedacitos en la calle y será estupendo, sin contar la estupefacción de los vecinos, puesto que en Francia las-máquinas-de-escribir-no-se-tiran-por-la-ventana). [...]
>
> Bueno, Mario Vargas Llosa. Ahora te voy a decir toda la verdad: empecé a leer tu novela muerto de miedo. Porque tanto había admirado *La ciudad y los perros* (que secretamente sigue siendo para mí *Los impostores),* que tenía casi un inconfesable temor de que tu

segunda novela me pareciera inferior, y que llegara la hora de tener que decírtelo (pues te lo hubiera dicho, creo que nos conocemos). A las diez páginas encendí un cigarrillo, me recosté a gusto en el sillón, y todo el miedo se me fue de golpe, y lo reemplazó de nuevo esa misma sensación de maravilla que me había causado mi primer encuentro con Alberto, con el Jaguar, con Gamboa. A la altura de los primeros diálogos de Bonifacio con las monjitas ya estaba yo totalmente dominado por tu enorme capacidad narrativa, por eso que tenés y que te hace diferente y mejor que todos los otros novelistas latinoamericanos vivientes; por esa fuerza y ese lujo novelesco y ese dominio de la materia que inmediatamente pone a cualquier lector sensible en un estado muy próximo a la hipnosis [...].

Me río perversamente al pensar en nuestras discusiones sobre Alejo Carpentier, a quien defiendes con tanto encarnizamiento. Pero hombre, cuando salga tu libro, *El siglo de las luces* quedará automáticamente situado en eso que yo dije para tu escándalo, en el rincón de los trastos anacrónicos, de los brillantes ejercicios de estilo. Vos sos América, la tuya es la verdadera luz americana, su verdadero drama, y también su esperanza en la medida en que es capaz de haberte hecho lo que sos».

(Princeton C.0641, III, Box 6)

¿Y Cuba?

Los del *boom* van a ser durante un tiempo acérrimos defensores de la causa cubana que, como ya hemos apuntado, fue uno de los elementos aglutinadores de los intelectuales en los años sesenta. Pero cada uno entra en tiempos y circunstancias diferentes en ese mundo de «esquemáticos de izquierdas», como diría Edwards. El chileno narra cómo el argentino de trazas infantiles y grandiosa humanidad fue el primero en ser deslumbrado por la luz del Caribe, a fines de 1962 o comienzos de 1963. En ese primer encuentro en casa de Vargas Llosa, y en los que siguieron, «Cortázar, con su *erre* de argentino *emparisado*, no nos habló tanto de Raymond Roussel y sus *Impresiones de África* o de Laurence Sterne y su *Tristram Shandy*, como de Fidel Castro y la Revolución cubana. Acababa de estar en Cuba por primera vez, y no solo había descubierto la alegría, la solidaridad, la espontaneidad de las revoluciones en su etapa inicial, sino que también había descubierto, o había redescubierto, el mundo y los temas latinoamericanos. Julio Cortázar había abandonado deliberadamente Buenos Aires para convertirse en escritor argentino en París, proceso que acababa de narrar a su manera, empleando un sistema polifónico, en *Rayuela*. Pero su viaje reciente a La Habana lo había marcado: a partir de ese encuentro, iba a iniciar, desde París, pero ya con otra perspectiva, un cambio inverso. El viaje a la Cuba revolucionaria fue su descubrimiento de América, su ingreso en el Nuevo Mundo, su juventud de niño grandote recuperada» (Edwards 1990: 114-115). Ese primer viaje fue también el de la participación en el jurado del Premio Casa de las Américas, el de la conferencia sobre el cuento en la Casa de las Américas, que ya hemos mencionado, y asimismo el de la inspiración literario-revolucionaria. En efecto, el cuarto libro de cuentos de Julio, *Todos los fuegos el fuego,* publicado en 1966, contiene un relato de 1964 escrito en clave, «Reunión», que pretende ser un homenaje algo velado, pero con muy poco disimulo, a la Revolución Cubana. De hecho, ese cuento se basa en el libro del Che *Pasajes de la guerra revolucionaria,* concretamente en la historia del desembarco del *Granma,* que dio comienzo a la lucha armada en la Sierra Maestra. En el cuento, el narrador, que tiene expresiones argentinas y es asmático, se introduce con varios compañeros en una selva después de desembarcar, para buscar a Luis, el líder del grupo, y comenzar en la Sierra una revolución. A Luis se lo compara con Mozart, por su capacidad para ordenar una serie de variables y construir una pieza perfecta y ordenada. Luis es un «músico de hombres», que conseguirá «urdir ese canto que creíamos imposible, el canto que trabará amistad con la copa de los árboles, con la tierra devuelta a sus hijos» (Cortázar 1999: 61). Líneas más adelante, el homenaje a Fidel adquiere tintes de servilismo irracional:

> Tendríamos que ser como Luis, no ya seguirlo sino ser como él, dejar atrás inapelablemente el odio y la venganza, mirar al enemigo como lo mira Luis, con una implacable magnanimidad que tantas

veces ha suscitado en mi memoria (pero esto, ¿cómo decírselo a nadie?) una imagen de pantocrátor, un juez que empieza por ser el acusado y el testigo y que no juzga, que simplemente separa las tierras de las aguas para que al fin, alguna vez, nazca una patria de hombres en un amanecer tembloroso, a orillas de un tiempo más limpio.

(Cortázar 1999: 61-62)

Esta comparación con un líder religioso, con un pantocrátor cristiano, es semejante a la que el mismo Fidel quiso reflejar cuando explicó, en el libro de Frei Betto *Fidel y la religión,* que los que inicialmente bajaron de la Sierra fueron trece (que no fueron trece, sino diecisiete), de los cuales él era el líder, como Jesucristo con sus doce apóstoles, todos con unas barbas que hacían recordar las de aquellos que cambiaron el mundo y trataron de conseguir «una patria de hombres en un amanecer tembloroso, a orillas de un tiempo más limpio». Cortázar es, sin duda, el más comprometido, el más idealista con respecto a lo que podría haber supuesto la revolución. Por eso su adhesión personal, sus viajes y su apoyo incondicional van creciendo en los sesenta. Son memorables, por ejemplo, su artículo en 1966, publicado en la revista cubana *Unión,* sobre Lezama Lima, y la manifestación abierta de su compromiso con la lucha por la liberación de América Latina, o la publicación de la carta del 10 de mayo de 1967 en su libro *Último Round* (1968), centrada en la situación actual del intelectual latinoamericano, que se había editado antes en la revista *Casa de las Américas,* y de la que justifica su inclusión en el libro de este modo: «Esta carta se incorpora aquí a título de documento, puesto que razones de gorilato mayor impiden que la revista citada llegue al público latinoamericano».

Después de Cortázar, Mario Vargas Llosa es el que antes tomó confianza con los líderes culturales de la revolución, a pesar de su juventud y su escasa obra. De hecho, en 1965 viajaría a Cuba como miembro del jurado del Premio Casa de las Américas y del consejo de redacción de la revista *Casa de las Américas,* y tendría así su primer idilio con los barbudos de la Sierra. Viajes que se repetirían más adelante en sendas reuniones de consejos y diversas actividádes. Y su apoyo, aunque matizado, como veremos en el siguiente capítulo, se haría absolutamente público en el discurso de recepción del Premio Rómulo Gallegos, en 1967, comienzo, por otro lado, de su decepción con el proyecto castrista.

Carlos Fuentes también mostró tempranamente su apoyo, aunque el contacto directo con la arena de las playas del Caribe estuvo más dosificado. Sin embrago, sus opiniones favorables datan de los primeros sesenta. José Donoso aporta datos valiosos. Cuenta en su *histeria pasional* que, cuando acudió al Congreso de Concepción de 1962, asombrado todavía por la lectura reciente de *La región más transparente,* fue al aeropuerto con su ejemplar de la novela del mexicano con el fin de poder conocer al autor y pedirle que le firmara el libro. Cuando se presentaron, Fuentes lo conoció enseguida, pues habían coincidido un año en el colegio Grange de Santiago, siendo su padre diplomático en Chile, algo que no permanecía, de ninguna manera, en el recuerdo de Donoso. A partir de ahí, se hicieron grandes amigos. Viajaron juntos a Concepción y, en el tren, Fuentes le dijo que él ya no consentía hablar en público más que de política, jamás de literatura, «que en Latinoamérica ambas eran inseparables y que ahora Latinoamérica solo podía mirar hacia Cuba. Su entusiasmo por la figura de Fidel Castro en esa primera etapa, su fe en la revolución, enardeció a todo el Congreso de Intelectuales, que a raíz de su presencia quedó fuertemente politizado, y la infinidad de escritores de todos los países del continente manifestó casi con unanimidad su adhesión a la causa cubana» (Donoso 1999: 58-59).

Tres años más tarde, en los meses que pasó Donoso viviendo en México, después del congreso de Chichén Itzá, el chileno llegó a ser muy consciente de que el *boom* novelístico continental tenía por entonces su sede en México, «en y alrededor de la vilipendiada mafia de amigos de Carlos Fuentes» (Donoso 1999: 100) y que, incluso, «toda la picaresca literario-plástica-cinematográfica-teatral-social de México, además de la internacional, desfilaba por la casa de Carlos Fuentes y Rita Macedo. Pasaban editores de los Estados Unidos, agentes literarios, directores de películas, de revistas, de empresas. De Cuba llegaban, además de invitaciones, dignatarios como Roberto Fernández Retamar, que deslumbró al ambiente mexicano con el refinamiento de su cultura» (Donoso 1999: 108-109). Es decir, para esas fechas, Fuentes no solo hablaba de Cuba y Castro como lo único interesante «en esta tierra y en este instante», donde «soy feliz porque soy gigante», como diría Silvio refiriéndose a lo mismo en momentos similares, pidiendo perdón, por ser feliz, a los muertos de su felicidad, sino que, además, serviría de bisagra entre el mundo de la isla y el continente, haciendo de valedor ambivalente para que la causa cubana aterrizara en tierra firme. Pero, en 1966, Retamar criticó la asistencia de Fuentes y Neruda a la reunión del PEN Club en Nueva York, hecho que sentó muy mal al mexicano, y que recordó en un artículo del 17 de abril de 2003, «Contra los crímenes». Sin embargo, su apoyo a la revolución no terminó entonces, a juzgar por los fragmentos de la carta de Fuentes a Retamar que este publicó en *La Jiribilla,* contestando a los ataques del mexicano en el artículo anterior. Una carta que había sido publicada en el número 43 de la revista *Casa de las Américas,* en el ejemplar de julio-agosto de 1967, fechada en París el 28 de febrero de ese mismo año, donde hace referencia a una reunión a la que Vargas Llosa y Cortázar habían asistido:

Querido Roberto:

Por carta de Mario Vargas Llosa y conversaciones con Julio Cortázar, me he enterado del éxito de las reuniones que acaban de celebrar en La Habana. Julio, precisamente, me dio a conocer el texto de la declaración redactada por el consejo de colaboración de la revista. Quiero aprovechar esta carta para hacer pública mi adhesión al documento mencionado, ejemplar en su tono y su visión revolucionarios. Creo, en particular, que los párrafos dedicados a reafirmar la validez revolucionaria de la libertad artística y a diversificar los frentes de lucha del escritor latinoamericano son de una extrema lucidez y constituyen un aliciente para quienes, como yo, aspiramos al cambio democrático de una sociedad especialmente compleja, como la mexicana.

Me gustaría mucho enviarte un capítulo de mi nueva novela, *Cambio de piel.* Si estás de acuerdo, házmelo saber a vuelta de correo. También he hablado con Lisandro Otero y con Alejo Carpentier, de la posibilidad de una visita a Cuba, en el momento de mi regreso a

México, quizás hacia fines de este año. La perspectiva me entusiasma. Sería una ocasión de refrendar mi permanente solidaridad con la Revolución Cubana que, como sabes, no data de ayer ni ha sido escasa en pruebas, y de ser, nuevamente, testigo de la victoria que todos ustedes construyen a diario. Sería, también, la ocasión de discutir, al nivel y con el tono que los amigos se deben, muchos problemas comunes cuyas soluciones, finalmente solidarias, exigen sin embargo caminos diversos, tan diversos como los contextos nacionales en los que trabajamos.

Te abraza, con vieja amistad, Carlos Fuentes.

(*Casa de las Américas,* julio-agosto de 1967)

Se nota que, a pesar de su solidaridad con los cubanos y sus artes diplomáticas, la entrada en el país no la tenía tan fácil como Mario y Julio, y la deseaba con fruición. ¿Y Gabo? ¿Qué había entre él y Cuba, habiéndose declarado comunista sin partido, defensor de la causa revolucionaria y siendo ya íntimo de Fuentes? Como ya hemos escrito por extenso en el libro *Gabo y Fidel. El paisaje de una amistad,* el colombiano fue el primero en tomar contacto directo con la euforia verde olivo, pues ya en 1959 asistió como reportero a los juicios en los que se condenó (y fusiló) a muchos militares batistianos que no habían salido en avión el 31 de diciembre de 1958. Y, entre 1960 y 1961, trabajó como periodista también en la agencia de noticias Prensa Latina, creada a instancias del Che, viviendo una primera etapa en Cuba, feliz y documentado. Pero ahí terminó todo, hasta mucho después del caso Padilla. Incomprensiblemente, Gabo no volvió a aparecer por Cuba en los sesenta, ni asistió a los congresos importantes, ni fue invitado a la Casa de las Américas. Una interpretación para este extraño paréntesis nos la dio el político e intelectual francés Régis Debray en su casa parisina de la calle Odeón. Debray había vivido en Cuba en los sesenta, muy ligado al poder, casado además con Elizabeth Burgos, la venezolana que organizó en gran medida la Tricontinental de 1966. Desde 1961 había participado en los eventos más importantes del gobierno cubano, hasta que viajó con el Che a Bolivia y allí fue apresado, días antes de la muerte del guerrillero argentino. Condenado a treinta años de cárcel, en 1971 fue liberado gracias a las gestiones de De Gaulle, André Malraux y Sartre. Gabo mantenía una vieja amistad con él y, conociendo sus influencias en la corte habanera, le pidió que hablara con las altas instancias para conseguir una invitación, como se hacía con los otros escritores comprometidos. Debray sondeó a Fidel y a Carlos Rafael Rodríguez, vicepresidente del Consejo de Estado, pero ni uno ni otro mostraron interés por invitar al colombiano, porque no se fiaban de su grado de compromiso. Sin embargo, algunas declaraciones de esa época sobre su deseo de visitar la isla y conocer bien el paraíso cubano ya eran palmarias. González Bermejo, en la revista *Triunfo* de noviembre de 1971, lo sondea:

—Hace poco declaraste en una entrevista que las cosas que te interesan en el mundo son la música de los Rolling Stones, la Revolución cubana y cuatro amigos. Resúmeme tu vinculación con la Revolución cubana.

—Yo creo en la Revolución cubana todos los días.

—¿Cuál es el aspecto que más te importa de la Revolución cubana?

—Me importa que haga su socialismo tomando en cuenta sus propias condiciones, un socialismo que se parezca a Cuba y nada más que a Cuba: humano, imaginativo, alegre, sin óxido burocrático. Esto es formidable para toda América Latina, cuyas condiciones son muy parecidas a las de Cuba.

—¿Cuándo vas a Cuba?

—En cualquier momento. El borrador de mi libro lo tendré terminado en diciembre, y espero poder ir a Cuba los primeros meses del año que viene. Si yo no he ido antes a Cuba es por razones puramente prácticas: tenía que terminar mi novela.

(Rentería 1979: 63)

Pero 1971 es una época muy tardía. Algunos de los amigos del *boom* estaban ya de vuelta, sobre todo a raíz del caso Padilla. En los sesenta, Gabo no se había acercado al paraíso, a la reina del Caribe. Su camino sería el inverso al de la mayoría de los que ya estaban, por entonces, disfrutando con él del festín del *boom*. En concreto, el año 1967 supone un camino sin retorno para estos escritores que, más o menos comprometidos en lo político con las causas revolucionarias, van a asistir a la verdadera primavera, y no precisamente en La Habana, ni en Praga, sino en Caracas.

3
ALHARACAS POR CARACAS

Lo primero que aparece en un gran cartel, nada más aterrizar en Caracas, es la frase: «Bienvenidos a Maiquetía». Es el nombre del aeropuerto, que se encuentra en una población homónima, en la orilla del Caribe Sur, a pocos kilómetros de la capital bolivariana. Es siempre grata la sonoridad de los términos indígenas latinoamericanos, como Machu Picchu, Hatuey, Borinquen, Guajiro y otros muchos. Pero Maiquetía resulta especialmente placentero. Es el nombre de un famoso cacique indígena del siglo XVI, que decidió pactar la paz con los españoles, mientras que Pariata, su guerrero más valiente y fiel, no se doblegó tan fácilmente, y atacó el bergantín español *El Pelayo,* que fue completamente destruido después del asalto y el incendio. Aunque para un latino del otro lado del charco, ese término tan eufónico tiene un sentido más ibérico.

Los dos máximos protagonistas del *boom* coincidieron en la capital venezolana, en el aeropuerto de Maiquetía, a principios de agosto de 1967. No se conocían personalmente, aunque se habían escrito algunas cartas, y la admiración era mutua. Tenían puntos de vista parecidos en política y eran ya, cada uno a su manera, grandes narradores. Gabo aterrizaba por segunda vez en Maiquetía. La primera había sido el 28 de diciembre de 1957, día de los Inocentes, una tarde en la que Plinio Apuleyo Mendoza le dio una vuelta por esa ciudad encerrada entre montañas, después de que la revista que Plinio dirigía, *Momento,* hubiera contratado a Gabo como redactor.

Caracas iba a ser, desde ese instante, para el colombiano, la ciudad fugitiva de la imaginación, con castillos gigantes, genios escondidos en las botellas, árboles que cantaban y fuentes que convertían en sapos el corazón, y muchachas de prodigio que vivían en el mundo al revés dentro de los espejos, según relata en «Memoria feliz de Caracas» (Zapata 2007: 30). Durante esa época hubo dos acontecimientos importantes: se casó con Mercedes Barcha (hizo un viaje fugaz a Barranquilla y volvió con ella), y vivió de cerca la caída del dictador Pérez Jiménez, circunstancia que le dio la idea de escribir una novela sobre el poder absoluto, cristalizada dieciocho años más tarde en *El otoño del patriarca,* como hemos explicado por extenso en otro libro (Cremades y Esteban 2002: 262-264). En su segundo viaje, diez años más tarde, ya es un escritor famoso, que va repartiendo autógrafos y es perseguido por cámaras, amigos y conocidos. Llega de México para la entrega del Premio Rómulo Gallegos a Mario Vargas Llosa y, en esa primera reunión de colosos, la amistad surge como un chispazo que genera una corriente densa y plena de intensidad.

El peruano no había tenido experiencia anterior en Venezuela, por lo que su primera visita literaria no podía ser más agradable: recibe el galardón más importante de América Latina, el Rómulo Gallegos, de manos del autor al que está dedicado, el gran clásico de la literatura venezolana del siglo XX, y conoce en persona al futuro Premio Nobel, con el que vivirá momentos inefables de amistad y complicidad hasta febrero de 1976. Además, la historia del premio ha resaltado de un modo especial la entrega de ese galardón a Mario Vargas Llosa, ya que no solo fue la primera vez que se hizo, sino que fue también la única en la que el propio Gallegos protagonizó esa concesión, pues moriría poco después. Gabo y Mario se conocen en el mismo aeropuerto de Maiquetía. Relata Mario en su libro sobre su amigo: «Nos conocimos la noche de su llegada al aeropuerto de Caracas; yo venía de Londres y él de México, y nuestros aviones aterrizaron al mismo tiempo. Antes habíamos cambiado algunas cartas y hasta habíamos planeado escribir, alguna vez, una novela a cuatro manos» (Vargas Llosa 2007: 177).

Sobre esa no-novela hablaremos más adelante, pues las cartas donde se menciona son las más próximas al verano de 1967, cuando ya los dos saben que van a conocerse en Caracas. Pero hay una historia anterior de cartas, que comienza el 11 de enero de 1966, cuando Gabo consigue la dirección de Mario en París, y le escribe la siguiente misiva, como si lo conociera de toda la vida:

> Estimado Mario Vargas Llosa:
> A través de Luis Harss conseguí por fin tu dirección, que resultaba inencontrable en México, sobre todo ahora que Carlos Fuentes anda perdido quién sabe en qué manglares de la selva europea.
> El productor de cine Antonio Matouk está entusiasmado con la idea de hacer en el Perú *La ciudad y los perros,* dirigida por Luis Alcoriza. Luis, como yo, es un gran admirador del libro y cree que puede hacer de él una cosa estupenda, contando, además, con tu colaboración en el guión. [...]
> Por acá estamos impacientes por conocer *La Casa Verde.* ¿Cuándo se publica? Carmen Balcells, a su paso por México, estaba muy entusiasmada con los originales.
> Me alegro, de todos modos, y aunque no cuaje el proyecto cinematográfico, de la oportunidad que me ofrece esta carta para establecer contacto.
> Cordialmente, Gabriel García Márquez
>
> (Princeton C.0641, III, Box 10)

En diciembre de ese mismo año, después de algunas cartas intermedias, Gabo le da las gracias a Mario porque le ha hecho gestiones para publicar algunos cuentos en inglés y la posibilidad de difundir en Perú *Cien años de soledad,* aunque todavía no ha salido la primera edición en Argentina. Le asegura, además, que él va a ser el ganador del Rómulo Gallegos:

> Mi querido Mario:
> Como agente, eres por lo menos más activo que Carmen Balcells. Ya le mandé a Westphalen un capítulo de *Cien años de soledad,* y por cierto uno de mis preferidos: la subida al cielo en cuerpo y alma de la bella Remedios Buendía. Así que te has anotado tu poroto.
> He aceptado viajar a Buenos Aires en julio del año entrante como jurado del concurso de *Primera Plana* [...]. Creo que al regre-

so, en agosto, haré una escala en Caracas para un congreso de escritores que harán allá con motivo de la entrega del premio Rómulo Gallegos, y que tú te ganarás sin remedio con *La Casa Verde*. Mi otro candidato es Lezama Lima con *Paradiso,* pero dudo mucho de que le adjudiquen el premio. De modo que allá nos veremos. [...]

Todos los planes se me vuelven a largo plazo. Por lo pronto, sé que tengo que trabajar aquí como un burro, hasta julio, para acabar de pagar las deudas que me dejó la novela que ya escribí, y acumular algo para la otra, que no podré escribir antes del segundo semestre del año entrante. Mientras tanto, trataré de escribir cuentos, pues si dejo enfriar el motor necesitaré cinco años para calentarlo. Como algo muy vago se presenta el proyecto de irme un año a alguna casa marina cerca de Barcelona, con breves escapadas a París. En México es buen negocio trabajar y mal negocio escribir. La idea es acumular en países de moneda fuerte y gastar en países de moneda débil. Qué barbaridad: a este paso no haremos mucho como escritores, pero llegaremos muy lejos como financistas.

Un gran abrazo, Gabriel

(Princeton C.0641, III, Box 10)

Pero la comunicación más importante es la que le hace por telegrama el mismo día que se entera de que, ya definitivamente, le han concedido el tan preciado galardón: es el 26 de julio de 1967, muy pocos días antes de conocerse personalmente. Lo homenajea así: «Veintiún cañonazos de champaña por el jurado más justo del mundo».

Con esos antecedentes, no es extraño que el encuentro que tuvo lugar en el aeropuerto de Maiquetía tuviera carácter de celebración mágica, de epifanía cuasi sobrenatural.

CIEN AÑOS CON SOLEDAD

La persona que más sabe sobre ese momento estelar para la historia de la literatura es Soledad Mendoza, la hermana de Plinio Apuleyo Mendoza, uno de los grandes amigos de la infancia de Gabo. La familia Mendoza había vivido un tiempo en Caracas, y

Soledad se quedó a vivir en la capital venezolana. Desde entonces ha sido una periodista conocida, directora de revistas, patrocinadora de libros de lujo sobre el país, sus habitantes, ciudades, paisajes, etc. Nos recibió en junio de 2008 en su casa del barrio de Chulavista, que hace honor a su nombre. En la cumbre de una de las montañas altas que rodean la capital, ese apartamento, grande, espacioso y henchido de obras de arte de valor incalculable, posee además una de las vistas más completas y bellas de la ciudad bolivariana. Cenamos allí con Bernardo Infante, nuestro editor venezolano, generoso y amable hasta el extremo, una de las hijas de Roa Bastos, que se instaló hace muchos años en Venezuela, Soledad, y familiares del ínclito Boris Izaguirre, que en su país goza de un prestigio muy diferente a la imagen frívola y desenfadada que porta en España.

Soledad es una fuente primaria de información sobre la vida de Gabo en Caracas, porque siempre lo ha acompañado, en sus sucesivas visitas al país, como chófer, amiga, anfitriona y confidente especial. Ya en los años cincuenta, hicieron un viaje por la Europa del Este, en compañía de Plinio, y cuenta ella que lo más destacable en Gabo era el sentido continuo del humor, que llegaba hasta, por ejemplo, burlarse de los policías de las aduanas tratando de convencerlos de que ella era una india (y hacía aspavientos y alaridos con la mano en la boca imitando los *wésterns)* y consiguiendo así que la dejaran pasar de un país a otro sin tener visado. Pero, antes de eso, dice que ya era amiga de él, porque su hermano Plinio dirigía un periódico en Caracas, *Últimas noticias,* donde Gabo escribía artículos, de vez en cuando, desde Colombia, y ella era la encargada de hacerle los cheques y enviárselos a casa. Comenta con orgullo que, probablemente, sus cartas eran más apreciadas por Gabo que las de Mercedes Barcha, por entonces novia del colombiano. Así, cuando Gabo llega en 1967, invitado con motivo de la entrega del Premio Rómulo Gallegos a Mario y el congreso que adornó esa circunstancia, ella fue a buscarle al aeropuerto con Simón Alberto Consalvi, amigo de Gabo y, por entonces, presidente del Instituto de Cultura. Primero llegó el avión de Mario, y Consalvi hizo ademán de marchar rápidamente para llevar al peruano a su hotel, pero Soledad dijo: «Yo me quedo a esperar al Gabo», gesto que gustó a Vargas

Llosa, pues él mismo estaba interesado en conocerlo personalmente cuanto antes. Consalvi accedió, y poco más tarde aterrizó Gabo, que se iba tambaleando ya desde la escalerilla del avión, según pudieron ver los que lo esperaban, pues, en aquella época, los familiares y amigos de los pasajeros podían acceder hasta la misma pista de aterrizaje. La causa de su equilibrio inestable era los *whiskys* que se había tomado en el avión. «Iba *paloteado* —nos decía Soledad—, pero no porque fuera un borracho, sino porque tenía pánico a los aviones, y solo mediante el alcohol podía superar esas crisis de altura. Cuando estuvo frente a nosotros, se lanzó hacia mí en un efusivo abrazo —continúa Soledad—, y le presenté a Mario, lo que terminó por ser una fiesta improvisada y una euforia que duró todo el tiempo que ellos estuvieron en la ciudad». Gabo levantó del suelo a Mario del abrazo que le propinó, y le comentó, en tono jocoso, que si él había ganado el premio era porque se le había pasado el plazo para presentar *Cien años de soledad*. Mario, en su libro sobre Gabo, comentaría sobre ese momento:

> Esa fue la primera vez que nos vimos las caras. Recuerdo la suya muy bien, esa noche: desencajada por el espanto reciente del avión —al que tiene un miedo cerval—, incómoda entre los fotógrafos y periodistas que lo acosaban. Nos hicimos amigos y estuvimos juntos las dos semanas que duró el Congreso, es esa Caracas que con dignidad enterraba a sus muertos y removía los escombros del terremoto».

> (Vargas Llosa 2007: 177-178)

Se refiere Vargas al terremoto que asoló la ciudad el 29 de julio de ese año. El día 25 había cumplido cuatrocientos años de su fundación, y Caracas se había engalanado para la efemérides: desfiles de carrozas, fuegos artificiales. El cuarto día de las fiestas, a las ocho de la tarde, todo el país estaba pendiente de la elección de Miss Universo. Sin embargo, el veredicto final no lo pudieron saber los caraqueños, porque en treinta y cinco segundos gran parte de la ciudad se convirtió en escombros y la desolación cundió entre los habitantes, sobre todo en las zonas de Altamira, Los Palos Grandes y Litoral Central, bajo el sello de los 6,5 grados en la escala de Richter y el epicentro entre Arrecifes y Naiguatá. En cuanto al congreso, se refiere Mario al decimotercero del Instituto Internacional de Literatura Iberoamericana, fundado en 1938 por Pedro Henríquez Ureña y Alfonso Reyes, que suele reunirse cada dos años en distintos lugares del universo. En ese marco, Gabo y Mario fueron las estrellas dentro y fuera del Congreso. La ciudad volvió a tomar un aire festivo y de celebración. Continuamente, nos comentó Soledad, se llenaban los restaurantes de escritores, periodistas, críticos literarios, catedráticos, alumnos, lectores interesados. Hubo mesas redondas, programas de radio y televisión, firmas de libros, actos culturales de todo tipo... Ella acompañaba a la nueva pareja a todas partes, los llevaba en su coche de acá para allá. El diario *La Verdad* aseguraba: «Del desconcierto y el dolor del reciente terremoto, la ciudad pasó, gracias al Congreso y al premio, a la euforia y al más apasionado interés por los escritores presentes y por sus libros» (Zapata 2007: 116). También acudieron allí personalidades literarias como Arturo Uslar Pietri, Salvador Garmendia, Adriano González León, Juan Carlos Onetti, Miguel Otero Silva, José María Castellet, e intelectuales como Ángel Rama, José Miguel Oviedo, Emir Rodríguez Monegal, Fernando Alegría, etc.

Soledad nos decía que ella prefería ser su chófer que dejar a Gabo el manejo del coche, porque una experiencia del pasado le hacía desconfiar del colombiano. En efecto, diez años antes, la primera vez que Gabo pisaba Caracas, ella le enseñó a conducir con su propio coche, y Gabo lo estropeó en una vereda de montaña, cuando raspó la puerta del conductor contra la parte elevada a la izquierda de la carretera, y rompió el manillar. Pero eso era agua pasada. Soledad era feliz porque la ciudad, como París, era una fiesta, y las alharacas en Caracas duraban veinticuatro horas cada día. Una de esas jornadas vivió Soledad una anécdota que quedaría para el resto de su vida. Ciertamente, la cara de felicidad con la que nos la contaba, enseñándonos las pruebas fehacientes, era todo un poema. La noche que cenamos en Chulavista, antes de proceder a degustar las delicias de la cocina caraqueña, sacó unos cuantos libros y nos los fue enseñando. Refirió que uno de esos días estaban comiendo los tres (Gabo, Mario y ella) en casa de una amiga, y sacó los libros que ellos mismos le habían regalado. Mario le había dado *La casa verde,* esa primera edición por la que había recibido el premio, y Gabo su recién parido *Cien años de soledad,* novela que ya le había procurado, en escasas semanas, pingües beneficios, fama inesperada y alegrías sin cuento.

Entonces ella propuso que ambos los dedicaran, pero de allí surgió la idea de que Gabo le firmara el de Mario y viceversa. Ninguna de las frases manuscritas tiene desperdicio. El peruano escribió la palabra «para» delante del título de la novela macondiana y puso un paréntesis entre «cien» y «de», de tal forma que se leía: «Para (Cien años de) soledad, esta increíble novela de caballerías que hubiera dado un brazo y una pierna por escribir». Y la firma: «Mario, Caracas, 1967». Gabo, debajo del título *La casa verde,* anotó: «Para Soledad, esta novela que convirtió en un problema fundamental lo que antes era simplemente escribir y cantar». Y su firma inconfundible: «Gabo, 1967». Cualquiera estaría pletórico enseñando tamaños tesoros, pero ahí no terminó la cosa. También pudimos hojear la primera edición de *La guerra del fin del mundo,* firmada esta vez por el autor, en Caracas, abril de1983, de esta guisa: «Para Soledad, con dos besos (para cada mejilla) de un viejo amigo». Pero los elogios y las buenas palabras no solo iban a las damas. Mario y Gabo competían en amabilidad, el uno para el otro, en declaraciones positivas sobre sus respectivas obras y su personalidad. El 4 de agosto de 1967, en el periódico *El Nacional,* Gabo afirmaba que Vargas Llosa era un caso insólito, que había nacido para escritor, y concluía: «A Mario le tengo una devoción sin medida». Y en *Últimas Noticias,* también del 4 de agosto, decía que *La casa verde* era una obra maestra y «una de las mejores novelas escritas en América Latina» (Zapata 2007: 113).

Del mismo modo, Vargas Llosa era generoso con las magnificencias del nuevo amigo. En una entrevista de Carlos Díaz Sosa para *La República,* se producía el siguiente diálogo:

CDS: Le voy a pedir su opinión sobre lo que dijo Gabriel García Márquez en la revista *Visión.* Más o menos allí plantea que en

América se habían escrito muy buenas novelas, de autores que ahora tienen hasta setenta años, y en el panorama general nada había ocurrido hasta que apareció *La ciudad y los perros* de Mario Vargas Llosa, quien abrió una brecha por la que se fueron todos, los jóvenes y los viejos, y desde entonces la narrativa latinoamericana tiene influencia y se respeta en el campo internacional, incluyendo Europa.

MVLL: Bueno, es la generosidad y el humor de García Márquez (lo decía Vargas Llosa con su inquebrantable modestia) y además la amistad que tenemos.

(Zapata 2007: 118)

Poco más tarde añadiría Mario que García Márquez «es uno de los escritores latinoamericanos más interesantes. La obra más rica y creadora de los últimos años» (Zapata 2007: 119).

DESPUÉS DEL TERREMOTO..., EL INCENDIO

No habían pasado diez días del sacudimiento de tierras en la capital venezolana cuando otra conmoción, esta vez en forma de llamas, iluminó Caracas, dejando un destello que se vio hasta en La Habana. El autor del incendio, un puro bien encendido por un escritor peruano, del que todos los oyentes fumaron hasta dejar en ascuas el bosque de la literatura. Mario Vargas Llosa recibía, de manos del presidente de la República y en presencia de Rómulo Gallegos, el galardón más preciado de América Latina por esas fechas, y dejaba su huella en un demoledor discurso, con historia, entretelas y dobles lecturas, titulado «La literatura es fuego».

El premio se había instituido el 1 de agosto de 1964, para celebrar el cumpleaños de Rómulo Gallegos el 2 de agosto. Tres años más tarde, se entregó por primera vez, pero no en el mismo día de las efemérides del insigne escritor, sino el 11 de agosto. Los sucesos del terremoto retrasaron el evento. Al principio, se fallaba cada cinco años, por lo que la siguiente edición habría de ser en 1972, y la ganó Gabo, con *Cien años de soledad*. En 1977, el galardonado fue Carlos Fuentes, para cerrar la tríada del *boom,* con *Terra Nostra*.

A partir de 1987, la entrega fue bienal. En los noventa, se extendió la participación a autores también españoles. Desde entonces, lo han ganado, por ejemplo, Javier Marías (1995) y Enrique Vila-Matas (2001). El primer año, además de una medalla de oro y un diploma, el premio iba dotado con cien mil bolívares, que por entonces nada tenían que envidiar a los dólares (unos veinticinco mil). Así que la literatura no solo es fuego, sino también oro...

Hubo, en aquel primer año, trece jurados internacionales, con participantes de todos los países latinoamericanos, que remitían su veredicto a un jurado principal, también internacional, compuesto por cinco personalidades del mundo de la literatura: Andrés Iduarte (México), Benjamín Carrión (Ecuador), Fermín Estrella Gutiérrez (Argentina), Juan Oropesa (Venezuela) y Arturo Torres Rioseco (Chile). Se presentaron diecisiete novelas. Onetti y Silvia Bullrich quedaron finalistas. Lo más curioso es que la iniciativa para la presentación de la candidatura de Mario no salió de él mismo, sino del jurado venezolano, compuesto por Fernando Paz, Pedro Pablo Castillo y Pedro Díaz Seijas.

Pero no todo fueron sendas de rosas y alfombras rojas en los días del premio. Mario Vargas Llosa, que por entonces había vivido un idilio con la Revolución Cubana, tuvo la primera gran decepción, por un incidente bastante turbio que constituyó la antesala del alejamiento, hasta el caso Padilla, varios años más tarde, donde también comenzó su viaje de vuelta en la amistad con Gabo. Aunque hemos hablado con él por extenso de los pormenores del suceso, es Ricardo A. Setti quien mejor lo ha recogido en una entrevista con el peruano. Los cubanos comenzaron a estar molestos con el joven exitoso cuando él dejó de intervenir exclusivamente en favor de la Casa de las Américas, abriendo sus horizontes hacía otras miradas que, sin ser excluyentes, eran consideradas por los revolucionarios como un coqueteo con «el resto del mundo», sobre todo con ese mundo que ellos consideraban indigno, capitalista, imperialista, etc.:

RAS: En esa campaña usted fue acusado de haberse comprometido a donar el dinero recibido del premio literario Rómulo Gallegos, en 1967, al fondo de guerrilla del Che Guevara y que, por el contrario, había comprado una casa. ¿Cómo fue ese episodio?

MVLL: Eso es uno de los episodios que precedió a mi distanciamiento con Cuba. A mí me comunicaron un día en París que yo estaba entre los finalistas del premio Rómulo Gallegos. Mi editor, Seix Barral, de Barcelona, había presentado mi novela *La casa verde* a este premio sin que yo lo supiera. Yo tenía una relación muy estrecha con la Revolución cubana en ese tiempo y cometí el error —aunque al final resultó totalmente positivo haberlo hecho— de decirle a Alejo Carpentier, que era el agregado cultural de Cuba en París, que yo quería conocer la opinión de Cuba sobre este premio, porque había la posibilidad de que me lo otorgasen.

RAS: ¿Y entonces qué pasó?

MVLL: Yo regresé a Londres, donde vivía, y pocos días después recibí una llamada telefónica de Alejo Carpentier, diciéndome: «Tengo que ir a Londres para hablar contigo, porque recibí un mensaje para ti que debo comunicarte personalmente». Agregó: «Voy en la mañana para poder regresar en la tarde». Entonces fue a verme a Londres, con mucho secreto. Era la primera vez que iba a Inglaterra. Lo fui a buscar al aeropuerto, fuimos a almorzar en un restaurante en Hyde Park, y entonces sacó una carta de Haydée Santamaría. Era una carta no para que yo la tuviera, sino para que yo la oyera. Era una carta de Haydée Santamaría a Alejo Carpentier para que él me la leyera a mí. Para que no quedaran pruebas, que no quedaran huellas del episodio. Y en esa carta, Haydée Santamaría —era una carta que probablemente no había sido escrita por ella, porque Haydée no hubiera podido escribir así; pero sospecho más o menos quién pudo haberla escrito— decía, entre grandes elogios a mi obra, que el premio Rómulo Gallegos me daba la gran oportunidad de hacer un gran gesto a favor de la revolución en América Latina, y que ese gesto debía consistir en lo siguiente: hacer un donativo al Che Guevara, que estaba en ese momento no se sabía dónde. Si yo lo hacía, ello tendría una gran repercusión en América Latina.

Hasta allí muy bien; pero entonces venía una parte que a mí me ofendió mucho. La carta continuaba diciendo que «naturalmente nosotros comprendemos que un escritor tiene necesidades», y por consiguiente «esto no significa que usted tenga que perjudicarse por esta acción; la revolución le devolverá a usted el dinero discretamente, sin que esto se sepa». Le dije a Alejo Carpentier: «Alejo, mira, esta es una cosa que es muy ofensiva. ¡Tú imagínate lo que Haydée me propone! Que yo haga la farsa de, primero, recibir el premio. Luego, irme de Caracas a La Habana, donde vamos a montar una farsa extraordinaria donde voy a aparecer como un héroe que dona 25 mil dólares a la revolución. Y luego me vengo a Londres, y la embajada cubana, discretamente, me devuelve mis 25 mil dólares. O sea, yo, un farsante, actuando realmente con una duplicidad extraordinaria». Le digo entonces a Carpentier: «¿Cómo puede Haydée hacerme una propuesta semejante? Es una cosa que a mí me ofende muchísimo. Si a mí me dicen: "Dónenos usted el premio", yo sabré si lo dono, o no lo dono. Pero que no me digan: "Haga la farsa de donar el premio, porque usted no perderá nada, se va a quedar con la plata". Eso no es la manera de tratar a un escritor que tiene respeto por su trabajo».

RAS: ¿Y cuál fue la reacción de Alejo Carpentier?

MVLL: Entonces Alejo Carpentier —que era muy cínico, un gran escritor, pero un hombre muy cínico, un funcionario del Gobierno— me dijo: «Mira, no, eso no se lo voy a decir a Haydée así, porque no conviene que tú te pelees con la revolución... Vamos a decir que tú no puedes hacer eso, que te parece que no, que más bien vas a hacer algún gesto después...».

RAS: ¿Y cómo terminó el episodio?

MVLL: Yo fui a recibir el premio y pronuncié un discurso en el que hablé de Cuba, tomé unas distancias con el gobierno de Venezuela *[que había instituido el premio y, en esa época, estaba enemistado con Cuba]*, e hice un elogio a la Revolución cubana. Recibí después una carta de Haydée, una carta muy cariñosa, diciendo que me felicitaba por el «grito de Caracas» *[irónico]*. De cualquier manera, ya todo eso creó un distanciamiento, un enfriamiento.

(Setti 1989: 147-150)

La pureza de los ideales revolucionarios quedaba no en entredicho, sino absolutamente noqueada. ¿Dónde están el idealismo, la honradez, la generosidad y solidaridad con las grandes causas de los pobres, la sinceridad de corazón y afectos de los revolucionarios? Algo así debió concluir el joven Mario, que hasta entonces había pensado que un sistema comunista del tipo del que se estaba instaurando en Cuba podría ser la solución esperada por tantas gentes sencillas para obtener justicia social, salud mental, igualdad y mejores condiciones de vida. Todo era una farsa: la carta, escrita quizá por Retamar (no se atreve Mario a decirlo), el viaje de Carpentier, la propuesta del autor de *El siglo de las luces,* la lealtad al Che, etc. No obstante, Mario leyó el discurso que tenía previsto, aunque más que fuego, lo que debieron saltar fueron chispas en su interior, cuando pronunciaba los párrafos elogiosos a la revolución.

Comienza el texto recordando al poeta vanguardista peruano Oquendo de Amat, con su obra *Cinco metros de poemas,* y señala que el destino de los creadores de América, hasta la fecha, ha sido casi siempre oscuro, como el de Oquendo, cuyo único libro está probablemente «enterrado en bibliotecas que nadie visita», y ya nadie lo lee, pues sus poemas han sido «transmutados en humo, en viento, en nada» (Vargas Llosa 1983: 132). Eso ha ocurrido porque las sociedades, continúa Mario, han menospreciado la literatura y han matado la vocación de los escritores, que a ellos les ha exigido, como cualquier vocación, una entrega total. Ahora bien, el panorama, según el peruano, empieza a cambiar, «los círculos de lectores comienzan a crecer, las burguesías descubren que los libros importan, que los escritores son algo más que locos benignos, que ellos tienen una función que cumplir entre los hombres» (Vargas Llosa 1983: 134). Y es entonces cuando el escritor tiene que recordar a las sociedades lo que va a ocurrir y las alternativas que se les ofrecen:

> Advertirles que la literatura es fuego, que ella significa inconformismo y rebelión, que la razón del ser del escritor es la protesta, la contradicción y la crítica. Explicarles que no hay término medio: que la sociedad suprime para siempre esa facultad humana que es la creación artística y elimina de una vez por todas a ese perturbador social que es el escritor o admite la literatura en su seno y en ese caso no tiene más remedio que aceptar un perpetuo torrente de agresiones, de ironías, de sátiras, que irán de lo adjetivo a lo esencial, de lo pasajero a lo permanente, del vértice a la base de la pirámide social. Las cosas son así y no hay escapatoria: el escritor ha sido, es y seguirá siendo un descontento. Nadie que esté satisfecho

es capaz de escribir, nadie que esté de acuerdo, reconciliado con la realidad, cometería el ambicioso desatino de inventar realidades verbales. La vocación literaria nace del desacuerdo de un hombre con el mundo, de la intuición de deficiencias, vacíos y escorias a su alrededor. La literatura es una forma de insurrección permanente y ella no admite las camisas de fuerza. Todas las tentativas destinadas a doblegar su naturaleza airada, díscola, fracasarán. La literatura puede morir pero no será nunca conformista.

(Vargas Llosa 1983: 134-135)

Con esta declaración, que justifica el título del discurso, el joven premiado mata dos pájaros de un tiro: por un lado, pone de manifiesto que el escritor trabaja por necesidad, que nace del descontento con la vida, y por otro, asume el compromiso político o social que hasta entonces, muy *sartreanamente,* ha invadido sus ideas estéticas, filosóficas y políticas. Cuando la literatura es fuego y denuncia, entonces cumple una función moral, contribuye al perfeccionamiento del hombre y lo saca de su conformismo, su inmovilidad y parálisis. Y, a continuación, abandona el tono impersonal y teórico para centrarse en la realidad latinoamericana. En ese contexto, Vargas Llosa no duda en elogiar los cambios políticos que han llevado a Cuba a la vanguardia de los movimientos de liberación latinoamericanos. Podemos imaginar que, mientras pronunciaba esas palabras, algo se estaría atragantando en su interior, tras aquella conversación con Carpentier pocos días antes:

La realidad americana, claro está, ofrece al escritor un verdadero festín de razones para ser un insumiso y vivir descontento. Sociedades donde la injusticia es ley, paraísos de ignorancia, de explotación, de desigualdades cegadoras de miseria, de condenación económica, cultural y moral, nuestras tierras tumultuosas nos suministran materiales ejemplares para mostrar en ficciones, de manera directa o indirecta, a través de hechos, sueños, testimonios, alegorías, pesadillas o visiones, que la realidad está mal hecha, que la vida debe cambiar. Pero dentro de diez, veinte o cincuenta años habrá llegado, a todos nuestros países, como ahora a Cuba, la hora de la justicia social y América Latina entera se habrá emancipado del im-

perio que la saquea, de las castas que la explotan, de las fuerzas que
hoy la ofenden y reprimen. Yo quiero que esa hora llegue cuanto
antes y que América Latina ingrese de una vez por todas en la dignidad y en la vida moderna, que el socialismo nos libere de nuestro
anacronismo y nuestro horror.

(Vargas Llosa 1983: 135)

Con esa declaración, ni contentó a los cubanos, que luego lo
acusaron, ni quedó bien con el gobierno venezolano de Raúl Leoni, que era contrario a la política revolucionaria cubana. Pero era
un canto de esperanza para un mejor futuro en el Sur. No solo eso,
sino también una sólida convicción en que, en unos cincuenta
años, la situación latinoamericana habría dado un giro copernica-
no. Naturalmente, ni América Latina ha cambiado sustancialmen-
te, ni el socialismo ha sido el revulsivo que se esperaba. Castro sigue vivo en las bambalinas de un sistema que se resigna a morir,
como su mentor, y los nuevos socialistas del siglo XXI dan vergüenza ajena. No hay más que ver las declaraciones que, sobre ellos,
han vertido en multitud de ocasiones los mismos protagonistas de
aquellas vicisitudes históricas. Tanto Gabo como Mario, que hoy
están en las antípodas ideológicas, critican los proyectos de Chávez, Evo Morales, etc., y sienten, quizá con melancolía que, a pesar
de los pesares, cualquier tiempo pasado fue mejor. Ahora bien, lo
único que no ha defraudado a los escritores, de un tiempo a esta
parte, es la literatura. Martí decía que, cuando sentía el pecho ya
muy cargado y deshecho, partía la carga con el verso amigo. La literatura es lo que queda, lo que nunca se pierde, ni se termina, ni
está sometida a las arbitrariedades de la mala política. Incluso, aunque la evolución de las sociedades llevara al hombre a un estado de
nirvana o «felicidad política», el escritor tendría que seguir siendo
la piedra de toque. Qué casualidad, o quizá no tanto, que la colaboración que Mario mantiene desde hace años en el periódico español *El País* se llama, precisamente, «Piedra de toque». Porque,
y hay que aceptarlo así, la condición del escritor es siempre la insurrección, el papel de abogado del diablo. Por eso, casi al final del
discurso, concluye que ese papel acuciante nunca cambiará, sea

cual sea el veredicto de la historia para los habitantes del planeta Tierra:

> Pero cuando las injusticias sociales desaparezcan, de ningún modo habrá llegado para el escritor la hora del consentimiento, la subordinación o la complicidad oficial. Su misión seguirá, deberá seguir siendo la misma; cualquier transigencia en este dominio constituye, de parte del escritor, una traición. Dentro de la nueva sociedad, y por el camino que nos precipiten nuestros fantasmas y demonios personales, tendremos que seguir, como ayer, como ahora, diciendo no, rebelándonos, exigiendo que se reconozca nuestro derecho a disentir, mostrando, de esa manera viviente y mágica como solo la literatura puede hacerlo, que el dogma, la censura, la arbitrariedad son también enemigos mortales del progreso y de la dignidad humana, afirmando que la vida no es simple ni cabe en esquemas, que el camino de la verdad no siempre es liso y recto, sino a menudo tortuoso y abrupto, demostrando con nuestros libros una y otra vez la esencial complejidad y diversidad del mundo y la ambigüedad contradictoria de los hechos humanos. Como ayer, como ahora, si amamos nuestra vocación, tendremos que seguir librando las treinta y dos guerras del coronel Aureliano Buendía, aunque, como a él, nos derroten en todas.

> (Vargas Llosa 1983: 135-136)

La alusión al amigo y su obra recién publicada no podía faltar. Después de esas jornadas caraqueñas, y sabiendo todo el mar de fondo que gravitaba en torno a la concesión y aceptación del premio, la complicidad de ambos creció y se fortaleció como los naipes que, unos apoyados en otros, llegan a formar castillos inexpugnables. Los dos confiaban en el socialismo como una vía segura para el futuro latinoamericano, y quizá de todo el mundo; los dos creían en la literatura como fuego, como acicate, como forma de vida, como realidad vocacional y comprometida; los dos acababan de saborear las mieles del triunfo y se abría ante ellos un panorama azul como un océano. Gabo, el 20 de junio de ese año, había dado definitivamente el trancazo con la publicación de su Macondo en Buenos Aires. El mismo día de su llegada a las librerías, desde la editorial rioplatense Sudamericana, Gabo se encontraba en Argentina y era portada de *Primera Plana,* cuyo jefe de redacción, Tomás Eloy Martínez, hoy gran amigo del colombiano, había preparado un reportaje impresionante. Mes y medio después, todavía en plena promoción, en las nubes y en la borrachera del éxito, Mario se sumó a la fiesta con su particular trancazo: juntos continuaron un periplo digno de ser pormenorizado. Caracas había sido la primera fase del éxtasis, que continuaría las semanas siguientes en Bogotá y Lima. La vida ya no sería igual para ninguno de los dos. Ni para sus editores, ni para su agente, Balcells. La maquinaria de hacer billetes, exclusivas periodísticas, novelas inmejorables, opiniones políticas y literarias de prestigio, estaba puesta en marcha, y así ha permanecido hasta la actualidad. Y lo que le queda...

4
De Caracas a Lima, pasando por Bogotá

«La fama perturba el sentido de la realidad tal vez casi tanto como el poder», dijo Gabo catorce años después de su experiencia macondiana, un año antes de recibir el Premio Nobel. A algunos, el éxito los eleva en una nube y pierden la proporción de la importancia de lo corriente. A otros, en cambio, los castra emocionalmente y ya nunca más vuelven a producir. La canción de Joaquín Sabina «Oiga, doctor» es un claro ejemplo de la segunda posibilidad. El individuo que ha llegado a la cumbre del éxito se acuerda de la época en que era un don nadie, deprimido, pobre, rebelde y comprometido porque, gracias a todo eso, había podido escribir las canciones que habían acabado por darle fama. Pero el éxito ha llegado a quitarle la inspiración: viaja a todas partes con su American Express, cena a la carta a diario, y ya no se le ocurren temas ni se encuentra motivado para escribir. Vargas Llosa decía, en su discurso en Caracas, que el escritor es un rebelde, que escribe porque ve un conflicto entre el hombre y la sociedad, y se encuentra desubicado en un mundo al que no considera como suyo. Sabina anota:

> Oiga, doctor, devuélvame mi depresión,
> ¿no ve que los amigos se apartan de mí?
> dicen que no se puede consentir
> esa sonrisa idiota;
> Oiga, doctor, que no escribo una nota
> desde que soy feliz.

Oiga, doctor, devuélvame mi rebeldía,
ahora que a la carta ceno cada día
y viajo con American Express
algunas de las cosas,
oiga, doctor, que imaginaba odiosas...
¿sabe que están muy bien?

Oiga, doctor, esta vez le falló la acupuntura,
¿acaso no le pago las facturas?
déjeme como estaba, por favor,
oiga, doctor, a ver si tengo cura,
solo quiero ser yo
y ahora parezco mi caricatura.

Oiga, doctor, devuélvame mi fracaso,
¿no ve que yo cantaba a la marginación?
devuélvame mi odio y mi pasión,
doctor, hágame caso,
quiero volver a ser aquel payaso
con alas en los pies.

(J. Sabina, «Oiga, doctor»)

Pero a Gabo y a Mario ni el éxito se les subió a la cabeza, ni desearon volver a su época de pobres, ni echaron de menos la depresión, ni se les escaparon las musas. De hecho, Gabo publicó en 1972 un magnífico libro de relatos, en 1975 su novela sobre el dictador, en 1981 la *Crónica de una muerte anunciada,* y después del Nobel, la que es quizá su mejor novela, *El amor en los tiempos del cólera,* interpretada magistralmente por Javier Bardem en la película reciente. Mario no se quedó atrás: en 1969 vio la luz *Conversación en La Catedral,* y más tarde *Pantaleón y las visitadoras, La guerra del fin del mundo, La fiesta del Chivo,* etc., obras maestras todas. No necesitaron doctor que les devolviera la inspiración, porque vivieron el éxito como algo que podía revertir positivamente en la sociedad. Por ello han continuado, durante toda su vida, enfrascados en proyectos políticos, culturales y sociales, además de los literarios, porque saben que su voz produce ecos que llegan hasta el último rincón del universo. Libros tan comprometidos como, por ejemplo, *Noticia de un secuestro,* de Gabo, o *Diario de Irak,* de Mario, son ejemplos palmarios.

Pero en agosto de 1967 todo eran celebraciones. Ya en junio, los Gabos habían decidido irse a vivir a Barcelona, y Mercedes se llevó a Rodrigo y Gonzalo a Barranquilla a finales de julio, habiéndose despedido de México, para que el futuro Premio Nobel pudiera pasar unas semanas con sus amigos, paladeando el éxito y promocionando su novela. Del mismo modo, Mario había dejado a Patricia con Álvaro, nacido un año antes (Gonzalo nacería en ese mismo año de 1967), en Lima (aunque su residencia por entonces estaba en Londres), para ir a recibir el premio. Ahora, los dos frente a frente, en ese periplo de agosto y septiembre, iban a funcionar muy bien: hubo química desde el principio, y eso quizá se debió, como dice Dasso Saldívar, al «hecho mágico del soterrado paralelismo de sus vidas, un paralelismo que parece sacado de las páginas del divino Plutarco. Ambos habían sido criados por sus abuelos maternos con todas las complacencias y habían sido dos niños mimados y caprichosos que perdieron el paraíso de su infancia a los diez años; ambos conocieron tarde a sus padres y su relación con ellos sería una relación de desencuentro, entre otras razones, porque estos expresaron su reserva o su oposición a la vocación de sus hijos; ambos estudiaron en colegios religiosos y cursaron el bachillerato como internos en centros de régimen monacal o castrense, abrazando la literatura como refugio y como afirmación de su identidad frente a un medio que les era hostil o repugnante; ambos encontraron en el teatro y la poesía los pilares iniciales de su formación literaria y escribieron versos en su adolescencia y publicaron su primer cuento casi a la misma edad; ambos leyeron con fervor a Alejandro Dumas y a Tolstoi, a Rubén Darío y a Faulkner, a Borges y a Neruda; ambos empezaron a ganarse la vida en periódicos de provincia en condiciones muy precarias y llegaron muy jóvenes a Europa atraídos por el mito de París, donde siguieron viviendo del periodismo, padeciendo en la Ciudad de la Luz los días tal vez más oscuros de sus vidas; ambos pudieron seguir escribiendo sus libros gracias a las buhardillas que los mismos esposos M. y Mme. Lacroix les fiaron durante meses en dos hoteles del Barrio Latino y ambos vieron rechazadas sus primeras novelas por editoriales de la misma ciudad de Buenos Aires; de orientación marxista, los dos eludieron siempre la militancia política en partidos de izquierda y eran defensores confesos de la Revolución cubana; ambos serían amigos y delfines del gran poeta de las Américas, Pablo Neruda, y terminarían siendo "hijos" predilectos de la misma Mamá Grande, Carmen Balcells; y, como punto de convergencia, los dos llegarían a ser las estrellas más rutilantes del firmamento de la nueva novela latinoamericana, del impropia y tópicamente llamado *Boom*» (Saldívar 1997: 461-462).

La anécdota del hotel del Barrio Latino es increíble, aunque es verdad. Y el final de ella ocurrió precisamente en este viaje de 1967 que estamos relatando. En alguno de esos días, Gabo le contó a Mario algunas aventuras en París, propias y de otros latinoamericanos. Una de ellas era la del hotel Flandre. Gabo vivió allí en la segunda mitad de los cincuenta, en la rue Cujas, como corresponsal de *El Espectador*. Pero el dictador colombiano Rojas Pinilla cerró el diario, y Gabo se quedó en París, sin trabajo y sin muchas posibilidades de conseguirlo. Y la dueña, una buena mujer francesa, tuvo pena del joven periodista perjudicado por la inestabilidad política de su país, y le propuso que se quedara a vivir en el hotel, que le pagaría cuando encontrase trabajo. Eso sí, tenía que dejar la habitación confortable donde vivía y subirse a una incómoda y oscura buhardilla. Mario, entonces, le dijo a Gabo que a él le había ocurrido algo parecido al llegar por segunda vez a París. Se hospedó con Julia Urquidi en el hotel Wetter, rue du Sommerard, también en el Barrio Latino, un negocio regentado por los señores Lacroix. Allí esperaban felizmente la llegada de la beca que Mario había conseguido. Iban al cine, al teatro, visitaban museos, compraban libros y leían literatura francesa. Pero un día le llega la comunicación de que le han denegado finalmente la beca, y por entonces solo tenía 50 dólares en el bolsillo y la imposibilidad de regresar al Perú. Se le quedó una cara parecida a la del coronel premacondiano que esperaba ansiosamente el buque donde llegaba su pensión. Y no pasó nada hasta que, desesperanzado, un día le dijo a su mujer que, a partir de ese momento, iban a comer mierda. La señora Lacroix se apiadó de ellos y les dijo que no se preocuparan, que podían permanecer en el hotel hasta que pudieran pagarle pero, claro, debían mudarse a una pequeña y oscura buhardilla.

Hasta ahí, los paralelismos ya eran muchos, aunque Gabo no se acordaba del nombre de la señora que lo trató tan dadivosamente. Pero la anécdota tuvo un coletazo posterior. Uno o dos años más tarde, los dos amigos coincidieron en París. Mario estaba en el hotel Wetter, de tan buenos recuerdos, y Gabo fue a buscarlo allí. Cuando entró, le cambió la cara, se quedó lívido, porque reconoció perfectamente a la señora que le había fiado, diez o doce años antes. Llamó a Mario y le comentó, aparte, que era la misma, y quiso irse sin que lo reconociera, pero ya era tarde: la señora Lacroix se había alegrado mucho al verlo de nuevo. Mario le dijo si no reconocía al señor Márquez, y ella contestó: «Claro, es el señor Márquez, el periodista del último piso».

DOS CARTAS PRELIMINARES

En cuanto a sus ideologías, Gabo comenzó su relación con Cuba a trompicones, y será en los setenta cuando inicie su amistad con Fidel y muchos miembros del buró político y del *establishment* literario, mientras que Mario empezaba su marcha atrás precisamente en ese instante. De todas formas, el entendimiento político estaba por encima de sus respectivos maridajes con Cuba. Prueba de ello es la carta inédita que Gabo le escribe a Mario pocos meses antes de conocerse personalmente (fechada el 20 de marzo de 1967), donde le comunica ciertos sucesos que acaban de ocurrir y luego le habla de sus planes para el verano, que son los que ya vamos conociendo. Primero le comenta lo referente a un congreso celebrado en México, y su distanciamiento con respecto a maniobras políticas, lideradas por los cubanos (Retamar) y sus secuaces. Dice Gabo:

> En las semanas anteriores se insistió en que vendrías a un Congreso medio fantasma que se está celebrando aquí. Ha sido algo

bastante accidentado. Oportunamente, yo declaré en los periódicos que no asistiría «porque en mi opinión la situación de los escritores no se resuelve con congresos, sino con un fusil en la sierra». A última hora, Fernández Retamar trató de hacerme asistir, con la ilusión de que pudiéramos formar mayoría, pero era una ilusión vana: es un venerable congreso de fósiles reaccionarios, cuyo objetivo —no sé si por inspiración de su ancianidad o por influencia de la CIA— es crear una Asociación Latinoamericana de Escritores, una entidad con pretensiones estratosféricas, destinada a garantizar la apolitización de la literatura continental. El gran negocio para ellos, por supuesto, en países donde los escritores de izquierda son los más y los mejores. Algunos amigos —Ángel Rama, Mario Benedetti, Salvador Garmendia, y pocos más— cayeron por falta de información. Los cubanos vinieron, supongo, por no lastimar las relaciones diplomáticas con México. Las noticias hasta hoy es que aquello se ha convertido en una pelea de perros, de la cual, por fortuna, no ha de salir nada.

(Princeton C.0641, III, Box 10)

Como se ve, la familiaridad con la que trata a su interlocutor es mucho más agradable que la manera, casi fría, de hablar sobre los cubanos. Y, en el siguiente párrafo, abandona los temas políticos y le cuenta cuáles son sus planes para ese año, entre los que está conocer a Mario, algo que ya sabemos, pero que nunca suena mejor que cuando el mismo Gabo nos lo cuenta:

No faltará ocasión de vernos por esos mundos. Mis proyectos se van definiendo con gran rapidez. La primera semana de julio meteremos nuestras cosas de aquí en una bodega, iremos a Buenos Aires —donde soy jurado del concurso de *Primera Plana*— y al regreso me detendré unos días en Colombia, desde donde daré un salto a Caracas, en agosto, si te dan el premio Rómulo Gallegos. En septiembre volaremos a Barcelona —¡con dos hijos!— donde pienso escribir un año, gracias al dinero que en estos meses he logrado sacarles a los trabajos forzados. De allí, escaparse de vez en cuando a París o a Londres no será nada difícil. Aparte de que procuraremos tener un cuarto donde encerrar a Alvarito, con mis don Rodrigo y don Gonzalo, por si a ustedes se les ocurre aparecer por allá. La definición por Barcelona no se debe, como todo el mundo lo cree, a que allí será más fácil sacarle el dinero a Carmen Balcells, sino porque parece ser la última ciudad de Europa donde mi mujer podrá tener una Bonifacia, que es el nombre que ella les da a todas las criadas desde que leyó *La Casa Verde*. Ahora comprenderás mejor por qué se conmovió tanto cuando supo que ustedes tienen que cargar solos con la cruz de un hijo en Londres.

(Princeton C.0641, III, Box 10)

A continuación, le habla de la novela que piensa empezar a escribir, en Barcelona, sobre el dictador, y luego continúa dando un adelanto de lo que va a ser la obra que está a punto de publicarse. Ya ha terminado de redactarla, pero está corrigiendo unos detalles. El problema es que la ha releído tantas veces, que ya no es capaz de darse cuenta de lo que está bien o mal y pasa por encima de sus páginas como quien ve llover. Es muy interesante, a este respecto, ver cómo hay elementos de su novela que son observados por el colombiano desde el punto de vista de su conexión con la novela de Mario: «Acabo de corregir las pruebas de imprenta de *Cien años de soledad*. Ya no me sabe a nada, así que en vez de cambiarlo todo, como era mi deseo en las noches de insomnio, decidí dejarlo todo como estaba. Lo único que modifiqué por completo fue la situación y el ambiente de un burdel de Macondo, que según mis recuerdos era una casa de madera en medio de un arenal, y que a última hora resultó ser sospechosamente parecido a cierto burdel de Piura. Creo que el libro sale en mayo, y Paco Porrúa me ha prometido que tu ejemplar caliente irá volando a Londres» (Princeton C.0641, III, Box 10).

En esos meses previos al verano feliz de los amigos, las cartas entre uno y otro se sucedieron con efusividad y rapidez. En esa carta del 20 de marzo, Gabo le habla a Mario sobre un proyecto ambicioso: la posibilidad de escribir una novela a cuatro manos. Realmente, hasta el descubrimiento de estas cartas inéditas, poco se conocía de ese particular. Todos los biógrafos lo comentan, pero nadie sabía a ciencia cierta de qué se trataba. En esta carta y en alguna posterior, Gabo se explaya explicando la idea al amigo, que nace precisamente de la semejanza entre los dos burdeles: el macondiano y el piurano. Dice Gabo:

> La coincidencia del burdel me ha inspirado una idea que tarde o temprano tendremos que llevar a cabo tú y yo: tenemos que escribir la historia de la guerra entre Colombia y el Perú. En la escuela, nos enseñaron a romper filas con un grito: «Viva Colombia, abajo el Perú». La mayoría de las tropas colombianas que mandaron a la frontera se perdieron en la selva. Los ejércitos enemigos no se encontraron nunca. Unos refugiados alemanes de la primera guerra mundial, que fundaron Avianca, se pusieron al servicio del gobierno y se fueron a la guerra con sus aviones de papel de aluminio. Uno de ellos cayó en plena selva y las tambochas le comieron las piernas: yo lo conocí más tarde, llevando sus condecoraciones en silla de ruedas. Los aviadores alemanes al servicio de Colombia bombardearon con cocos una procesión de Corpus Christi en una aldea fronteriza del Perú. Un militar colombiano cayó herido en una escaramuza, y aquello fue como una lotería para el gobierno: llevaron al herido por todo el país, como una prueba de la crueldad de Sánchez Cerro, y tanto lo llevaron y lo trajeron, que al pobre hombre, herido en un tobillo, se le gangrenó la pierna y murió. Tengo dos mil anécdotas como estas. Si tú investigas la historia del lado del Perú y yo la investigo del lado de Colombia, te aseguro que escribimos el libro más delirante, increíble y aparatoso que se pueda concebir.

> (Princeton C.0641, III, Box 10)

Con Gabo nunca se sabe qué ha ocurrido de verdad y qué es fruto de su imaginación. Lo cierto es que todo lo que él narra nace de su experiencia, de algo que ha visto o ha oído. Eso ocurre en todas sus novelas y así lo ha declarado en un sinfín de ocasiones. Es natural que sucesos como este llamen su atención en esa época, cuando acaba de terminar una novela donde un tanto por ciento muy elevado del material habrían de ser guerras, levantamientos, huelgas, contiendas, etc., y además todo rodeado de elementos mágicos, entre los recovecos más escondidos de la realidad real. No tenemos la contestación de Mario sobre este particular, pero sí conservamos la carta siguiente de Gabo, del 11 de abril del mismo año, en la que contesta a la de Mario e insiste en la misma idea. Por otra parte, es una carta monotemática. Mientras en la anterior ha hablado de muchos temas diferentes, en esta se centra exclusivamente en la novela que pretende que escriban entre los dos. Puede verse que tiene ya muy pensada la idea, la forma de documentarse, de llevar a cabo su escritura, etc. Son momentos en que la imaginación se desborda y la ilusión por proyectos nuevos es inmensa, debido quizá al cansancio que ha producido en el colombiano el esfuerzo concentrado, con muchísimas dificultades, en escribir *Cien años de soledad*. En la misiva del 11 de abril, el comienzo no puede ser más positivo: «Mi querido Mario: cuánto me alegra que te guste la idea del libro a cuatro manos. A mí me parece fascinante, y creo que difícilmente se puede concebir una fábula más inverosímil y desternillante que este esperpento histórico. La posibilidad de dinamitar la patriotería convencional es sencillamente estupenda. Hace muchos años que tengo la idea en la cabeza, pero me negaba a ponerla en práctica mientras no encontrara un cómplice peruano, porque de este modo "la traición" es completa, por partida doble, y simplemente sensacional» (Princeton C.0641, III, Box 10).

Seguidamente, le dice que lo mejor es tratar el tema con la tranquilidad objetiva del reportaje, con recursos y técnicas puramente periodísticos, que los dos tan bien conocen, sobre todo Gabo, que nunca ha dejado el periodismo y es una de sus pasiones. Lo importante es la abundancia de datos y el distanciamiento con respecto a ellos, que «dejen a los mojigatos clavados en la pared». Uno se dedicaría al Perú y el otro a Colombia, y lo único que deberían hacer juntos es el cotejo de algunos episodios. Por ejemplo, dice Gabo: «Tú contarías el asesinato de Sánchez Cerro, y yo contaría la forma en que la noticia se recibió y repercutió en Colombia» (Princeton C.0641, III, Box 10).

Uno de los aspectos de la historia que más le interesan a Gabo es el poder. Lo ha demostrado en sus novelas y cuentos, y de ello hemos dejado constancia en nuestro *Gabo y Fidel*. Precisamente en esos momentos, Gabo va a dar comienzo, como ha dicho él mismo, a su obra sobre el dictador, pero en el proyecto de novela a cuatro manos también trata de analizar las mismas obsesiones: «Independientemente del aspecto terriblemente cómico que tiene esta historia —insiste Gabo—, creo que hay algo atroz: es probable que Sánchez Cerro y nuestro Olaya Herrera se hubieran puesto de acuerdo para hacer esta guerra, que había de consolidarlos a ambos en el poder. Olaya Herrera era el primer presidente liberal después de 45 años de hegemonía conservadora, y la guerra con el Perú le dio la oportunidad de unificar a los partidos de la excitación patriótica, y les puso a los decrépitos senadores de la oposición un uniforme de general de la república, y los mandó a morirse de paludismo en la selva. Hay una versión no confirmada de que el asunto lo arreglaron en un club de Lima políticos y diplomáticos de ambos países, que formaban parte de un equipo de polo internacional. Fíjate la cantidad de cola que lleva este asunto» (Princeton C.0641, III, Box 10).

Para Gabo, el morbo de los poderosos, gente con ambición, arbitrarios y con deseo de perpetuarse a costa de cualquier sacrificio de vidas humanas y esfuerzos inútiles, tiene un poder de atracción infinito. Por eso no cejó hasta conseguir la amistad de Castro, por ejemplo. Y por eso le interesa tanto indagar en las motivaciones de esta guerra superflua y caprichosa. El único problema, supone Gabo, es que ambos tendrán que irse una temporada a sus respectivos países, donde ya no viven desde hace años, y allí tomar los datos precisos. Gabo piensa encerrarse en la redacción de *El Tiempo* para obtener la versión oficial de lo que ocurrió día a día, y acudir a la Academia de la Historia. También piensa que, como los héroes de esa guerra son supervivientes olvidados, si los entrevistan, enseguida «soltarán la lengua», pensando que los escritores les van a hacer justicia, rescatando su memoria. Gabo planea ir en un año, cuando termine la novela del dictador (aunque, finalmente, la acabaría siete años más tarde), y le dice a Mario que, de momento, ese proyecto debería permanecer en secreto entre los dos.

También hay un dato curioso en esa carta. Después de despedirse y firmar, le pone una posdata un poco extraña, sobre un comentario que circuló durante el congreso al que hizo referencia en la carta anterior: «Se me olvidaba: en los últimos días del congreso estalló aquí la noticia de que te habías pegado un tiro. Aunque el rumor parecía completamente loco, tuve unas horas de dudas, porque yo, que soy el antisuicida por excelencia, entiendo que uno se vuele la tapa de los sesos, de pura rabia, en uno de esos horribles atrancones que se encuentran en mitad de una novela. Fue tal la rapidez y la insistencia con que corrió la versión, que en menos de dos horas recibimos no menos de cincuenta llamadas de amigos en busca de información, y estuvimos tratando de averiguar tu teléfono en Londres para aclarar las cosas de una vez por todas. Fue imposible averiguar el origen. Como siempre, se trataba de una señora peruana que había llamado a otra para decirle que le habían contado que le habían contado que le habían contado. En la mitología de mis pueblos, estos rumores se interpretan como señales de una próspera vida sana. Salud» (Princeton C.0641, III, Box 10).

CINCUENTA Y SEIS HORAS EN BOGOTÁ

Seguro que en las dos semanas caraqueñas los amigos tuvieron tiempo de hablar de su proyecto a cuatro manos, aunque los actos sociales y literarios les dejaron, sin duda, pocas horas para estar a solas y conocerse mejor. Pero la fiesta continuó en Bogotá, tal como ya habían previsto desde hacía meses. En una carta anterior, Gabo le dice que la Universidad de Colombia le ha confirmado que Mario participará en un ciclo de conferencias sobre la novela latinoamericana. Y le pregunta a Mario si eso va a ser así, porque él solo se acercaría en ese caso, ya que no le apetece ir sin estar acompañado por él. Además, todo lo que ha ocurrido en el último año y medio lo tiene aturdido:

> Después del espantoso hueco de *Cien años de soledad,* del cual no creía salir nunca, estoy abrumado de horribles trabajos cotidianos para restaurar las finanzas, pero estoy dispuesto a abrir una brecha para ir a Bogotá por una semana, si tú vas en realidad [...]. En caso afirmativo, te ruego decirme qué aspecto del tema piensas tratar, para no coincidir. Aparte de eso, estoy muy entusiasmado con la posibilidad de ser yo quien te abra las puertas de mi muy

raro país, y también, por supuesto, con la de tener una conversación de varios días.

Acabo de leer *La Casa Verde*. Es monumental me doy cuenta de que estamos de acuerdo en el propósito de no abandonar por manoseados los viejos reinos de Gallegos y Rivera, sino por el contrario, como lo haces tú y como yo trato de hacerlo en mi último libro, atraparlos otra vez por el principio para atravesarlos por el camino correcto. Ya te habrás dado cuenta de que los gacetilleros europeizantes no son muy comprensivos en este sentido. Aquí se han publicado los absurdos más estrepitosos sobre el supuesto folklorismo de tu novela. Yo, que ni siquiera leo lo que se escribe sobre mis libros, no consigo, curiosamente, soportar la rabia que me producen las imbecilidades que se dicen sobre libros que, como el tuyo, me parecen tan importantes. Ojalá pudiéramos de veras hablar en Bogotá sobre estas cosas.

Eres verdaderamente incapturable. Cuando pensaba mandarte mis libros a París, Carlos Fuentes me escribió que estabas en Lima. En esos días apareciste en Nueva York, y no acababa de conocer la noticia, cuando Paco Porrúa me mandó a decir que estabas en Buenos Aires. Espero que recibas, por algún conducto, esta carta.

(Princeton C.0641, III, Box 10)

El 12 de agosto ya estaban en Bogotá los dos amigos, dispuestos a seguir hablando de literatura ante públicos entregados. Se cuenta que en el trayecto de avión desde Caracas a la capital colombiana hubo serios problemas de turbulencias, y los dos amigos se pusieron muy nerviosos, pero Gabo más, por su natural terror a despegar los pies del suelo. Vargas hace referencia a este incidente poniendo de relieve la fantasía e imaginación exagerada de Gabo: «Algunas semanas después veré en los periódicos, en entrevistas a García Márquez, que en ese vuelo, yo, aterrado, conjuraba la tormenta recitando a gritos poemas de Darío. Y algunos meses después, en otras entrevistas, que cuando, en el apocalipsis de la tempestad, el avión caía, yo cogido de las solapas de García Márquez, preguntaba: "Ahora que vamos a morir, dime sinceramente qué piensas de *Zona Sagrada*" (que acaba de publicar Carlos Fuentes). Y luego, en sus cartas, algunas veces me recuerda ese viaje, en el que nos matamos, entre Mérida y Caracas» (Vargas Llosa 2007: 179). Ni siquiera en los momentos más tétricos pierde Gabo el sentido del humor...

Pero días antes de ese puente sobre aires turbulentos, Gabo se entretenía en Caracas haciendo llamadas sigilosas a los amigos bogotanos, con el fin de que sirvieran como cicerones a Mario y a José Miguel Oviedo, para que no vieran las partes pobres y desagradables de la ciudad y se llevaran una grata impresión (Saldívar 1997: 465). Pero sus esfuerzos fueron vanos. Mario, junto con Gabo, se convirtió en el punto de mira de medios de comunicación, fiestas, celebraciones, citas culturales y universitarias, de forma que pudo ver palmo a palmo que Bogotá podía resultar tan *horrible* como Lima. Sin embargo, el entusiasmo de la gente, la afabilidad de los medios culturales, literarios y periodísticos y, sobre todo, la compañía de los amigos, hizo de esa estancia otra antesala del paraíso en todas las esquinas de la ciudad. Hay un testimonio valiosísimo, de uno de los catorce hermanos de Gabo, Eligio, desgraciadamente ya fallecido, que cuenta con pelos y señales ese periplo de tres jornadas, en su libro *Son así. Reportaje a nueve escritores latinoamericanos.* El capítulo dedicado a Mario en Bogotá se titula «El bueno, el malo y el feo». Lo primero que destaca Eligio es la sencillez, la paciencia con todos y la generosidad sin límites del recién premiado. Así lo describe:

> Atento, educado, cordial como pocos, jamás dijo no a nadie, ni al audaz y anónimo poeta que lo visitó a las siete de la mañana en la habitación de su hotel para ofrecerle un librito de versos recién editado, ni al reportero radial que quería que su voz se oyera en una emisora de los confines del Amazonas, ni tampoco a la estudiante de segundo año de bachillerato que le pidió un autógrafo para su obra premiada en Caracas y que después tuvo la inocencia de preguntarle: «¿Y por qué se llama *La casa verde?*».
>
> (García Márquez, Eligio 2002: 177-178)

Gabo se alojó en casa de su amigo el fotógrafo Guillermo Angulo, cerca del Parque Nacional, y Mario en el céntrico y monumental hotel Tequendama. El domingo 13 asistieron juntos a una comida en casa del jefe de redacción de *El Tiempo,* Hernando Santos, y después a una reunión semiclandestina con militantes de las juventudes comunistas; el lunes por la mañana hubo una mesa redonda sobre literatura latinoamericana en la sede de *El Tiempo;* por la tarde otra velada literaria con cóctel incluido, en la librería Contemporánea, cuya dueña era la escritora y crítica Marta Traba, y el martes por la mañana hubo un largo paseo por Bogotá y alrededores. Y todo ello, sazonado de entrevistas de diversos medios de comunicación, entre acto y acto, a modo de loa o entremés. Pero Mario tuvo tiempo también de entrevistar largamente a su amigo con motivo de su novela recién publicada, porque ya albergaba la idea de escribir sobre ella. La había gustado tanto que declaró entonces que querría haberla escrito, como puso en la dedicatoria de Soledad, pues convertía a su autor en una especie de Amadís de Gaula de América.

El momento estelar del viaje fue el acto en la librería de Traba. Marta era una mujer muy atractiva no solo por el físico, sino, sobre todo, por su calidad intelectual y humana. Argentina de nacimiento, se había instalado en Bogotá después de haber recorrido medio mundo. Poeta, novelista, Premio Casa de las Américas y fervorosa defensora del castrismo, crítica literaria y de arte, fina y elegante, casada con Ángel Rama, por esas fechas ya amigo de los amigos del naciente *boom,* sintió como un honor que Mario y Gabo se reunieran en su librería con lo más granado de la intelectualidad colombiana. El cóctel estaba preparado para las siete de la tarde, pero a las seis y media ya no cabía un alfiler en el recinto. Muchos tuvieron que esperar en la calle. De tal modo que, cuando llegaron a las siete y media, era materialmente imposible entrar. Solo con mucho esfuerzo consiguieron hacerlo. En la librería había cientos de ejemplares de *La casa verde,* y muchos menos de *Cien años de soledad,* porque la primera edición estaba prácticamente agotada, así que cuando Gabo acabó de firmar los suyos, le dijo a Mario que podía ayudarle a firmar su casita verde, y así fue. Finalmente, Mario acabó también firmando los ejemplares de Gabo y cuando ya no había más libros, los allí presentes empezaron a pasarles revistas, hojas en blanco, etc., para que continuaran firmando autógrafos. No parecían dos escritores latinoamericanos, sino Lennon y McCartney o Simon & Garfunkel. Hubo una chica que, movida por la histeria colectiva, le pidió a Mario que le autografiara su mano, porque ya no había papel, cosa que el peruano no dudó en hacer. Dos horas más tarde, cuando la gente seguía espoleándolos, tuvieron que pedir disculpas porque debían marcharse.

En una de las muchas entrevistas que les hicieron, las preguntas fueron dirigidas casi por completo al peruano. Sobre el compromiso político fue muy claro: «Yo no quiero para América un socialismo calcado de los países del Este. Estoy con un socialismo con libertad de opinar. Porque una de las cosas que espero no perder es mi derecho natural de escritor a la crítica, al enjuiciamiento obsesivo de la realidad en todos sus niveles (sociales, políticos, religiosos, etc.) que es precisamente la función primordial de todo creador» (García Márquez, Eligio 2002: 184). Igualmente, se precipitaron preguntas directas sobre Cuba. Un periodista le interrogó acerca de la carrera armamentística en la isla, a lo que Mario contestó: «Se dice que Cuba es el país más armado de América Latina. Eso es tal vez discutible. En todo caso, evidentemente, es el país más amenazado, que vive en cierto modo, en una guerra latente. Eso explica que se arme y se prepare para defenderse. Pero ese esfuerzo defensivo no se ha hecho a expensas de una política cultural masiva» (García Márquez, Eligio 2002: 184-185).

En medio de este maremágnum bogotano, Mario recibe una llamada desde Lima. Es Patricia. Le interrumpe en medio de una comida. Está a punto de tener el segundo hijo. Mario se levanta con ansiedad visible, y Gabo, siempre bromista, comenta a los comensales que lo que realmente le pasa es que teme que el hijo nazca con cola de cerdo, ya que Mario y su esposa son primos hermanos.

También hubo tiempo, como estaba previsto, para una actividad con universitarios: le preguntaron por su discurso en Caracas, por el tono político del texto. Mario aseguró que no era un político, que no pertenecía a ningún partido, lo que no quería decir que careciera de ideas políticas. Como intelectual, es un analista de la realidad política y social. «Y eso significa necesariamente inconformismo, rebelión, porque la literatura es fuego, y su razón de ser es la protesta y la contradicción» (García Márquez, Eligio 2002: 188). Le preguntaron sobre el oficio, y respondió que se consideraba un obrero de la literatura, pues no cree tanto en la inspiración como en el trabajo continuo. Y revisa, pule, corrige, y, acude a su amigo para que le corrobore la idea. Incluso le hace contar la historia del proceso de escritura de *El coronel no tiene quien le escriba,* que tuvo siete borradores hasta dar con el tono que necesitaba: la sensación de calor que en el frío París no era fácil de conseguir.

Finalmente, le inquieren sobre el compromiso. La pregunta tiene vuelta de tuerca, porque se trata de demostrar que el tiempo que se pierde escribiendo no afecta al compromiso del autor. Vargas Llosa lo tiene claro: el escritor no puede ser ajeno a la problemática de su pueblo. Pero el compromiso fundamental es con su vocación. Es eso lo que le obliga a ser auténtico, a no escamotear los temas que trata, a asumirlos y profundizarlos. El escritor, en el momento de crear, no debe dejarse guiar por sus convicciones, sino primordialmente por sus obsesiones. Si ambas coinciden es formidable; si no, es preferible que se deje llevar por sus obsesiones, ya que si es honesto y riguroso y tiene talento, al final terminará creando una obra progresista. Él, a lo único que aspira es a contar simplemente una historia, liberándose de una serie de experiencias que lo marcaron profundamente (García Márquez, Eligio 2002: 188-189).

El 15 de agosto, exhausto pero feliz, Vargas Llosa regresó a Lima, y Gabo permaneció en su tierra. Pero no se separaron. A principios de septiembre, volvieron al trabajo gustoso. Como quien nunca se ha separado del amigo y ha estado toda una vida, y las demás, haciendo lo mismo.

ROSA (PRIMAVERAL) DE LIMA

En Perú, septiembre no anuncia el otoño, sino la primavera y sus rosas frescas. En 1967, esa estación inaugural de la vida estaba certificando el nacimiento del *boom,* de dos de las novelas más importantes de la narrativa del siglo XX en español y otro nacimiento, no menos importante, el de Gonzalo, el segundo hijo de Mario. Gabo llegó a Lima a principios de septiembre para el famoso coloquio con Vargas Llosa, pero lo más relevante fue la consagración de la primavera de la amistad entre los dos, cuando el colombiano apadrinó al hijo de Mario en el bautizo. Como respuesta a ese detalle, el nombre completo del nuevo retoño fue Gabriel Rodrigo Gonzalo, es decir, el nombre del amigo y de sus dos hijos. Y durante los días 5 y 7 tuvo lugar el tan ansiado encuentro en el auditorio de la Facultad de Arquitectura de la Universidad Nacional de Ingeniería, frente a una multitudinaria participación de estudiantes. Comenta Saldívar al respecto:

> El diálogo fue sereno, fluido, casi familiar. García Márquez no solo parecía resignado a su nueva suerte de *vedette,* sino que hasta parecía haber domeñado su horror a hablar en público. Estuvo más cercano, solícito y de buen humor, y fue profuso hasta el detalle al revelar las claves de su arte narrativo y sus nexos con la realidad. Con su visión abarcadora de la novela y su obsesión analítica de la misma, Vargas Llosa fue el brillante conductor e interrogador, aunque a veces se intercambiaban los papeles.

> (Saldívar 1997: 466)

Lo cierto es que a Gabo siempre le ha costado hablar en público: no es un gran orador porque nunca se lo ha propuesto. Lo suyo es escribir, como él mismo dice, y eso lo hace mejor que nadie. Pero Mario sí es un perfecto Castelar, sus discursos, sus improvisaciones, sus conferencias, sus clases, sus respuestas en los foros y en los medios de comunicación, dan la impresión de ser textos escritos, preparados, con una sintaxis perfecta, sin titubeos ni coletillas, y con un contenido tan profundo que parece llevar toda la vida pensando lo que acaba de decir. Quizá por esa razón, Gabo no deseó en un principio que se publicara el contenido del diálogo. José Miguel Oviedo, que los acompañó en todo momento, quiso enseguida que hubiera constancia escrita del evento. Se dedicó todo el otoño (la primavera peruana) a componer el diálogo, y para principios de 1968, lo tenía terminado. Se lo envió el 24 de enero con esta carta:

Mi querido Mario:

Finalmente [...] tienes en tus manos el original en limpio de tu diálogo con Gabo. [...] Mi viejo, tienes que leerlo lo más rápido posible, con las anotaciones que consideres necesarias, para luego publicarlo aquí como folletito especial de la UNI. Naturalmente, me doy cuenta de que el texto tiene demasiado interés como para desperdiciarlo en una edición universitaria, de pocos ejemplares y que apenas circulará fuera de Lima. Se me ha ocurrido ofrecérselo a Paco Porrúa de Sudamericana para que, en coedición con otros, lo lance por toda la América del «boom».

(Princeton C.0641, III, Box 16)

Pero Gabo, que también recibió el manuscrito de Oviedo, no estaba de acuerdo con la publicación, como se desprende de la carta que le escribe a Mario el 7 de febrero:

Mi querido Mario:

Le escribo ahora a Oviedo para desautorizar la publicación en libro de nuestros diálogos limeños. Eso estaba acordado. He leído el texto, y sigo creyendo que no es malo como espectáculo de circo, pero en cambio en un libro resultaría superficial y apresurado. Permitir su impresión sería de una frivolidad imperdonable. [...]

Solo por no crearle problemas a José Miguel voy a permitir que se publique el folleto universitario. Pero eso sí, macheteando mucho el texto. Lo único que no haré, por consideraciones de honradez elemental, será agregar líneas nuevas. Y en el futuro me cuidaré mucho de no dejar estos hijos espúreos flotando por el mundo.

Estoy perdido: la novela del dictador crece y se ramifica mentalmente, y me parece que será un monstruo de siete cabezas. He tomado la decisión firme de escribirla a fondo, y de retirarme luego a mis habitaciones privadas. No puedo más: tengo la impresión de que me estoy suicidando con la máquina de escribir. [...]

Te esperamos ansiosamente a fines de este mes. ¡Hablaremos, coño, ahora sí! Sería formidable que viniera Patricia: nunca la hemos visto vacía.

Abrazos, Gabo

(Princeton C.0641, III, Box 16)

Es normal que, después del éxito de *Cien años de soledad,* y sabiendo lo escrupuloso que es Gabo para dar a la prensa sus escritos, el colombiano no quiera que se publique cualquier cosa con su nombre. Oviedo, en cambio, es un crítico y un docente, y ve en ese texto un material magnífico para estudiantes y estudiosos. Lo cierto es que no se hizo la versión universitaria proyectada por Oviedo y resignadamente aceptada por Gabo. Porque lo que nunca aceptó el colombiano fue una edición a bombo y platillo en la editorial argentina que había publicado meses antes su novela. A Oviedo no le sentó bien esa decisión, como se desprende de otra carta a Mario, del 8 de marzo, donde dice: «Sí, Gabo se negó a aceptar la edición Sudamericana. No estoy en absoluto de acuerdo con él. El diálogo tiene gran valor para cualquier lector interesado en la novela. Creo que Gabo obra impulsado por una mezcla de pudor y fastidio. En una carta me confesaba que estaba escribiendo muy lentamente, a puñetazos» (Princeton C.0641, III, Box 16).

Finalmente, el diálogo se publicó, pero en Milla Batres, en coedición con la UNI, lugar donde se realizó la charla, en 1968. El trabajo de Oviedo se vio recompensado, aunque solo en parte, porque la repercusión fue mínima. Él mismo nos lo contó un día que comimos en un restaurante tailandés, exquisito, del barrio chino de Filadelfia. José Miguel había organizado el encuentro, y tenía mucho interés en que el evento se difundiera al máximo. A corto plazo eso no ocurrió, pero con el tiempo ha llegado a ser un texto muy conocido, a juzgar por la multitud de ediciones piratas que ha tenido. Oviedo relataba que Gabo le había asegurado, en varias ocasiones, que ese librito es el más plagiado, copiado y difundido clandestinamente de toda su obra. De hecho, la edición que hemos manejado, de la editorial Perú Andino, de 1988, no la conocían ni José Miguel, ni Gabo ni Mario. Cuando se la enseñamos a Oviedo en medio de los brócolis, el *Pad Thai* y el magnífico *Ped Dang,* se echó a reír, corroborando la nada exagerada aseveración de Gabo.

El texto del encuentro es magnífico. Allí se tratan todos los temas literarios, sociales y políticos del momento. Mario comienza preguntando al colombiano para qué sirve un escritor, a lo que Gabo replica, jocosamente, que empezó a ser escritor cuando se dio cuenta de que no servía para nada, aunque, yendo un poco más al grano, añade otra dos ideas: «Escribo para que mis amigos me quieran más» y también como un elemento de subversión, porque «no conozco ninguna literatura que sirva para exaltar los valores establecidos» (García Márquez y Vargas Llosa 1988: 21-22). El escritor está siempre en conflicto con la sociedad, y se escribe «como una forma de resolver ese conflicto del escritor con su medio» (22), basándose «en experiencias personales» (23). Acto seguido, Vargas Llosa, que está entusiasmado con *Cien años de soledad,* comienza a indagar en ciertos aspectos de la génesis, desarrollo y finalidad de esa novela, como la idea de la soledad constitutiva del ser humano, la frustración, el desencuentro con la realidad, las historias familiares, la manía y necesidad de contar aventuras, la razón o sinrazón de las guerras, de la alienación del hombre latinoamericano, de los abuelos y su mundo maravilloso, de la importancia de la memoria y los recuerdos, de la conjunción de magia y realidad, de la influencia de las novelas de caballerías, de los límites del realismo en la literatura, de la posibilidad de que cualquier cosa ocurra en la vida cotidiana de América Latina, de los nombres de los personajes, que se repiten hasta la saciedad, de la crítica social y política inserta en las entrañas del relato, repasando la historia de Colombia del último siglo, y de lo más importante, cómo convertir ese material humano, real, político, social, cotidiano, familiar, en una «realidad imaginaria», haciéndolos «pasar por el lenguaje» (33). Las respuestas de Gabo son elocuentes y van en la línea de la defensa de su visión del mundo y la apropiación de unas técnicas, desentrañando su método de trabajo y las fuentes de sus historias.

Este primer coloquio, después de varias horas, terminó con una reflexión sobre lo que ya se estaba llamando, desde ese año, el «boom» de la literatura latinoamericana. Vargas Llosa habló de una realidad indudable, y lo fechó en los últimos 10 ó 15 años. Comenta que no solo hay más escritores de calidad, sino muchísimos más lectores de nuestra literatura, tanto aquí como en Europa y en los Estados Unidos. De otra parte, Gabo opinó que los escritores de entonces no eran mejores que los de antes, y que lo que había cambiado era la progresiva profesionalización: antes escribían de vez en cuando, en los ratos libres, los fines de semana, y ahora un escritor tiende a ser solo eso, escritor profesional. Concluye Gabo: «Hemos decidido que lo más importante es seguir nuestra vocación de escritores y los lectores se han dado cuenta de ello. En el momento en que los libros eran realmente buenos, aparecieron los lectores. Eso es lo formidable. Yo creo, por eso, que es un *boom* de lectores» (37).

En la segunda parte del coloquio, retoman el tema y Gabo añade que si ahora se lee más, es también porque los escritores han «dado en el clavo» (39) con los temas que interesan y preocupan a una gran parte de la población. El siguiente tema es otro de los controvertidos de la época: la definición de «escritor latinoamericano». La polémica estriba en que muchos narradores de América viven en Europa (Cortázar o Vargas Llosa) o fuera de su país (García Márquez) y, además, algunos no hablan sobre la situación de sus lugares respectivos, sino de amplios temas y tratamientos culturalistas, como Borges. Gabo contesta que en Borges no ve lo latinoamericano, pero en Cortázar sí, porque en él se aprecia la influencia europea que hay en Buenos Aires. En Borges hay una literatura de evasión. En Cortázar no. A Borges lo lee mucho, pero no le gusta. Lo lee por su capacidad de artificio verbal, porque enseña a escribir, a «afinar el instrumento» (41). Pero no le interesa demasiado su literatura, porque no se basa en una realidad concreta, aunque lo admira y lo lee «todas las noches» (43).

Partiendo de la relación de la obra literaria con la realidad, Vargas Llosa deriva el coloquio hacia la actitud política de Gabo, a lo que sugiere enseguida que «el principal deber político de un escritor es escribir bien» (44), que significa no solo tener un buen estilo, sino también «de acuerdo a sus convicciones. A mí me parece —explica— que al escritor no hay que exigirle concretamente que sea un militante político en sus libros, como al zapatero no se le pide que sus zapatos tengan contenido político» (44). Por eso, no está de acuerdo con un crítico argentino que dijo que su última novela era reaccionaria, porque hacer una novela hermosa en un momento en que América Latina vive problemas graves es inaceptable. Se defiende diciendo que en *Cien años de soledad* están descritos «problemas fundamentales de la realidad social y política latinoamericana» (44), como la violencia, las huelgas bananeras, las guerras, la explotación de los monopolios extranjeros, etc.

En ese punto de la discusión, cuando los ánimos estaban ya bastante caldeados, se terminó la actividad, con un público entregado que habría continuado horas y horas con sus ídolos literarios. Lennon y McCartney tuvieron que marcharse, sin bises ni adendas. Pero lo más relevante que había quedado de ese viaje era una amistad muy profunda. En poco más de un mes, esos dos colosos habían revolucionado media América Latina, pero sobre todo se habían revolucionado a sí mismos. Y quizá, lo que había quedado más claro de esas jornadas era que Mario Vargas Llosa conocía a la perfección, página por página, y quizá mejor que su autor, la novela de Macondo. En los siguientes capítulos daremos buena cuenta de ello. Un adelanto: el 2 de diciembre de ese año, Gabo le manda una carta a Mario, agradeciéndole la reseña que le ha hecho de su novela para un periódico bogotano. Además, aprovecha para hacerle un par de comentarios sobre *Los cachorros,* la novelita recién publicada de Mario, y *Tres tristes tigres,* otro de los textos claves de ese año y del *boom.* El tono de la carta expresa perfectamente el grado de complicidad de los dos amigos:

> Hermano:
> ¡Eres un bárbaro! Acabo de leer tu nota sobre *Cien años de soledad* reproducida por *El Espectador,* de Bogotá, y estoy sencillamente abrumado. Creo que en el mundo de la amistad se vale un poco de generosidad, ¡pero no tanta, viejo! Es lo mejor que le leído sobre la novela, y ahora no sé muy bien dónde meterme, en parte agobiado, y en parte avergonzado, y en parte muy jodido por no saber qué hacer con esa papa ardiente que me has tirado.
> Como una venganza involuntaria, pero merecida, recibí el recorte cuando acababa de leer, por fin, *Los cachorros,* que se me había quedado atrás en medio de tantos viajes. Es estupendo, y pensaba decirte mucho más, pero ahora me resulta embarazoso: me crispa la sola idea de que parezca una reverencia japonesa. [...]
> No: no puedo ir a Londres ahora. Necesito sentarme, urgentemente, a escribir. Tengo el brazo frío, y la novela del Patriarca se me

está pudriendo dentro. Por fortuna, me está ocurriendo un pequeño milagro: me acordé de un cuento que había dejado de interesar-
me hace varios años, y que ahora se me vino completo y redondo.
Ya le entré, y me estoy divirtiendo como un enano. Prácticamente,
está todo en el título: «La increíble y triste historia de la cándida
Eréndira, y de su abuela desalmada». [...]

Leí los *Tres Tristes Tigres*. Pocas veces me he divertido tanto
como en la primera parte, pero luego se me desarmó todo, se me
volvió más ingenioso que inteligente, y al final me quedé sin saber
qué era lo que me querían contar. Cabrera, con sus estupendas do-
tes de escritor, está, sin embargo, descalibrado.

Besos a Patricia y a la prole. Y para ti un inmenso abrazo, Gabo

(Princeton C.0641, III, Box 10)

5
DE LA AMISTAD Y OTROS DEMONIOS

Virtuosos de las letras y amigos se han dado muchos. Las amistades literarias históricamente han sido muy fecundas y de muy distinta índole: desde la férrea unión forjada por maestros y discípulos, como Platón y Aristóteles, hasta el sólido nexo construido por compañeros de lides literarias, como nuestros Gabo y Mario. Algunas han durado toda la vida y más allá de la muerte, y otras han acabado con brusquedad. Unas no han sobrepasado el cerco de la intimidad y otras han trascendido públicamente. De muchas de ellas tenemos conocimiento por la correspondencia intercambiada entre los amigos, por las dedicatorias impresas en las obras o por testimonios personales. Y es que existe toda una genealogía de amistades en la literatura que da cuenta de la virtud humana de ciertos escritores, que viene a engrandecer, aún más si cabe, su reconocido prestigio literario. En esta estirpe de virtuosos y virtuosistas ocupan un lugar destacado Mario Vargas Llosa y Gabriel García Márquez. Consolidada ya la amistad desde ese verano glorioso de 1967, lo mejor estaba por venir. En ellos se personificó la estirpe literaria de estrechos amigos que se respetan y admiran: Mario escribe una tesis, convertida en libro, sobre Gabo, y da unos cursos sobre su obra. Gabo, por otro lado, no deja de declarar, a diestro y siniestro, que McCartney y Lennon son las dos caras del mismo disco, del mismo *long play,* y que las reflexiones del peruano sobre su obra la hacen más grande y más llevadera.

Si hacemos un recorrido por la historia de la literatura, hemos de remontarnos a la Antigüedad para encontrarnos con la primera pareja de amigos, Tácito y Plinio, de la que tenemos noción por las cartas cruzadas entre uno y otro. Más adelante en el tiempo, los genios de Santa Teresa de Jesús y San Juan de la Cruz sellaron una alianza firme. Los místicos simpatizaron intelectual y espiritualmente muy pronto y acordaron reformar la orden a la que pertenecían, los carmelitas descalzos. Por esta razón, San Juan de la Cruz fue perseguido, acusado de apóstata y encarcelado en Toledo, hasta que su amiga Santa Teresa de Jesús logró intervenir y ponerlo en libertad. Otra de las amistades más célebres del Siglo de Oro fue la de los insignes poetas y soldados Garcilaso de la Vega y Juan Boscán. Gracias a ellos, en la primera mitad del siglo XVI, la literatura española hizo su incursión en el Renacimiento. Sabemos que Boscán fue el que dio a conocer la forma del soneto a Garcilaso, y que este con su práctica lo llevó a cotas excelsas. Pero los versos de Garcilaso no se publicaron en vida, y fue su amigo Boscán el que se encargó de reunir los manuscritos, revisarlos y publicarlos en Barcelona junto a su propia obra. El libro fue todo un acontecimiento por el uso de esa nueva métrica italiana y la magnificencia de Garcilaso, lo que provocó que los editores decidiesen separar las obras. Y aunque tendría que haber prevalecido la máxima «lo que une la amistad, que no lo separe el mercado», la ruptura fue definitiva: los caminos editoriales son inescrutables. De todos modos, el nombre de Boscán permanecerá siempre ligado al de Garcilaso, no solo por haber sido su gran amigo, álter ego, confidente y destinatario de varios de sus poemas, sino por haber sido el precursor de la práctica italianizante. Garcilaso, en sus epístolas, nos legó una de las más bellas descripciones de la amistad:

> Si tienes un amigo en quien no confíes tanto como en ti mismo —había dicho ya Séneca al principio—, o te engañas profundamente, o no conoces la fuerza de la verdadera amistad. Examina todas las cosas con tu amigo, pero ante todo examínale a él. Después de la amistad, todo se debe creer; antes, todo debe deliberarse. Medita

largamente si debes recibir en amistad a alguno, y cuando hayas resuelto hacerlo, recíbele con el corazón abierto, y háblale con tanta confianza como a ti mismo.

Otro binomio singular de este período es el formado por Cervantes y Lope de Vega, que fueron primero amigos y terminaron poco menos que odiándose. Su enemistad literaria llegó a la platea pública a principios del siglo XVII, y ambos protagonizaron sonadas puyas y se cruzaron afilados dardos envenenados. Las disputas literarias eran muy comunes en el Siglo de Oro, como las de Góngora y Quevedo, pero las que mantuvieron estas dos plumas fueron distintas, porque antes habían sido amigos. En 1602 se produjo la ruptura, aunque no se saben, con certeza, las causas de la discordia. Se dice que Cervantes, gran dramaturgo, se sintió postergado por la entrada de Lope en escena, nunca mejor dicho, ya que se vio obligado a dejar de estrenar sus obras. Por ahí se abre una grieta que irá creciendo con el tiempo. Entonces, se precipitaron los ataques ácidos y las burlas, e incluso ha llegado a comentarse que el asno de Sancho del *Quijote* alude al prolífico Lope de Vega, o que Lope pudo participar en la redacción del *Quijote,* apócrifo, de Avellaneda. Sea como fuere, los adalides del Siglo de Oro español acabaron como el rosario de la aurora.

Goethe y Schiller, en cambio, fraguaron una amistad ejemplar e invariable. Schiller, el dramaturgo más destacado de Alemania, fue, junto con Goethe, la figura cardinal del clasicismo de Weimar. Ambos se conocieron en 1788 en Rudolstadt, pero la llama de la afinidad no prendió en esa ocasión. Fue más tarde cuando surgió la amistad: Schiller invitó a Goethe a participar en la revista *Die Horen* y comenzaron a mandarse cartas. Así, en 1794, Schiller visitó a Goethe por dos semanas y, poco a poco, sus encuentros fueron cada vez más frecuentes y su amistad más sólida e indestructible. No obstante, existían diferencias entre los dos: Schiller señalaba como «vergüenza» (eso sí, la única) de Goethe el hecho de compartir vivienda y lecho con una mujer con la que no estaba casado. Goethe, por su parte, le criticaba su pasión por el juego de cartas. No obstante, estas pequeñas desavenencias no afectaron a su relación, que duró hasta la muerte de Schiller en 1805, a causa de una pulmonía. Lo curioso es que Goethe llegó a robar el cráneo del cadáver de su amigo para emplearlo en sus estudios, y quizás, también para tener con él lo más preciado de su colega. Juntos hasta la sepultura y después de ella. Schiller escribió: «Él (Goethe) tiene infinitamente más genio que yo, y además, un caudal de conocimientos infinitamente más grande, una aptitud más segura para alcanzar lo real, sin hablar de un sentido artístico más puro y afinado en la práctica constante de las obras de arte [...]. El encuentro tardío de nuestras vidas hace nacer en mí más de una hermosa esperanza, y me prueba una vez más cuán prudente y sabio es entregarse a lo que dispone el azar» (Sáenz Hayes 2007: 1).

Las alabanzas mutuas fueron también la tónica general de otra popular amistad, la que el escocés Stevenson, autor de *El extraño caso del Dr Jekyll y Mr Hyde,* entabló con el norteamericano Henry James. Ambos tuvieron una ligazón íntima y profusamente datada, que ha sido puesta en tela de juicio y tildada de conveniente. Y es que siempre produjo suspicacia el modo en que James orilló la obra magna de Stevenson a favor de sus textos menores, al igual que los exagerados elogios, empalagosos y poco verosímiles, que se dedicaban en las cartas.

También hay que recordar la amistad firme y profunda de los poetas anglosajones Shelley y Byron, o la de Chesterton y Belloc, que fue tan fuerte que devino cuestión de fe: Belloc convirtió al catolicismo a su amigo Chesterton. Algunos piensan que este cambio espiritual enriqueció la poética de Chesterton, otros, como Borges, consideran que su fe lo perjudicó como escritor. No podemos olvidar tampoco la relación amistosa entre los ingleses Tolkien y C. S. Lewis, que de la misma manera redundó en la fe. El primero convenció de la conversión cristiana al segundo, y aunque su particular amistad fue interrumpida en varias ocasiones por discrepancias literarias, religiosas y sentimentales, nunca fue rota. Se dice que Tolkien era muy crítico con algunos textos de Lewis, quien, sin embargo, acabó siendo el gran apoyo y aliento de Tolkien, la persona que más lo animó en su empresa literaria. Los dos construyeron una amistad fantástica, y a la par una literatura poblada de mundos fantásticos: las *Crónicas de Narnia* y *El señor de los anillos.* Estos textos han tenido en los últimos años gran repercusión mediática, sobre todo tras haber sido llevados a la gran pantalla. La fama de estas narraciones ha despertado gran interés por las vidas de sus creadores, y ha hecho que un director, Norman Stone, grabe un documental sobre esta amistad. Literatura y vida, virtuosos y virtuosismo.

De otro lado, tenemos a Kafka y Max Brod, que protagonizaron una de las amistades literarias más sonadas. Se vieron las caras por primera vez cuando Kafka asistió a una conferencia que dictaba un tal Max Brod sobre Schopenhauer; allí nació una fraternidad que traspasaría los límites de la muerte. Brod se convirtió pronto en el espejo de Kafka, en su acicate, en el compañero que lo espoleaba y animaba a publicar, hasta el punto de que, después de la muerte de Kafka, y aunque este le rogó que quemase todos sus manuscritos, los conservó y los llevó a la imprenta. Brod, como le había ocurrido a Boscán con Garcilaso, quedó a la sombra de Kafka, pero ha pasado a la historia como su biógrafo oficial, su albacea literario y amigo incondicional. Flaubert y Maupassant también pueden ser incluidos en esta suerte de «sub-genealogía» de amistades generosas en la que uno de los implicados se vuelca en el otro. Maupassant, sin su maestro Flaubert, sería impensable. El autor de *Madame Bovary* era un amigo extremadamente desprendido, que dedicó a Maupassant mucho esfuerzo y le brindó grandes dosis de confianza y aliento en la escritura, exigiéndole rigor para sacar lo mejor de sí. Flaubert lo llamaba cariñosamente, y en broma, «mi discípulo», aunque los caminos que tomaron fueron muy distintos. Finalmente, el discípulo se transformó en maestro y pagó su gran deuda con Flaubert. El caso de Pound y T. S. Eliot es similar. Ezra Pound, el extraordinario y talentoso poeta y crítico independiente, fue el soporte, el guía y el instructor de Eliot. En 1914, Pound recibe la visita de Conrad Aiken, que viene a hablarle y a promocionar a algunos poetas norteamericanos jóvenes. Pound no mostró demasiado interés hasta el momento en que Aiken salía por la puerta. Entonces, preguntó: «¿Hay alguien distinto, especial, de Harvard, por ejemplo?». A lo que contestó Aiken: «Oh, bueno, está Eliot, un chico que hace cosas divertidas y que en estos momentos está en Londres». Pound le pidió que le concertase una cita. En esos días, se conocieron y Eliot le pasó un poema que fue calificado por Pound como «el mejor poema que he visto de un escritor norteamericano». Al cabo de los años, en 1921, y esta vez en París, Eliot le dio a leer el poemario que más tarde integraría el célebre *Tierra baldía*. Pound lo leyó con atención y le hizo una serie de comentarios y sugerencias, conminándolo a la revisión. Eliot le hizo caso y, tras sus consideraciones, prácticamente lo reescribió por entero. Cuando se lo presentó a Pound, este lo tildó de «auténtica obra de arte». La presencia tutelar de Pound, como la de Flaubert, fue decisiva para catapultar a su colega. También lo fue para Hemingway, puesto que Pound fue el promotor de su lanzamiento literario. Otra amistad virtuosa y generosa.

Y en esa línea habría que leer la amistad entre Joyce y Beckett, aunque algunos hablan de la relación en términos de mentor-aprendiz (como también podrían ser leídos Flaubert y Maupassant o Pavese y Calvino), por la admiración hiperbólica de Beckett hacia Joyce. Otros, en cambio, defienden la existencia de un sentimiento recíproco de camaradería y comunidad estética e ideológica. Lo que no ofrece dudas es que ese vínculo personal que erigieron duró hasta la muerte de Joyce. Por otra parte, el paralelismo de la vida de ambos también es un hecho: los dos son grandes genios literarios irlandeses, pero fueron ignorados en su patria, condenados y censurados por razones religiosas y morales que los arrastraron al exilio. «Lo que Beckett toma de Joyce, fundamentalmente, es su método de escritura, consistente en leer para escribir. Como Joyce, anotaba frases y expresiones ajenas en sus cuadernos de notas, que luego incorporaba a sus propios textos. Muy pronto, sin embargo, reconoció la necesidad de buscar su propia vía; este y otros motivos lo llevarán a escribir en francés» (Dillon 2006, 1). Su deseo de diferenciación es tal que hace que los temas característicos de la escritura de Joyce sean desechados por Beckett. El que esperó a Godot no se cansó de repetir en entrevistas que su poética abogaba por la «des-palabra», frente a la «apoteosis de la palabra» de Joyce. Eso era en la literatura, porque en la vida, paradójicamente, compartían y gustaban, sobre todo, del silencio en los diálogos.

El siglo XX en las letras hispánicas también es muy profuso en amistades literarias gloriosas. En España, se despliega el abanico de amistades más popular del siglo XX con la Generación del 27, que llegó a llamarse incluso «la generación de la amistad». Gerardo Diego fue el primero en hacer gala de la envidiable amistad que unía a los poetas fuera y dentro de las fronteras peninsulares, aunque con el tiempo —y a través de la correspondencia— se supo que esa relación idílica no era compartida por todos, y que existían numerosas rencillas y enemistades. Pero lo que es innegable es que se formó un grupo compacto y fiel que no se desgajó ante las presiones políticas y las atrocidades franquistas. El propio Gerardo Diego lo explicó: «Cada uno siguió su camino vital —dijo—. Todos vivimos y sufrimos la opresión del ambiente súbitamente afiebrado a partir de 1929 y la guerra nos separó a la fuerza. Pero la amistad no se rompió. En cuanto fue posible volvimos a comunicar por escrito o en persona». La correspondencia entre Pedro Salinas y Jorge Guillén también da testimonio de esta comunidad, así como la de Federico García Lorca y Rafael Alberti. El nacimiento de la estrecha relación entre el granadino y el gaditano es digno de ser traído a la memoria. Tal y como sucedió con Gabo y Mario, fue la lectura de un libro de poemas de Lorca por parte de Alberti la que produjo el flechazo. Alberti estaba postrado en cama, recuperándose de una enfermedad, cuando cayó en sus manos un poemario de Lorca que lo dejó fascinado, más seguro de sí mismo y menos solo artísticamente. De inmediato preguntó por él y le dijeron que era un muchacho granadino que pasaba los inviernos en la Residencia de Estudiantes de Madrid. Alberti supo que tarde o temprano lo conocería. Y así se vieron, con la tardanza de tres largos años y poco antes de dar a la imprenta su *Marinero en tierra.* La sincronía y el buen entendimiento fueron tales que Alberti dedicó tres de los sonetos de ese libro al «poeta de Granada». Tanto Alberti como Lorca fueron los que más y mejor cantaron y ensalzaron el valor de la amistad dentro de la Generación, y crearon potentes lazos con otros grandes poetas como Vicente Aleixandre y Dámaso Alonso.

En el otro lado del Atlántico, en América Latina, por igual se han formado amistades fructíferas, como la de los grandes Borges y Bioy Casares. «Bustos Domecq» (con este pseudónimo publicaron los dos argentinos varios libros al alimón) dirigió colecciones, escribió ensayos y llegó a convertirse en el paradigma del intercambio intelectual y la práctica literaria a cuatro manos. Borges y Bioy se conocieron en casa de Victoria Ocampo y, a pesar de la diferencia de edad, congeniaron enseguida. El tándem basó su relación sobre todo en el humor y la crítica ácida, en el diálogo y el enriquecimiento cultural. Las malas lenguas acusan a Bioy de haberse beneficiado del esplendor de Borges, de sus terribles celos y su complejo de inferioridad (evidenciado en el monumental diario recientemente editado), aunque no se ha puesto nunca en tela de juicio el cariño mutuo. Por otro lado, tenemos la amistad intensa de Horacio Quiroga y Martínez Estrada, patente en su interesante correspondencia. Ambos, como Bioy y Borges, fueron muy diferentes: Quiroga, prolijo y metódico; Martínez Estrada, selvático, desmesurado, conflictivo, al borde de la locura. Pero compartían, como el resto de nombres mencionados, una misma pasión: la literatura.

Fue también ejemplar la amistad entre los miembros de la generación cubana de *Orígenes,* contemporánea de la del 27 en España y *Sur* en Argentina. Bajo el liderazgo de dos figuras, una literaria —José Lezama Lima— y otra espiritual —Ángel Gaztelu (poeta y sacerdote católico)—, los poetas de *Orígenes* vivieron unas décadas de idilio intelectual y humano entre finales de los años treinta y mitad de los cincuenta. Se reunían con mucha frecuencia en la iglesia de Bauta, a las afueras de La Habana, donde trabajaba el padre Gaztelu, y allí tenían sus tertulias literarias, sus conferencias, reuniones familiares, celebraciones de nacimientos, cumpleaños, bodas, bautizos y comuniones. No es, por tanto, extraño que sus lazos literarios se fundieran con los personales. Por ejemplo, Cintio Vitier, Premio Juan Rulfo de literatura, todavía vivo, se casó con la poeta Fina García Marruz, y Eliseo Diego, otro de los grandes genios de la generación, también Premio Juan Rulfo, se casó con la hermana de Fina, Bella. Llegada la hora de la revolución, muchos de ellos mantuvieron fuertes sus vínculos, a pesar de haber corrido suertes muy diversas y vivir en países muy alejados. Por ejemplo, Eliseo Diego confesaba a Gastón Baquero, en una carta del 29 de diciembre de 1992, que su amistad, que había perdurado con el paso de los años, desde los tiempos de *Orígenes* hasta el rescoldo que dejaron los años de separación por causa del exilio de Baquero, se había cimentado no en la historia, sino en la poesía, «materia tanto más frágil, pero más perdurable» (Diego 1996-97: 9).

Un amigo es un segundo yo

Es claro que la amistad entre Vargas Llosa y García Márquez ingresa directamente en esta genealogía literaria. Quizá deba incluirse dentro esa sub-estirpe de escritores generosos, y virtuosos, en la vida y en la literatura, que hemos ido delineando. Quizá se trate de la relación más popular en América Latina, junto con de la Borges y Bioy. Y quizás, algún día, sepamos con mayor detalle la historia de esa amistad truncada. Por lo pronto, ya hemos detallado el surgimiento de la misma: comenzó con un cruce de cartas, esto es, se escribían antes de conocerse personalmente. Y el primer encuentro, la conexión inmediata y la empatía instantánea han sido referidas con anterioridad. Este dúo puede ser comparado con varios de los amigos literarios historiados, como puede ser el de Joyce y Beckett, porque también se ha dado un curioso paralelismo en sus vidas, ya comentado. E incluso pueden equipararse a Alberti y Lorca, no solo por ser también las cabezas sobresalientes de un grupo literario (como Schiller y Goethe), sino porque la admiración de uno (García Márquez) lleva al contacto con el otro (Vargas Llosa). Y es que, como los peninsulares, tejieron una red espectacular con el resto de escritores que formaron parte de la nómina del *boom*. Precisamente por esta razón, el supuesto (sobre)uso de la amistad, ha sido criticada la Generación del 27, y algunos han considerado que esa «mafia» literaria tenía fines publicitarios. También eran amigos los integrantes del *boom,* y por igual fueron tachados de «mafiosos» y acusados de utilizar esa amistad para conseguir más ventas. Pero María Pilar Serrano, la mujer de Donoso, certifica la comunión del *boom* y dice que la relación entre todos era incluso familiar, como si fuesen primos. Lo que sí es verdad es que esa unión, en los dos casos, favoreció la proyección de la literatura a ambos lados del Atlántico, lo que no compromete la auténtica amistad que forjaron estos grupos. Esta admiración que se profesaban unos a otros dejó huella impresa, y el cariño se plasmó en papel: en la correspondencia (una buena muestra, como hemos dicho, se halla en Princeton) y en las dedicatorias de los libros. En el *boom,* Carlos Fuentes le ofreció *Cambio de piel* a Cortázar y a Aurora Bernández, y a Gabo, su relato «Fortuna lo que ha querido»; Benedetti dedicó su poema «Habanera» a Retamar; y Donoso *El lugar sin límites* a Rita y Carlos Fuentes. A este último, precisamente, le tributó *Historia secreta de una novela* Vargas Llosa. Pero nuestros protagonistas no se dedicaron, explícitamente, ninguno de sus textos. Fueron más allá: Vargas Llosa le dedicó dos años de su vida (1969-1971) a su gran amigo colombiano García Márquez. Se trata, sin duda, de un hecho insólito y de una gesta sin par que nunca antes se había dado entre amigos literarios, o al menos, no en la misma proporción.

Efectivamente, el peruano llevó a cabo su tesis doctoral —su primera idea era hacerla sobre Eguren— acerca de la narrativa del colombiano. Ya se han conocido personalmente y el *feeling* había sido instantáneo; además, Vargas Llosa estaba fascinado por *Cien años de soledad,* que en un tiempo récord se había convertido en la novela hispanoamericana más vendida del siglo XX. Él fue uno de sus principales promotores, junto con otros escritores y editores, de la obra. Siempre dijo que *Cien años de soledad* era un libro admirable que le hubiese gustado escribir a él, porque compite con la realidad de igual a igual y refleja el mundo tal como es: «múltiple y oceánico». Pero como ya hemos ido mostrando, la admiración era mutua. José Miguel Oviedo nos contó que, en uno de sus encuentros con Gabo, este le aseguró que se había demorado muchos años en escribir *Cien años de soledad:* el resto de sus anteriores narraciones las había publicado únicamente para aprender a escribir su novela más afamada. Mientras, según él, «Mario había comenzado sabiendo escribir bien desde su primera novela». Realmente llama la atención la sinceridad de los comentarios de ambos (como los de Schiller y Goethe) con respecto a la producción del otro. El mismo Gabo expresa su estupefacción en una de las cartas que le dirige a su amigo peruano, donde deja constancia de que todas las maravillas que de él dice Vargas Llosa le conmueven, «en un mundo donde la gente del mismo oficio anda tirándose zancadillas» (Princeton C.0641, III, Box 10). Armas Marcelo, en su citada biografía sobre el peruano, también nos hace partícipes de su sorpresa:

> Y me resultaba de todo punto sorprendente —a no ser que, en efecto, quienes acusaron al *boom* de grupo mafioso tuvieran algo de razón— que un novelista de la envergadura de MVLL dedicara años de su vida a escribir sobre un novelista coetáneo, compinche, íntimo amigo, pariente más o menos ideológico, *doble* —al fin— en tantas cosas como lo era García Márquez. El libro *García Márquez. Historia de un deicidio* no dejaba lugar a dudas. Era, además, un reconocimiento prodigiosamente pródigo, que iba más allá de la simple generosidad y que, desde mi criterio, echaba por tierra toda torpe y ridícula acusación de mafia, venida siempre del complejo de inferioridad que procede de la envidia.
>
> (Armas 2002: 69)

Dasso Saldívar coincide en reconocer la empresa poco común y titánica de *Historia de un deicidio*: «un libro que, aunque telegráfico y poco afinado en la parte biográfica, sigue siendo insuperable en la captación y análisis del entresijo literario» (1997: 466). En verdad, Vargas Llosa realizó en su tesis doctoral un exhaustivo repaso de la vida de Gabo, basado principalmente en sus recuerdos, entrevistas y vivencias con el colombiano. El resultado es extraordinario, porque en este texto, extremadamente erudito, se intercalan pensamientos, reflexiones y opiniones personales que nos sirven para conocer también al lector peruano. Por otro lado, hay que resaltar que Vargas Llosa hizo especial hincapié en cuestiones como el origen de la vocación de Gabo, la relevancia de las ideas fijas y de las imágenes en la obra, que actúan como impulso motor de la escritura. Es claro que el arequipeño abrió con esta formidable labor un horizonte de lectura de la poética de García Márquez que limó los bordes de la creación del colombiano. Y los suyos propios. Gabo escribe sus demonios personales, y Mario los suyos en la tesis. Esta lectura nos dice (narrando a Gabo, él se narra) mucho sobre la naturaleza de la obra de Vargas Llosa. Ya nos lo anunció Cicerón: «un amigo es un segundo yo».

En este primer libro ensayístico del autor de *La casa verde* se explican, ciertamente, temas y articulaciones narrativas que también pueden rastrearse en su obra. De esta manera, se explaya en técnicas literarias que son muy usuales en su propia ficción, como el dato escondido, las cajas chinas, los vasos comunicantes, la muda o salto cualitativo. Para Vargas Llosa siempre se arracima una verdad íntima en el lenguaje de la ficción, y como un detective, como un entomólogo escudriña toda la obra de Gabo publicada hasta ese momento en aras de encontrarla. Así *Historia de un decidio* sobresale por su rigor, su objetividad y su minuciosidad, imbricada con la pasión, el testimonio personal y el cariño infinito. Basta echarle un vistazo a los papeles que se conservan en Princeton (C.0641, I, Box 4), para comprobar la meticulosidad de las fichas que realizó Vargas Llosa en la elaboración de esta tesis. El trabajo es muy concienzudo y escrupuloso: las fichas están ordenadas por temas (e incluye muchísimas citas de la obra de Gabo a modo de ejemplos), y por cuestiones formales: técnicas de exageración, de enumeración, de repetición, y sus respectivas ilustraciones. También incluye recortes de periódicos en las seiscientas cuarenta y una páginas depositadas en la sala de Rare Books en Princeton, y todas absolutamente comentadas, borradas, tachadas, con comentarios al margen, por detrás, etc. Incluso encontramos un cuaderno grande, marrón, en el que se lee una nota de diciembre de 1987: «Este cuaderno contiene notas y apuntes que me sirvieron para dar un curso sobre García Márquez en Puerto Rico (1968) y luego para escribir *Historia de un deicidio* (1970-1972)». Es curioso, porque dentro hay un cronograma perfectamente delimitado de las actividades del curso de Puerto Rico: hablará primero de la vida de Gabriel García Márquez, del origen de su vocación (las imágenes como el impulso motor de sus relatos), y luego se centrará en *La hojarasca* e *Isabel viendo llover en Macondo*. También hallamos un dosier enorme en el que se recoge recortes y datos biográficos de Gabo desde 1955, con anotaciones al margen que aluden a datos que obtuvo del abuelo. Por otro lado, hay muchos apuntes que describen la relación de Gabo con la política: sus profesores marxistas, su acercamiento a Engels, Lenin, y el estalinismo, sus idas y venidas con Massetti. Incluso anota en la esquina de un folio: «No presentar a Gabo como "príncipe valiente"». Por igual se detallan la larga entrevista que Plinio le hace a Gabo y el viaje que hicieron juntos al este, la estancia de 1957 en Venezuela, su visita a Cuba y, más tarde, su estancia en México. Nos llamó la atención también el comentario profuso a la película *Tiempo de morir*. En definitiva, se trata de un análisis digno de alabanza: parece que el peruano ha diseccionado el cerebro del colombiano amén de desentrañar los mecanismos del acto creativo. Y no tuvo que esperar a que muriese Gabo ni a robar su cráneo de ninguna biblioteca para examinarlo, como ocurrió con Goethe y Schiller.

VIVIR SIN AMIGOS (Y SIN DEMONIOS O FANTASMAS) NO ES VIVIR

Es conocida la anécdota que han contado en varias ocasiones Onetti y Vargas Llosa: el uruguayo coincide con el peruano en un acto y le dice, medio en broma, «Mario, tu relación con la literatura es matrimonial: de obligación diaria... Mi relación, en cambio, es como la de un adúltero con su amante: la veo cuando quiero, siempre es pasional y no sabe de previsiones ni de horarios». Hay dos estirpes de escritores, entonces: los que se relacionan con la literatura como con una concubina, Onetti y Cortázar, y los que tienen una relación conyugal con las letras, como Vargas Llosa y García Márquez. Este último relata:

> Escribo todos los días, inclusive los domingos, de nueve de la mañana a tres de la tarde, en un cuarto cerrado y con buena calefacción, porque lo único que me perturba son los ruidos y el frío. Si escribo un cuento, me siento satisfecho de avanzar una línea por día [...]. Nunca interrumpo el trabajo por más de una semana, en el peor de los casos, porque luego tengo que empezar todo desde el principio. Durante el tiempo que dura el trabajo —y *Cien años de soledad* duró más de 18 meses— no hay ni un solo minuto del día o de la noche en que piense en otra cosa. Siempre hablo de lo mismo,

con mis amigos más íntimos y más comprensivos, pero no les leo una sola línea, ni permito que la lean ni que toquen mis borradores, porque tengo la superstición de que el trabajo se pierde para siempre.

Durante las horas de trabajo fumo cuarenta cigarrillos negros, y el resto del día se me va tratando de desintoxicarme. Esos médicos me dicen que me estoy suicidando, pero no creo que haya un trabajo apasionante que de algún modo no sea un suicidio. Escribo con un overol de mecánico, en parte porque es mucho más cómodo y en parte porque cuando no encuentro las soluciones en la máquina y tengo que levantarme a pensar, desarmo y armo con un destornillador las cerraduras y las conexiones eléctricas de la casa, o pinto las puertas de colores alegres.

Escribo directamente a máquina, solo con los índices, y la cinta tiene que ser negra, de seda o nylon, y el papel tiene que ser bond blanco de 36 miligramos, tamaño carta. Cada vez que cometo un error, aunque sea de mecanografía, tengo que cambiar la hoja y copiar todo de nuevo».

(Vargas Llosa 2007: 196-197)

Es casi una obsesión en García Márquez el modo de escribir a máquina. Le parece un arte de magia que alguien, como es el caso de Mario, pueda hacerlo a mucha velocidad y con todos los dedos, porque es más común lo contrario: a fuego lento y con dos o cuatro dedos. Los comentarios de Gabo al respecto son numerosos, como el retrato que hace de Fuentes en su artículo «El amargo encanto de la máquina de escribir», del 7 de julio de 1982: «No es frecuente que los escritores que escriben a máquina lo hagan con todas las reglas de la mecanografía, que es algo tan difícil como tocar bien el piano. El único que yo he conocido capaz de escribir con todos los dedos y sin mirar al teclado, era el inolvidable Eduardo Zalamea Borda, en la redacción de *El Espectador,* de Bogotá, quien, además, podía contestar preguntas sin alterar el ritmo de su digitación virtuosa. El extremo contrario es el de Carlos Fuentes, que escribe solo con el índice de la mano derecha. Cuando fumaba, escribía con una mano y sostenía el cigarrillo con la otra, pero ahora que no fuma no se sabe a ciencia cierta qué hacer con la mano sobrante. Uno se pregunta asombrado cómo su dedo índice pudo sobrevivir indemne a las casi 2.000 páginas de su novela *Terra Nostra*» (García Márquez 1991: 284).

Vargas Llosa, por su parte, también defiende que el escritor en su oficio debe ser terco: la disciplina es fundamental, así como la constancia y la perseverancia. El escritor ha de insistir, corregir, revisar, y rehacer hasta conseguir un texto que sea artístico y valioso. Mario ha expresado en reiteradas ocasiones la idea de que detrás de todo genio siempre hay un inmenso trabajo, puesto que el talento nace de la persistencia: el genio no nace, se hace. El escritor actúa, en opinión del peruano, como si tuviese una solitaria que lo altera y lo insta a escribir continuamente, de tal forma que cuanto más escribe, más quiere escribir. Ciertamente, Mario y Gabo tienen esa solitaria, y comparten además el mismo tipo de ligación marital con la literatura, aunque también practican el libertinaje. Y es que, como apunta José Miguel Oviedo, la palabra libertino no quiere decir «voluptuoso», sino «hombre que desafía a Dios» (Oviedo 2007: 34). Ambos novelistas desafían a Dios hasta el punto de llegar a matarlo en cada ficción. Hay pues una homología entre el libertino y el novelista, que es siempre un deicida. Por otro lado, Vargas Llosa sostiene que el escritor es un rebelde inconsciente, que vive una experiencia vital diferente del resto de los hombres. En opinión del peruano, los seres humanos añoran tener otras vidas; y los novelistas son los únicos que pueden permitirse tenerlas, a través de sus personajes. Esa es la función de la ficción para él: dar al hombre lo que no tiene; hacer realidad sus deseos y anhelos. Es un marginado y un incomprendido que usurpa la realidad. Es un deicida: mata a Dios y se convierte en el demiurgo creador del mundo.

El ejercicio de las letras ha propiciado que Vargas Llosa, como hemos anunciado, haya reflexionado en profundidad sobre el papel del escritor en la sociedad y sobre su *modus faciendi*. Sus opiniones aparecen en la tesis doctoral, y explican, no solo la poética de García Márquez, sino su idea del oficio de la escritura; toda vez que nos ayudan a entender las complejas aristas y los sutiles pliegues que encierra la producción novelística de este autor peruano. Para Vargas Llosa, el proceso de creación literaria se puede equiparar con un *striptease* invertido: el escritor, en la elaboración de la novela, va vistiendo y tapando, bajo prendas multicolores forjadas por su imaginación, aquella desnudez inicial. Este proceso es tan complejo y minucioso que muchas veces ni el propio escritor es capaz de identificar, en el producto terminado, las operaciones realizadas ni las asombrosas habilidades que ha desplegado para inventar personas y mundos imaginados. Y lo que hace Vargas Llosa en *Historia de un deicidio* es desnudar la obra de García Márquez, sus técnicas y temas. Porque el novelista no tiene libertad para elegirlos, sino que es elegido por ellos. Es decir, escribe sobre ciertos asuntos porque le ocurrieron ciertas cosas. De este modo, Vargas Llosa en el primer apartado del libro, «La realidad como anécdota», dedicado a la biografía de Gabo, habla del carácter obsesivamente anecdótico de este, y de cómo su narrativa se nutre de estas anécdotas. García Márquez es retratado como un personaje ingenioso y con un extraordinario sentido del arte de contar que se alimenta de su infancia, donde habitaba en un hogar prodigioso de terror, poblado de fantasmas y muertos. Todo en él, incluso su familia, es superlativo:

> A los lectores de *Cien años de soledad* les suele desconcertar el hecho de que los personajes tengan los mismos nombres; mi sorpresa no fue menor, hace unos años, al descubrir que uno de sus hermanos se llamaba también Gabriel. Él lo explica así: «Mira, lo que sucede es que yo era el mayor de doce hermanos y que me fui de la casa a los doce años y volví cuando estaba en la Universidad. Nació entonces mi hermano y mi madre decía: «Bueno, al primer Gabriel lo perdimos, pero yo quiero tener un Gabriel en casa...».

> (Vargas Llosa 2007: 125)

La poética de García Márquez se fragua al socaire de experiencias de la niñez, de obsesiones, de ideas fijas que va enumerando paulatinamente Vargas Llosa: «Un escritor no inventa sus temas: los plagia de la realidad real en la medida en que esta, en forma de experiencias cruciales, los deposita en su espíritu como fuerzas obsesionantes de las que quiere liberarse escribiendo» (Vargas Llosa 2007: 225). Gabo, a decir de Mario, «repetirá una y otra vez, creyendo bromear, «que escribe solo para que sus amigos lo quieran más», y resulta que es cierto, decidió escribir el día que descubrió la soledad» (Vargas Llosa 2007: 190). Cuando se sintió solo, comenzó a robar, a saquear la realidad, porque la creación literaria consiste no tanto en inventar como en transformar, en trasvasar ciertos contenidos de la subjetividad más estricta a un plano objetivo de la realidad. García Márquez tenía muy claro, como Cicerón, que «vivir sin amigos no es vivir».

La sección de la tesis consagrada al estudio de la narrativa de García Márquez se titula «El novelista y sus demonios». Aquí desarrolla su idea del novelista como deicida y suplantador de Dios. Vargas Llosa utiliza esta metáfora religiosa del deicida porque entiende la escritura como una dialéctica entre la creación y la destrucción. El uso de esta metáfora deicida y de los demonios del escritor le ha acarreado problemas con algunos escritores y críticos. Ángel Rama, como veremos en el siguiente capítulo, fue uno de los primeros en criticar el desacertado, manido y conservador uso de esta imagen. El siguiente en soliviantarse fue Ernesto Sábato, que acusa a Vargas Llosa de haberlo plagiado. El argentino afirma que los demonios de Mario son sus «fantasmas» y que esa teoría fue ya desarrollada por él años antes, solo que con otro término: «fantasmas». Ángel Rama se apresura a señalar la coincidencia en 1972: «Si Ernesto Sábato había titulado "El novelista y sus fantasmas", Vargas Llosa titulará "El novelista y sus demonios": es la misma idea, que no obstante da otro paso atrás, puesto que nos transporta de lleno a la teología. Con igual imprecisión semántica que el argentino, y manejando una metáfora más que una definición crítica fundada, Vargas Llosa apela a la cosmovisión más tradicional para definir la naturaleza del escritor, determinar el proceso genético de la creación, escudriñar las pulsiones particulares merced a las cuales elige esa disciplina intelectual» (Rama 1972: 7-8). Más tarde, en enero de 1974, Bryce Echenique le escribe una carta a Vargas Llosa en la que alude a este tema, con la gracia y el desparpajo al que nos tiene acostumbrados:

Lo último que hice fue unas entrevistas a Sábato y Onetti. Creo que estaban bien, sobre todo la de JCO. Un tipo simpatiquísimo, un «compadrito» al que se le ha cruzado Faulkner, Céline, mezclados con un desaliento de milonga. Pedí que te mandaran los números donde salieron las entrevistas. Onetti habla de ti con mucho cariño. A Sábato, más bien, lo encontré algo resentido con el «boom» (lo que, claro, parece bastante fuera de fecha). Pensaba que había habido una maquinación contra él. De todos modos, un tipo muy noble como para empantanarse en ese resentimiento. Creía que tu *Historia de un deicidio* le debía bastante a su *El escritor y sus fantasmas*. Al final, muy paternal, me dijo: «Si ve o se escribe con Vargas, dígale que me gustaría, si pasa por Bs As, tomarme un trago con él, porque parece un gran muchacho y es un excelente narrador».

Aquí uno no sabe con quién sentarse. A un lado, el PC, la izquierda mineral. En otro, los izquierdistas bulliciosos, sin respeto por la realidad (y sin respeto por la derecha). Para éstos, un tambor es el mejor de los fusiles. Y en algún lado, nosotros, francotiradores, minorías exasperadas sin partido.

(Princeton C.0641, III, Box 4)

Armas Marcelo también recupera esta polémica en su biografía sobre Vargas Llosa: en 1977 Ernesto Sábato va a Las Palmas a dar una conferencia con motivo del 12 de octubre y le comenta: «Tu amigo Vargas Llosa, ese, el que me ha robado sin moral ninguna todo lo que yo escribí hace tiempo, antes de que él hubiera nacido. Sí, claro —dijo mirándome ante mi gesto de sorpresa—, él lo cambia de nombre, habla de demonios pero yo hablé de esas tesis y las escribí mucho antes que él llamándolos como se deben llamar: fantasmas. Se refería a su libro *El escritor y sus fantasmas,* ciertamente anterior al libro de MVLL sobre García Márquez, al que hacía alusión el novelista argentino sin citarlo expresamente» (Armas Marcelo 2002: 127). Pero, finalmente, la cuestión acabó en agua de borrajas y Sábato y Vargas Llosa se vieron las caras. El argentino olvidó el fantasma de los demonios de Vargas Llosa, Mario ahuyentó los demonios de los fantasmas de Sábato y todo quedó en una anécdota curiosa. El 30 de abril de 1980 le escribe Sábato a Vargas Llosa:

Me alegro, querido Vargas Llosa, que, después de muchas y a veces ásperas vicisitudes, podamos establecer una amistad como la que generosamente me propone, en el tono mismo de su carta. Los tiempos son muy duros y los pocos escritores latinoamericanos que estamos en contra del totalitarismo —cualquiera que sea su signo— debemos estar fuertemente unidos, pues los otros lo están, y de qué modo. Siempre lo consideré como uno de los más importantes escritores de la lengua y considero muy importante que se halle de este lado en el más grave problema que a mi juicio aqueja a nuestro continente en estos momentos.

(Princeton C.0641, III, Box 19)

A estas alturas, Vargas Llosa ya era conocido por su posición ante la espinosa relación entre literatura y política. En *Historia de un deicidio* pone en evidencia que el escritor ha de estar en contacto permanente con la realidad. Vargas Llosa detesta la idea del novelista aislado, el que rompe con todo y vive en un mundo de corcho (como Proust en sus últimos años) o en una torre de marfil (como se dice de los modernistas). Esa ruptura con la realidad desemboca, para él, en locura y en la producción de una literatura de evasión (que nunca sería pura) y que le espanta. En la poética de Vargas Llosa y en la lectura que hace de la obra de Gabo, la relación entre literatura y política ocupa un lugar preeminente. Nuestro autor siempre ha puesto el énfasis en que la literatura, a diferencia de la política, no puede estar ligada a la actualidad, ya que tiene que trascenderla y llegar a diferentes sociedades de distintos lugares y espacios. La literatura no tiene esa dependencia de lo práctico que tiene la política: es el «aquí y ahora» que tiene que ver con la problemática que nos rodea y angustia; la que nos motiva a actuar y mejorar la vida humana. En cambio, en la literatura no hay pruebas de que una obra contribuya a esto último, es decir, no se puede afirmar que *El Quijote* mejore la vida de los seres humanos, aunque sí la haga más bella. *Cien años de soledad* ha hecho más bella nuestra vida: la fundación de Macondo es la fundación de la Utopía. Por eso, para Vargas Llosa, esta es una novela total, una suerte de utopía literaria en la que no solo se entrelazan lo mágico, lo milagroso, lo mítico-legendario y lo fantástico, sino lo histórico y lo político-social. Pero esta divergencia no significa, para Vargas Llosa, que literatura y política hayan de estar enteramente deslindadas, porque para él escribir y actuar a través de los relatos es un deber social.

Vargas entiende dos tipos de literatura: por un lado, la que parte de la base de que la escritura literaria no ha de tener implicaciones sociales y no permea en la esfera política. Mario considera que esta visión que reduce la literatura a un mero juego y entretenimiento está condenada a empobrecerse y desaparecer. Por otra parte, en la primera mitad del siglo XX, se preconizó una literatura comprometida (el segundo tipo), abanderada por Sartre, que pensaba que las palabras eran actos y que, a través de la escritura, uno puede participar en la vida: escribir no es algo gratuito, sino una actividad profunda y esencialmente social. Uno de los mejores ejemplos es el de García Márquez, que logra —según el peruano— una combinación equilibrada entre las experiencias personales del autor, las colectivas de su mundo y la de sus lecturas. En la ficción de Gabo, descubre Mario, concurre una extraordinaria pléyade de motivos personales y sociales: la casa de la infancia, el ambiente (paisaje tropical), personajes y demonios históricos, la relevancia de la compañía bananera y de la violencia como constante vital y ficcional, etc. Y con ellos cohabitan sus demonios culturales: Faulkner, Hemingway, Sófocles, Virginia Woolf, Rabelais, las novelas de caballería, Borges, Defoe, Camus, entre otros. Esta novela, a decir del peruano, reduce la ficción precedente de García Márquez a una antesala, a un conjunto de partes, fragmentos, que configurarían una totalidad en la novela del Premio Nobel: «*Cien años de soledad* es una novela total, en la línea de esas creaciones demencialmente ambiciosas que compiten con la realidad real de igual a igual, enfrentándole una imagen de una vitalidad, vastedad y complejidad cualitativamente equivalentes» (Vargas Llosa 2007: 533).

En definitiva, lo que hace Vargas Llosa en esta *Historia de un deicidio* es demostrar que la obra literaria siempre nos presenta una realidad que podemos abarcar y comprender; a la par que nos exige un esfuerzo intelectual, partiendo de la mera decodificación de las palabras, que nos enriquece y nos transforma. Leer una novela cambia algo en nosotros, no solo como lectores, sino como seres humanos, y nos hace comprender mejor el mundo social en que vivimos.

Así, Vargas Llosa postula que la literatura, a través de los lectores, se convierte en una forma de acción, aunque no se pueda verificar empíricamente. El peruano, por medio de la lectura de la poética de Gabo, actúa y se representa. La gran literatura produce en nosotros transformaciones disímiles, exponiéndonos las malas hechuras y las débiles costuras de la vida. La gran literatura, como la de *Cien años de soledad,* muestra mundos bien construidos, bellos, o mundos mal dispuestos, perversos, que terminan dándonos una visión coherente y totalizadora de la existencia. La literatura, diría Vargas Llosa, despierta en nosotros una conciencia, un espíritu reflexivo y crítico respecto a las deficiencias del mundo que nos circunda, amén de satisfacer nuestras ambiciones y deseos de mejorar la realidad. Y la literatura de estos dos virtuosos ha hecho que nuestra realidad sea mejor, más rica en bellas Remedios, tías Julias, casas verdes y Buendías; en conversaciones en catedrales y amores en tiempos del cólera, en esquinas con paraísos y mamás grandes. Y más rica en amistades literarias, porque qué duda cabe de que Mario y Gabo fueron grandes amigos en virtud de la literatura y de su virtuosismo; y que cumplieron el primer precepto que consigna Cicerón para la amistad: «Pedir a los amigos solo lo honesto y solo lo honesto hacer por ellos».

6
DUELOS DE PAPEL: EL *BOOM* DE LAS REVISTAS

En las feraces décadas de los sesenta y setenta la producción literaria en América Latina tenía que venir legitimada por la escena política y por el ámbito de la calle. En esta época existía un vasto público interesado en la lectura de obras latinoamericanas y en los debates intelectuales, además de un crecimiento considerable de las editoriales nacionales y de los eventos culturales. Este panorama favoreció que se desplegara un mapa de revistas literarias de muy alto nivel, y que se organizaran seminarios y congresos internacionales encargados de dirimir el estado de las letras en este continente. Así se celebraron algunos importantes como el la Universidad de Concepción, Chile, en enero de 1962, dirigido por Gonzalo Rojas, del que ya hablamos. De él surgieron alianzas y amistades como las de Fuentes y Monegal, relatada en el primer número de la revista *Mundo Nuevo*. En 1965, el Congreso del Colombianum, también. Más tarde, en 1966, se realizó la trigesimocuarta edición del Congreso del PEN Club en Nueva York, a la que acudió un contingente latinoamericano de lujo: Carlos Fuentes, Vargas Llosa, Pablo Neruda, Nicanor Parra, Rodríguez Monegal, Onetti, Homero Aridjis, Victoria Ocampo, Haroldo de Campos y Guimarães Rosa, entre otros. La presencia de Neruda fue la más comentada y criticada, sobre todo por los cubanos, que escribieron una carta en contra del chileno. Pero también denunciaron la asistencia general de escritores y críticos latinoamericanos, tildándolos de «vendidos» y de ser comprados por los

Estados Unidos, que ya estaban muy preocupados por el riesgo de radicalización de los intelectuales de América Latina y por la presión de la Revolución Cubana. Comenta Gilman: «Y si los Estados Unidos otorgaban visas a determinados izquierdistas, las razones de ese gesto podían limitarse a dos: o que los visitantes autorizados hubieran dejado de serlo o, como sería el caso de Neruda, que el país anfitrión esperara recibir beneficios con su presencia» (Gilman 2003: 125). Se habló igualmente de los fines lucrativos de los escritores, pero lo cierto es que, como afirma Gustavo Sainz: «El PEN Club funcionó para vender las traducciones de Onetti, Murena, Vargas Llosa, la beca Guggenheim de Homero Aridjis. El tira y afloja de los derechos editores de Sábato y Neruda» (Gilman 2003: 133). García Márquez, en cambio, decidió no asistir a este Congreso. En una carta del 20 de marzo de 1967, le explica a Mario las razones: no distraerse de la escritura, porque cuando estuvo quince días en Colombia, *Cien años de soledad* se retrasó seis meses. «No es negocio», dice Gabo. De todos modos, ya sabemos que el colombiano no es muy dado a intervenir públicamente ni en congresos ni en revistas. Para él, como ya hemos referido, «la situación de los escritores no se resuelve con congresos, sino con un fusil en la sierra».

En 1970, se organizó el Tercer Congreso Latinoamericano de Escritores en Puerto Azul, Venezuela, pero tuvo menos éxito que los anteriores. La sombra de la escisión, la problemática del caso Padilla y de la Revolución Cubana, ya planeaban sobre los escritores del *boom,* de tal modo que en los setenta la calidad y repercusión de los congresos y seminarios disminuyó notablemente. No sucedió lo mismo con las publicaciones periódicas. Sin duda, las revistas se convirtieron en el medio privilegiado para lograr la legitimación pública y política, promover la discusión y la actuación del escritor. Porque «en las revistas confluyeron, por un lado, la recuperación del horizonte del modernismo estético; por otro, un espacio de consagración alternativo a las instituciones tradicionales e instancias oficiales. Y, finalmente, la construcción de un lugar de enunciación y práctica para el intelectual comprometido. En cierto modo, un lugar que le provee un objeto, un espacio simbólico, un contexto o un destino. Ese objeto o destino se denominó Latinoamérica» (Gilman

2003: 78-79). Un continente y una literatura con una proyección internacional sin parangón: en 1968 el suplemento literario de *The New York Times* escribió que «la contribución más significativa a la *literatura mundial* provenía de América Latina» (Gilman 2003: 92). En ese año ya había salido a la luz la ansiada y gloriosa novela de García Márquez *Cien años de soledad*. Precisamente fueron las revistas las que ayudaron a consagrar la novela, antes incluso de su publicación. Gabo fue editando fragmentos y capítulos sueltos de esta obra en las revistas más populares del momento, creando poco a poco una gran expectación. En la revista peruana *Amaru* apareció «Subida al cielo en cuerpo y alma de la bella Remedios Buendía», su episodio preferido. En marzo de 1967, le comenta Gabo a Mario en una carta:

> AMARU me ha parecido una buena revista, pero no me sorprendería que ya estuviera agonizando por falta de colaboración para el segundo número. No hay mucha gente para sostener una empresa como esta. Su principal defecto —y no me he atrevido a señalárselo a Westphalen— es que no se le ve claramente su ideología, y no solo la política, sino tampoco la estética. En cambio, contra la vanidad de la Atenas Sudamericana, he tenido la sorpresa de encontrar una serie de notas estupendamente escritas por peruanos: Oviedo, Loayza, Cisneros, Pacheco, Oquendo. Creo que difícilmente se encuentra en un solo país de América Latina un equipo más lúcido y maestro que su prosa, y es de esa gente de quien depende el porvenir de la revista. Al fin y al cabo son ellos quienes están al pie del cañón.
>
> (Princeton C.0641, III, Box 4).

También se pudieron leer partes de la esperada novela de Gabo en *Mundo Nuevo* («El insomnio en Macondo») y en *Marcha* («Diluvio en Macondo»). En esta última revista, en 1964, ya había sido presentado García Márquez a los lectores latinoamericanos por Ángel Rama. Gabo era desconocido aún, pero el uruguayo lo presentó como uno de los narradores más sobresalientes, gran innovador e «inventor de la nueva expresión artística del continente». «De modo que la novela *mostrada a todo el mundo* tenía casi garantizada su consagración. *Cien años de soledad* fue leída como el modelo absoluto de ficción latinoamericana [...]. La novela salió a la venta en la segunda quincena de junio de 1967 (a la tercera semana, ya estaba en primer lugar de la lista de *best-sellers)»* (Gilman 2003: 100). Y es que las revistas literarias fueron piezas fundamentales del engranaje de esta suerte de «máquina de Goldberg» que fue el *boom* latinoamericano.

RAMA Y VARGAS LLOSA: POLÉMICAS EN *MARCHA*

Marcha fue una revista uruguaya que comenzó a publicarse en 1939 y acabó en 1974, silenciada por la dictadura. Carlos Quijano fue quien la sostuvo en un primer momento, y más tarde se encargó Ángel Rama de hacerlo. Logró ser una de las publicaciones pioneras en el continente y contó con una excelente nómina de colaboradores: David Viñas, Noé Jitrik, Mario Benedetti, Julio Cortázar, Carlos Fuentes y Vargas Llosa. La revista fue el escenario en que se (re)presentaron las polémicas y disputas intelectuales más popularizadas y extendidas en los sesenta y setenta. El primero de estos «duelos de papel» surgió en 1969 —duró hasta 1970— y fue motivado por un artículo que Ángel Rama le encargó al joven narrador colombiano Óscar Collazos, titulado «La encrucijada del lenguaje». El impacto fue brutal, hasta el punto de que dos de los escritores más influyentes del momento, Vargas Llosa y Cortázar, contestaron a las consideraciones de Collazos. Este cruce de artículos fue recogido con posterioridad en el volumen *Literatura en la revolución y revolución en la literatura* (1971). La polémica empezó cuando Óscar Collazos, intelectual de la izquierda revolucionaria, arremetió contra aquella literatura del *boom,* individual y subjetiva, que no atendía suficientemente a la realidad social. Criticó la literatura de Vargas Llosa, Fuentes y Cortázar, divorciada de la realidad, europeizante y banal, frente, por ejemplo, a la de García Márquez que era comprometida socialmente. En opinión de Collazos, la narrativa de Gabo «desentraña toda una realidad que, incluso en sus momentos

más inverosímiles nos remite al contexto colombiano y latinoamericano que halla por primera vez su expresión más cabal».

Para Collazos, el lector tiene que sentir una vinculación clara y
directa entre el producto literario y su realidad, tiene que encontrar
una literatura netamente hispanoamericana, con temas nacionales y
comprometidos. Sin embargo, Cortázar, en su respuesta, defendió
la idea de una «literatura en revolución», algo inaceptable para los
valedores, como Collazos, de una literatura social revolucionaria.
Cortázar y Vargas Llosa apostaban por revolucionar la literatura
desde el plano constructivista y experimental. En los textos que publicaron ambos en *Marcha,* esgrimieron argumentos que arrinciona-
ron a Collazos, quien quedó atrapado en una difícil encrucijada de
la que no pudo zafarse: sus tesis, pobladas de paradojas y contradicciones, partían de una idea muy restringida de «realidad» y se limi-
taban a instar a los escritores a mirar hacia Cuba, única sociedad socialista de América Latina. Es decir, su posición intelectual partía
de la concepción de la literatura como subordinada a la política.
Por ello, Vargas Llosa y Cortázar, en sendos artículos, lo animaron a
centrarse en la vanguardia política y dejar la literatura, ya que había
caído en las redes de «un razonamiento digno de un fraile medieval
cazador de brujas». Pero lo verdaderamente interesante de esta polémica es que sacó a la palestra las incongruencias, contrasentidos y
paradojas de buena parte de la intelectualidad latinoamericana, que
en ese período abogaba por una «literatura comprometida» que se
traducía en la instrumentalización artística por parte del Estado y
en la defensa de una literatura militante.

En 1972, *Marcha* da cabida a otra resonada polémica que protagonizaron Mario Vargas Llosa y Ángel Rama. El peruano había editado su tesis doctoral, en 1971, *Historia de un deicidio,* y Rama publica en la revista uruguaya un artículo sobre dicho libro, titulado
«Demonio vade retro». El texto se abre con una valoración positiva
del mismo:

> Sorprendente: así es el abultado volumen que Mario Vargas Llo-
> sa consagró a su colega Gabriel García Márquez. Sorprendente por
> varios motivos: por la capacidad crítica, nada habitual, que revela

en un novelista; por la atención que muestra para la obra de otro narrador de su promoción, cosa poco habitual entre escritores; por el afinamiento de sus muy personales análisis técnicos, probatorios de su trato con la "cocina" literaria».

(Rama 1972: 7)

Pero, poco a poco, Rama va poniendo en evidencia el anacronismo de la tesis de Vargas Llosa, de raíz decimonónica, romántica, interesada más en la «génesis psíquica» que en la propia obra. Además, subraya que la percepción teológica (el escritor como una especie de dios) que expone el peruano, ha dejado de funcionar para el escritor latinoamericano, inmerso en una nueva sociedad manufacturera, basada en el trabajo productivo. Para el crítico uruguayo, la obra literaria, y en especial la de García Márquez, ha de ser entendida como un «objeto intelectual» que remite a la demanda de una determinada sociedad, y no como una creación fruto del irracionalismo romántico: «La obra no es entonces espejo del autor ni de sus demonios, sino mediación entre un escritor mancomunada con su público y una realidad desentrañada libremente, la que solo puede alcanzar coherencia y significado a través de una organización verbal» (Rama 1972: 10). Pero Vargas Llosa considera la elección del tema como «inspiración demoníaca», y la escritura como «racionalización humana»; cuestiones mucho más cercanas a su poética. Por eso, Rama llega a sostener que esta obra debería haberse llamado «Mario Vargas Llosa: historia de un deicidio».

La respuesta de Vargas Llosa no se hace esperar y escribe un artículo, «El regreso de Satán», en el que declara ser consciente de que está rompiendo «una norma de conducta basada en la convicción de que los libros deben defenderse solos, y de que, además de inelegante, es inútil replicar a las críticas que merece lo que uno mismo escribe» (Rama 1972: 13). Pero justifica su contestación por ser Rama un «crítico respetable» y por el temor atroz de ser mal leído. Aclara entonces que los demonios de su tesis no son de carácter evangélico, sino que se refiere a «obsesiones negativas —de carácter individual, social y cultural— que enemistan a un hombre con la realidad que vive, de tal manera y a tal extremo que hacen brotar en él la ambición de contradecir dicha realidad rehaciéndola verbalmente. Acepto que el empleo del término "demonio" es impreciso; no usé el de "obsesión" porque hubiera podido sugerir que adoptaba la explicación "psicologista" ortodoxa de la vocación» (Rama 1972: 13-14).

Reconoce que su hipótesis no es científica, ni concluyente, ni original, y que nace únicamente de su propia experiencia como escritor. Lo que ha hecho es pensar a García Márquez desde sí mismo (un amigo es un segundo yo), teniendo en cuenta que los «demonios» no son únicamente personales, sino sociales e históricos. Insiste en que él considera al escritor no solo deicida, sino productor, y que el hecho de hablar de García Márquez como deicida no significa que niegue esa otra condición: los términos no son excluyentes o contradictorios, sino complementarios. Esto es, un término («deicida») hace alusión a los «problemas individuales» de la literatura (rebeldía de escritor) y otro (productor), a los problemas sociales. En todo caso, matiza que un «escritor no elige sus demonios pero sí lo que hace con ellos. No decide en lo relativo a los orígenes y fuentes de su vocación, pero sí en los resultados» (Rama 1972: 20), al igual que sucede en los sueños: no somos responsables y contamos lo que queremos de ellos. En definitiva, lo que hace Vargas Llosa es defender su concepción de la literatura como totalizadora (frente a la sociologista de Rama), y como fagocitadora de toda experiencia humana, amén de re-crear el mundo a través de la escritura. Para ello se vale de las armas de Rama (es marxista), demostrando un cabal conocimiento de la dialéctica marxista y de la «interacción dinámica» entre «materia-forma». Así deja entrever que las críticas ácidas del uruguayo vienen suscitadas por la no inclusión en su tesis de las «ideas estéticas de Carlos Marx» (Rama 1972: 19) y por no haber tenido como referencia la vanguardia intelectual de izquierda de Europa.

Rama no se quedó callado y usó brillantemente su turno de réplica en otro artículo, «El fin de los demonios», en el que reiteró el carácter decimonónico de la «forma» del ensayo deicida de su «amigo Mario Vargas Llosa», su estructura rígida, su arcaísmo y su deuda con el historicismo y biografismo románticos: «La base que ordena los acontecimientos es el recuento biográfico, al cual se circunda de un marco histórico, analizando cronológicamente la producción como enfrentamiento de individuo y mundo, para coronar el todo con un capítulo sobre el estilo» (Rama 1972: 24). Continuaba Rama especificando que su crítica al libro nacía no tanto de los errores de este, «sino por haber sido superada y por entender que reponerla hoy es perjudicar el esfuerzo de la cultura latinoamericana hacia más racionales niveles acordes con los proyectos de transformación de su sociedad» (24-25). El uruguayo sigue temiendo que la tesis del peruano tenga tanta repercusión —por su metodología obsoleta y su concepción irracional de la creación narrativa—, que corrompa a la juventud y perjudique la salud de las letras latinoamericanas. Por ello, apela a los lectores como jueces de la obra insertando varias afirmaciones que se encuentran en el segundo capítulo de *Historia de un deicidio,* en aras de demostrar que su lectura no es errónea. Dice exactamente:

> [...] es restrictamente individualista, carente de una percepción social del escritor y sus obras, y es encarecedora de la excepcionalidad individual que marcó los orígenes históricos de la tesis [...]. A Vargas se le olvida que el escritor no es un individuo encerrado en sí mismo al que se opone una totalidad que es el mundo, sino que integra un grupo social, una clase, un movimiento, que ni siquiera es el único hombre golpeado por las asperezas del mundo ni golpeado en forma tan única que no encuentre seres parecidamente afectados. Que además, como miembro de una comunidad, resulta moldeado por las condiciones culturales de su país, período, sector social, participando desde ese plano nacional, histórico, grupal o clasista en la evolución de su sociedad y por lo tanto expresando valores que no son restrictamente individualistas sino propios de coordenadas que solo se pueden definir como «sociales».
>
> (Rama 1972: 29)

Esto es, se debaten posturas antagónicas: el yo frente al nosotros, la literatura individual frente a la social, y el conflicto hombre-mundo. Porque para Rama las metáforas románticas que había elegido Vargas Llosa procedían de sus ideas literarias irracionales, de sus generalidades extremas y de la valoración suprema del esfuerzo del escritor en su mesa de trabajo. Rama parece ir enervándose a medida que avanza el artículo: critica el orillamiento, en el estudio de Vargas Llosa, del factor ideológico, de la función del escritor en la sociedad y en la estructura de clases. Sigue poniendo de relieve su arcaísmo, y sostiene que su fijación sobre «la función individual de la creación, resulta poco apta para atender la demanda de los sectores sociales latinoamericanos que han presentado proyectos transformadores» (Rama 1972: 36). Termina apelando al Vargas novelista e invita al lector a descreer de sus tesis y beneficiarse del enfoque realista de sus narraciones:

> La obra no es entonces espejo del autor ni de sus demonios, sino mediación entre un escritor mancomunado con un público y una realidad desentrañada libremente, la que solo puede alcanzar coherencia y significado a través de una organización verbal.

> (Rama 1972: 36)

Pero la polémica no cesó aquí. Vargas Llosa volvió a responder con el artículo «Resurrección de Belcebú o la disidencia creadora». Esta vez Mario empezó elogiando el texto anterior de Rama, mucho más interesante que la primera nota: «Todo eso constituye un progreso y hay posibilidades de que, por una vez, una polémica literaria tenga "éxito", es decir, de que ponga en claro, ante los lectores, la naturaleza exacta de la discrepancia entre los adversarios. Estas líneas quieren contribuir a ese fin, corrigiendo las últimas equivocaciones que Rama comete (antes temí que de mala fe y ahora temo que de buena) en su lectura de *Historia de un deicidio*» (Rama 1972: 39). De nuevo, Vargas Llosa habla de «equivocaciones», de lectura errónea y de la extracción de citas «hábilmente incompletas». Expresa entonces su intención de alumbrar las sombras que no dejan a Rama leer correctamente —o conforme a sus intenciones— su ensayo. Pero antes, le reprueba por acusarle de corromper a la juventud con su tesis. Reprende a Rama y vuelve a defender la libertad de expresión: «El gran peligro para los "jóvenes escritores" no está en leer tesis equivocadas sino en que se los prive de la posibilidad de equivocarse y alguien, aun tan inteligente como Rama, se arrogue la misión de decidir la "verdad" que les conviene. Yo, a los "admirativos escritores jóvenes", en vez de vigilarles las lecturas, me apresuro a recordarles que la única manera que tienen de ser originales es siendo cada vez menos "admirativos" y más críticos con sus mayores» (Rama 1972: 40).

Vargas Llosa reivindica a bombo y platillo la libertad de expresión y, por supuesto, la de la elección de las lecturas. Imponer una serie de textos es una dictadura: *dictar* lo que se ha leer o lo que no se ha de leer. Y es que para el autor de *La ciudad y los perros* el error más grande que comete Rama es creer que su «tesis» alude a todas las artes y a todos los géneros literarios por igual. Vargas explicita en su libro que la vocación del novelista es específica, y tiene unos rasgos propios —diferentes de las demás artes y géneros— que su tesis pretende desgranar. Uno de esos rasgos es el individual, por eso el material biográfico es necesario para mostrar el mecanismo de una obra de ficción, por el que se trasmutan ciertas experiencias personales, históricas y culturales. No obstante, Vargas elucida que su tesis se aplica únicamente al género novelístico, y no a otros géneros literarios:

> Esta representación verbal desinteresada de la realidad humana que expresa el mundo en la medida que lo niega, que rehace deshaciendo, este deicidio sutil que entendemos por novela y que es perpetrado por un hombre que hace las veces de suplantador de Dios, nació en Occidente, en la Alta Edad Media, cuando moría la fe y la razón humana iba a remplazar a Dios como instrumento de comprensión de la vida y como principio rector para el gobierno de la sociedad. Occidente es la única civilización que ha matado a sus dioses sin sustituirlos por otros, ha escrito Malraux: la aparición de la novela, ese deicidio, y del novelista, ese suplantador de Dios, son, en cierto sentido, resultado de ese crimen. El más joven y sedicioso, es también el único laico de los géneros: no brota cuando reina la fe, cuando esta es todavía lo bastante fuerte para explicar y justificar la realidad humano, sino cuando los dioses se hacen pedazos y los hombres, de pronto librados a sí mismos, se hallan frente a una realidad que sienten hostil y caótica.
>
> (Rama 1972: 43-44)

La importancia de la religión en la poética de Vargas Llosa es innegable. Para él la novela es un género laico, pero el novelista ha de ser un «hombre de fe» para ejecutar el acto creador. Es más: «son precisamente las sociedades en crisis donde el ejercicio de la literatura ha adoptado el carácter de empresa religiosa y mesiánica, donde se han concebido las ficciones más atrevidas y "totales". La novelística de las sociedades estables, las ficciones (negaciones) que inspiran una realidad histórica no amenazada —aquella realidad sostenida aún por la fe del cuerpo social— suelen estar marcadas por el sello de la ironía, del juego formal, del intelectualismo o el nihilismo. Estas características revelan una actitud de repliegue del creador frente a la realidad. No se atreve a ser Dios, no compite con la realidad de igual a igual, no intenta crear mundos tan vastos y complejos como el real: no tiene fe en sus propias fuerzas y tamaña empresa le parece descabellada e ingenua» (Rama 1972: 45). En la sociedad latinoamericana, la literatura ha devenido religión, una escritura valiente y total que han puesto en práctica hombres de fe que han erigido otra religión, la literaria, y se han convertido en dioses creando mundos. Pero Vargas Llosa piensa que ser latinoamericano y apostar por el latinoamericanismo no pasa por defender siempre y a toda costa esa «realidad imperfecta», sino que se puede disentir de ella y sentirse latinoamericano. Igualmente, arguye que un escritor no solo escribe con sus «convicciones», sino también con sus «obsesiones». Rama es excluyente y Vargas Llosa integrador, por eso arremete contra el dogmatismo de la izquierda latinoamericana:

> Hay que repetir por eso, a voz en cuello, que la liberación social, política y económica de nuestros países —que yo ambiciono con todas mis fuerzas— nunca sería completa sin una vida intelectual verdaderamente libre, donde todas las ideas sin excepción puedan rivalizar, y donde no solo los ángeles sean admitidos y respetados, sino también los demonios, para contrapeso saludable de aquellos, pues hasta los ángeles, cuando nadie los controla, sucumben a lo que Octavio Paz ha llamado la peste de nuestro tiempo: la peste autoritaria.
>
> (Rama 1972: 54)

Y, para concluir, especifica que el proceso de creación de la novela es individualista, porque lo lleva a cabo un individuo y porque solo personalmente el escritor exorciza sus demonios en sus ficciones. Ahora bien, esos demonios existen porque la realidad está mal hecha, por eso el ejercicio que hace el novelista es de «utilidad pública», no es subjetivo ni egotista. Vargas Llosa parte del «yo» —inmerso de otredad— para llegar al «nosotros».

Finalmente, la última réplica, la última palabra de esta fascinante polémica, la tendrá Ángel Rama con su artículo «Segunda respuesta a Mario Vargas Llosa». Esta segunda y última respuesta es, ante todo, un tratado sobre las características que debería tener el escritor latinoamericano en la nueva sociedad, su compromiso con esta y los proyectos transformadores presentados por los nuevos sectores sociales. Rama, en este escrito, es definitivamente más incisivo y aguerrido, y embiste con fuerza las posturas de Vargas Llosa, de los «señoritos», «niños bien» del Perú. Dice directamente, sin empacho y en tono combativo: «Preferiría, con todo, que prescindiéramos de las cortesías, que pueden empalagar a los lectores, consagrándonos, austeramente, a nuestras divergencias. A diferencia suya, creo en la utilidad de las polémicas, por lo cual he aceptado esta» (Rama 1972: 58). Se vale incluso de las palabras de José Miguel Oviedo para contradecir la singularidad de la aplicación de la tesis deicida de Vargas Llosa: «Además, ¿por qué únicamente escribir novelas es un acto deicida, una suplantación de Dios? ¿No podrán serlo también pintar cuadros, escribir poesía, componer música? La "teoría" puede abarcar tanto que ya empieza a contener poco» (Rama 1972: 70). Y apuntala: «Pienso que si el autor confiere carácter específicamente "narrativo" a su tesis es, otra vez, para no reconocer la dependencia de la historia y de los períodos culturales que en ella se elaboran, donde se determinan valores que rigen al conjunto literario, muy por encima del genérico» (Rama 1972: 70-71).

A continuación, Rama cita y contra-argumenta cada una de las críticas y discrepancias de Vargas Llosa con respecto a su artículo anterior. En definitiva, sigue atacando al peruano, encastillado en su postura comprometida con lo social y con el nuevo papel del intelectual latinoamericano. Mientras Vargas Llosa, del otro lado, sigue vindicando la libertad del escritor, su independencia y un ideario que habría de repetir después en múltiples ocasiones. En verdad, Vargas Llosa en su tesis doctoral entiende la escritura desde metáforas negativas, violentas y amargas, asociadas al proceso de creación. La tesis de Vargas Llosa no es sobre cualquier novelista, sino sobre «un» novelista, que es menos García Márquez que él mismo. Porque en el caso de García Márquez, como habría de decir Palencia-Roth, no se trata tanto de la creatividad como de la memoria, que es su verdadera fuente. El colombiano comprendió relativamente pronto la importancia de la memoria en su carrera, en cambio para Vargas Llosa el verdadero rol de la memoria en la ficción llegaría solo con la madurez artística (Palencia-Roth 1990: 353). Así, la escritura para Gabo sería más una reclamación, una invocación, la voluntad de preservar el arte de la memoria. Pero, con el tiempo, también la literatura de Vargas abogará por el recuerdo, por el deseo de perdurar y no de destruir. Y ese mismo deseo de perdurar y de aleccionar es el que motivó esta polémica entre Rama y Vargas Llosa, todo un ejemplo de discusión intelectual de alto nivel, que pasó de ser el «infierno tan temido» al paraíso tan leído.

UN *MUNDO NUEVO* NO ES POSIBLE EN *CASA DE LAS AMÉRICAS*

En marzo de 1959 se crea la institución Casa de las Américas, paradigma de la revolución y de la cultura latinoamericana. A raíz de este organismo, surge, en 1960, la revista homónima, que se transforma en la plataforma principal y más visible de comunicación literaria de los escritores del *boom.* Primero fue dirigida por Haydée Santamaría, luego, por Fernández Retamar, y como responsables tenía a Fausto Masó y Antón Arrufat. El gran ideólogo y estratega de la misma fue Ángel Rama, que se encargó de darle proyección política y dinamismo a la institución cubana. De hecho, la revista colaboró con *Marcha* y selló con ella una de las alianzas más valiosas y productivas del continente, que permitió tejer una red literaria de intercambios vastísima, a través del sistema de préstamos recíprocos y de la publicación de artículos obtenidos del mismo medio extranjero (Gilman 2003: 83). De hecho, ambas se izan como baluartes de la nueva intelectualidad latinoamericana, transitadas por los tres grandes pensadores y teóricos de la literatura del momento: Cortázar, Fuentes y Vargas Llosa. García Márquez prefería, como hemos anunciado, alejarse de estos circuitos culturales y acostumbraba a esconder su erudición y sus múltiples lecturas para no caer en una exhibición cultural que podía perturbar al lector. Claudia Gilman comenta el proceder de estas dos revistas: «1964 fue el año de la consagración de la nueva narrativa: Rama organizó el n.º 26 de *Casa de las Américas,* en el que estaban presentes Cortázar, Fuentes, Vargas Llosa, cuyos nombres, a partir de entonces, incluyendo los de Donoso y García Márquez, comenzaban a hacerse frecuentes acompañando a los de la ya sólidas presencias de Roa Bastos, Rulfo, Onetti y Carpentier. En ese año, tanto *Marcha* como *Casa de las Américas* constataban el hecho, declarado por Ambrosio Fornet, de que había pasado para la novela latinoamericana tanto la época de las imitaciones como la de la buena voluntad que hacía mala literatura» (Gilman 2003: 89).

Pero lo más interesante no es la ligazón entre estas publicaciones correligionarias e ideológicamente similares, sino el otro gran «duelo de papel» que protagonizaron *Casa de las Américas* y *Mundo Nuevo.* Esta última surge en 1966 en París, dirigida por Emir Rodríguez Monegal y auspiciada por el Instituto Latinoamericano de Relaciones Internacionales, dedicada en exclusividad a la actividad creadora de Latinoamérica. En 1968, se trasladará a Buenos Aires, hasta su cese en 1971. De una parte, tenemos a Ángel Rama al frente de *Marcha,* que tiene una enemistad pública de larga data con Rodríguez Monegal, basada en discrepancias ideológicas, gustos literarios distintos y/o celos intelectuales. A eso se suma que ambos fueron directores de *Marcha.* Por otra parte, Retamar, al frente de *Casa de las Américas,* también se enemista con Monegal por permitir que su nueva revista parisina sea financiada por instituciones estadounidenses; por no darse cuenta de la manipulación de la que estaba siendo objeto. De esta manera, Rama y Retamar, desde la tribuna de *Marcha* y desde *Casa de las Américas* respectivamente, fueron los adalides de la polémica con *Mundo Nuevo* a la que el uruguayo decidió llamar «contra las polémicas culturales».

Todo empezó cuando, el 1 de noviembre de 1965, Monegal le escribe una carta a Retamar explicándole los objetivos y propósitos que va a tener la revista que liderará: le aclara que la publicación está vinculada al Congreso por la Libertad de la Cultura (CLC), pero que no depende de él y que le aseguran toda libertad de elección y orientación. Incluso él mismo le ha manifestado al CLC su intención de colaborar con los intelectuales cubanos, porque de ninguna manera aceptará a Cuba como enemigo. Retamar le contesta y le advierte sobre este Congreso por la Libertad de la Cultura, que es todo menos libre: Retamar le asegura que no le permitirán un libre albedrío total, y que, en todo caso, solo le darán libertad en los primeros números amén de conseguir público, luego procurarán ir en contra de Cuba y de Latinoamérica. ¿Por qué? Resulta que el CLC «es una institución financiada por el Departamento de Estado de los Estados Unidos, como una de las variantes que adquirió la política de guerra fría en el campo de la cultura. Desde 1954 hasta 1965, financió *Cuadernos,* revista latinoamericana de orientación reaccionaria, con sede en París. De una institución con esos antecedentes y objetivos, se deriva la propuesta a Monegal y a los intelectuales latinoamericanos de fundar una revista cultural» (Sierra 2006: 4). Entonces, Monegal le responde a Retamar, lamentando la ausencia de colaboración de *Casa de las Américas,* y reitera la libertad total de acción de la revista. Retamar, a vuelta de correo, no le cree, y le reprocha su abierta adhesión y defensa del CLC. Así seguirá el intercambio epistolar hasta abril de 1966 (las cartas se publicaron en varios semanarios como *Marcha* o *Siempre!)* porque todos en Cuba y en gran parte de América Latina sostenían que *Mundo Nuevo* tenía un barniz de izquierda falso y que estaba ocultando su financiamiento por parte de fundaciones norteamericanas vinculadas a la CIA. Ángel Rama secundó esta postura, y en 1966 sacó en *Marcha* «un comentario editorial titulado "Tímidas sospechas", en el cual cita fragmentos de una investigación que se publicó en *The New York Times,* realizada por un equipo de periodistas del propio diario, en la cual se revelaban los vínculos existentes entre la CIA y algunas instituciones culturales internacionales, dependientes o no de los Estados Unidos» (Sierra 2006: 5). En ese momento, Monegal se perfilaba como un crítico manipulado, pusilánime y sin capacidad de hacerle frente a las pretensiones de la CIA, e incluso se le acusaba de estar al servicio de los opositores del modelo revolucionario cubano, latinoamericano. Pero a pesar del rechazo de *Mundo Nuevo,* y el apoyo visible a Cuba, sale a la luz el primer número de la tan criticada revista el 1 de julio de 1966 en París. Rodríguez Monegal intercala en la página inicial una «Presentación», a todas luces sincera y aglutinadora:

> El propósito de *Mundo Nuevo* es insertar la cultura latinoamericana en un contexto que sea a la vez internacional y actual, [...] y que establezca un diálogo que sobrepase las conocidas limitaciones de nacionalismos, partidos políticos (nacionales o internacionales), capillas más o menos literarias y artísticas. *Mundo Nuevo* no se someterá a las reglas de un juego anacrónico que ha pretendido reducir toda la cultura latinoamericana a la oposición de bandos inconciliables y que ha impedido la fecunda circulación de ideas y puntos de vista contrarios.
>
> (Sierra 2006: 5)

En este primer número ya se fraguaba y se entreveía lo que sería la política ideológica de la revista en lo referente al papel del autor latinoamericano: se oponía la figura del escritor a la del intelectual, preconizada por la revista *Casa de las Américas:* «Ese intelectual es la intelectualidad latinoamericana de izquierda representada en la polémica por Retamar, Rama y Fornet y que no solo cree en su compromiso político, sino que está apoyando y haciendo la Revolución; intelectualidad alertada acerca de los planes imperialistas por neutralizar y despolitizar la cultura. Como dice Fornet en el citado artículo: "Con intelectuales coléricos vale más no discutir; es mejor atraerlos y, mientras se liman las diferencias, suministrarles sedantes, vacunarlos gradualmente contra la rabia" (pág. 107). No es nada desconocido; hoy en muchos de nuestros países se intenta vacunar a la intelectualidad, con el líquido de las comodidades, para "elevarla" al rango de clase media» (Sierra 2006: 9-10).

Monegal apostaba, desde París, por la universalización del latinoamericanismo, y postulaba una tendencia más historiográfica, ilustrativa y compendiadora que crítica. Hizo del rigor y la calidad dos de sus banderas, y se supo rodear de un selecto grupo de figuras de América Latina: por un lado, los consagrados Carpentier, Lezama, Borges y Sábato; y por otro, los que no tardarían en alcanzar notoriedad, como Carlos Fuentes, García Márquez, Sarduy, Cabrera Infante o Puig. Vargas Llosa y Cortázar mantuvieron mucha distancia de la revista, aunque en ella se arracimaron escritores de muy distinta índole: existencialistas, guevaristas, peronistas, marxistas, liberales y escritores que habían estado del lado de la Revolución Cubana y luego disintieron del régimen castrista, etc. Así, *Mundo Nuevo* «entre pedagógica e ilustrada, se convierte en un lugar para lo "alternativo" frente a las poéticas comprometidas de la izquierda, por medio de la restauración y exposición (parcial) de figuras y temas excluidos de la mirada revolucionaria —como es el caso de la escritura de Manuel Puig—, la animada ensayística de Cabrera Infante en torno al erotismo en la novela folletín, o la estratégica aparición internacional de José Lezama Lima» (Morejón 2004: 2).

Pero el diseño de *Mundo Nuevo,* sus secciones e imágenes son mucho más conservadoras que los de *Casa de las Américas,* más renovadora en este sentido. Monegal, por otro lado, pecaba de atender demasiado a cotilleos literarios, a la tramoya de los congresos (como los del PEN club), a la enemistad de unos y otros, etc. También gustaba de hacer minuciosos semblantes de los escritores, unos tan frívolos, como el que hizo de Vargas Llosa, «un cumplidísimo caballero peruano que no tiene jamás un pelo fuera de sitio, que está siempre planchado y pulcro...»; o el de García Márquez, del que dice que va «ceñido en unos "blue-jeans" que fueron azules [...], y ostenta una cara de pistolero mexicano, toda llena de arrugas, de pelo enrulado e indócil, de bigotes puntiagudos».

Finalmente, en el número 25, Monegal renunció y declaró la necesidad de que la revista se publicase en América Latina: se eligió como sede Buenos Aires y como director a Horacio Daniel Rodríguez. Los protagonistas, y así lo expuso su director, serían a partir de ese momentos los temas latinoamericanos y nos las figuras. Se manifestó abiertamente en contra del proceso revolucionario cubano y se desvinculó totalmente de la etapa francesa, sobre todo cuando, entre 1968 y 1969, dio cabida a una nueva polémica, esta vez sobre la nueva novela latinoamericana. La problemática fue originada por un ensayo de Ignacio Iglesias titulado «Novelas y novelistas de hoy», en el que se incidía en la falta de originalidad de las nuevas creaciones latinoamericanas, su supeditación a modelos extranjeros, su excesivo énfasis en la forma sin contenido y su alejamiento del público lector. Obviamente, a Iglesias le llovieron las réplicas y la revista, en su número 33, incluyó una nueva sección llamada «polémicas» para recoger estas contestaciones. La más llamativa y vigorosa fue la de Fernando Aínsa, crítico uruguayo, que explicó magistralmente cómo el binomio fondo/forma ya no era operativo, debido a que la experimentación había sido requerida por la nueva realidad «cambiante y multiforme». Estos artículos (se suma también Guillermo de Torre) dieron lugar a discusiones sobre la significación del éxito de ventas, público y crítica, y el lugar de la novela en la sociedad de consumo; de tal manera que la revista, poco a poco, convirtió sus números en monográficos anticubanos, en los que la literatura era apenas un pretexto, un detalle al margen. «La historia de *Casa* y *Mundo Nuevo* no es apenas la de dos revistas, sino también la de la conformación de grupos intelectuales que se ubican en polos ideológicos opuestos, configurando así una dinámica cultural que reestructura el campo intelectual de la izquierda, a medida que las adhesiones y deserciones van aconteciendo» (Morejón 2004: 3).

Las premoniciones de Retamar y Rama fueron acertadas. Desde las páginas de *Mundo Nuevo,* se intentó también dividir a la intelectualidad latinoamericana. En la polémica epistolar que antecedió al nacimiento de la revista, ya estaban esbozadas las líneas de adhesiones y rechazos a los modelos de intelectual en debate; diferencias que se fueron acentuando hasta el cisma irreparable que provocó el caso Padilla (Sierra 2006: 12). Pero no se puede negar que *Mundo Nuevo* fuera una de las publicaciones más sobresalientes de la década de los setenta, junto con la revista *Libre,* que entre 1971 y 1972, aglutinó una lista extraordinaria de colaboradores. Su posición es interesante, porque en aquellos años en que la función política de la literatura se juzgaba en duelos de papel, *Libre* proponía una actitud transatlántica de unión de los intelectuales de ambos lados del océano para consolidar la supremacía de la literatura hispánica en el ámbito nacional. Su publicación también fue interrumpida por el caso Padilla, que acabó definitivamente con todos estos «duelos de papel». A esas alturas ya se habían perdido todos los papeles. Es curioso, por ejemplo, cómo los escritores más comprometidos con Cuba tuvieron que apretarse los machos, y tratar de terciar en el asunto. En una carta del 21 de febrero de 1967, Julio Cortázar le escribe a Mario sobre su último viaje a Cuba, donde tuvo que hablar necesariamente de Monegal, la CIA y todo lo demás. De vuelta a París, la cita con el damnificado es obligada:

> Si vienes a París, o si yo tengo más tiempo, podremos hablar de Cuba; me quedé allá hasta el 9 de febrero, y acumulé muchas más experiencias que en mi primer viaje. Volví contento, porque creo que los males están infinitamente por debajo de los bienes, y que aquello sigue adelante como un torrente. Creo también que nuestra presencia en el Consejo fue útil para los amigos cubanos, y que por ejemplo un hombre tan estupendo como Ambrosio lo pensará dos veces antes de escribir irreflexivamente como lo había hecho a propósito de Fuentes. A este tengo que verlo pronto, y lo pondré al tanto de esa cuestión; también veré a Monegal, pero supongo que este no tendrá demasiadas ganas de hablar luego de la tremenda «destapada de olla» que ha habido estos días en torno a la CIA. Creo que las sospechas de los cubanos se vuelven aplastantes después de una cosa así. Pensar que la Asamblea Mundial de la Juventud estaba subvencionada por la CIA, y que Aurora les hizo traducciones en otro tiempo... La verdad es que hay que andarse cada vez con más cuidado en ese terreno.
>
> Postdata: Te dan como seguro ganador del «Rómulo Gallegos». Sería fabuloso; podrás vivir mucho tiempo sin trabajar, sin trabajar, sin trabajar. Lo seguiría escribiendo hasta el final de la página. Ojalá, coño.

> (Princeton C.0641, III, Box 6)

Yo te quiero, «Libre»

En 1983, en el tercer volumen del también ternario *Tríptico* de Silvio Rodríguez, aparece la canción «Yo te quiero libre». Para esas fechas ya nadie creía en la libertad en Cuba, excepto Silvio, por supuesto, que seguía viviendo «en un país libre, cual solamente puede ser libre». Pero en la época de las polémicas con las revistas, todavía había quienes pensaban que en Cuba había un espacio inmenso, más grande que la misma isla, para la libertad. Tan inmenso, que no les pareció nada bien que hubiera un grupo de intelectuales que, a pesar de estar absolutamente alineados con la causa cubana, crearan una revista denominada *Libre* ya que, al parecer, la prerrogativa de esa palabra no podía salir de los cuatro muros de las fauces cubanas. Así dice la canción de Silvio:

> Yo te quiero libre, libre y con amor,
> libre de la sombra, pero no del sol,
> Yo te quiero libre, como te viví
> libre de otras penas, y libre de mí.
>
> La libertad tiene alma clara
> y solo canta cuando va batiendo alas
> vuela y canta, libertad.
> La libertad nació sin dueño,
> y yo quién soy para robarle cada sueño
>
> Yo te quiero libre y con buena fe
> para que conduzcas tu preciosa sed.
> Yo te quiero libre, libre de verdad
> libre como el sueño de la libertad.
>
> La libertad nació sin dueño,
> y yo quién soy para robarle cada sueño,
>
> Yo te quiero libre como te viví,
> libre de otras penas, y libre de mí.
>
> (S. Rodríguez, «Yo te quiero libre»)

Magnífica canción, cuya melodía es netamente superior a la letra. Es una lástima que aquí solo podamos escribir el contenido, pero cada cual es libre de acudir a la dirección: <http://www.youtube.com/watch?v=BE6J_CjkWvY&feature=related> y escuchar una estupenda versión. La verdad de la verdad es que, lastime a quien lastime, la libertad «nació sin dueño, y yo quién soy para robarle cada sueño», como dice Silvio. Si los cubanos que ostentan el poder, que tan orgullosos están de su cantautor oficial, creyeran lo que dice, no deberían haber puesto tantas cortapisas a la evolución de la revista *Libre,* a la que no podían, —esta vez no—, tildar de deudora de la CIA, ni promotora de contrarrevolucionarios. Los que hicieron la revista podían haber utilizado el título de la canción de Silvio, con una coma delante de la última palabra, que iría además en mayúsculas y en cursiva. Si la libertad nació sin dueño, ¿por qué se empeñaban los de *Casa* en erigirse en los únicos depositarios de la verdad y el espíritu revolucionario? ¿Por qué trataban de ahogar iniciativas que no solo no contradecían lo que ellos afirmaban, sino que además apoyaban clara y abiertamente sus ideas y actitudes revolucionarias? ¿No sería que ellos eran quienes, o al menos así lo creían, robarían el sueño a todo aquel que soñara libremente? Ironías de la historia.

Lo cierto es que *Libre* nació, y dio que hablar. En los momentos de mayor efervescencia literaria latinoamericana en Barcelona, Plinio Mendoza, que vivía en Palma de Mallorca, se sentía frustrado porque ganaba poco dinero y la vida cultural de la isla era mínima, mientras que sus amigos Gabo y Mario eran novelistas de éxito en la capital cultural, por entonces, de la lengua española. En una de las visitas que Plinio hizo a sus amigos de Barcelona, le entró un desasosiego tal, que su mujer se lo notó enseguida a la vuelta, y decidieron intentar el traslado a la Ciudad Condal. Plinio escribió a su amigo Gabo para que le consiguiera un trabajo a destajo en una agencia de publicidad o algunas traducciones para salir del paso e instalarse. Y el colombiano, que «nunca ha fallado» como amigo a Mendoza, y «nunca ha pasado por alto un SOS» (Mendoza 2000: 180) que Plinio le haya hecho llegar discretamente, le consiguió el nombramiento de coordinador de la revista *Libre,* que iba a comenzar en París y llevaría temas latinoamericanos.

En 1970 se habían reunido muchos de los intelectuales comprometidos con Cuba, y preocupados por algunos aspectos en la evolución de la política cultural cubana, decidieron fundar esa revista. Los animaba el deseo de formular la exigencia revolucionaria, pero en un tono crítico, para mejorar lo que ellos pensaban que se estaba torciendo, y reforzar la posición de los intelectuales. En el consejo editorial había personas tremendamente vinculadas con Cuba durante los sesenta, pero que en los comienzos de los setenta habían levantado alguna voz crítica por los abusos contra la libertad de los intelectuales en Cuba: Ariel Dorfman, Mario Vargas Llosa, José Donoso, Octavio Paz, Jorge Edwards, Severo Sarduy, Claribel Alegría, Teodoro Petkoff, Ángel Rama, Juan Gelman, Enrique Lihn, etc. El problema grave fue que, nada más comenzar su andadura, ocurrió el caso Padilla, y *Libre* sacó un dosier con bastantes documentos al respecto, y en el número siguiente, un gran debate sobre «libertad y socialismo». Los firmantes, casi todos socialistas y revolucionarios, eran a la vez amantes de la libertad, pero eso en Cuba fue interpretado como una ofensa. De hecho, Cortázar y Vargas Llosa habían pedido, en una reunión de la revista *Casa,* apoyo moral para su nueva revista, pero desde el comienzo fueron vistos con ojos suspicaces.

Plinio recuerda su llegada a París, la oficina de *Libre* en el local de una antigua mercería, ruinoso, en un barrio lleno de inmigrantes árabes, el número 22 de la rue de Bièvre, donde vivió durante algún tiempo Mitterrand antes de ser elegido presidente de Francia. Se veía a diario con Juan Goytisolo, el alma del proyecto, activo e incansable, tratando de convocar al mayor número posible de escritores de prestigio. Juan había conseguido el apoyo financiero de una dama misteriosa, que había sido anteriormente mecenas de un periódico de Sartre, y que tenía muchísimo dinero al ser heredera de las minas de estaño de los Patiño, de Bolivia. En la reunión para crear la publicación estaban García Márquez, Vargas Llosa, Cortázar, Carlos Fuentes y algunos otros escritores, y fue Gabo quien primero habló para proponer a Plinio como coordinador. Todos estuvieron de acuerdo menos Octavio Paz, que vio en la propuesta de Gabo no una idea seria, sino una forma de proteger a un amigo venido a menos. Pero el nombre de Plinio se acabó por imponer: el colombiano recogió los corotos otra vez y llegó a París. Una vez allí, tuvo que entrevistarse con «la señora» (así la llamaba Goytisolo), Albina du Boisrouvray, muy diferente a la rancia aristocracia con la que pensaba toparse. Así narra su primera cita con ella:

> Encontré una casa en el 102 rue du Bac donde zumbaban en la planta baja máquinas de escribir; encontré también una escalera que llevaba a un piso superior y al abrir la puerta que abajo me habían indicado, pensé que había cometido un error, pues allí estaba, acostada en su cama, con una caja de *kleenex* al alcance de la mano por culpa de un resfrío, una mujer joven, bonita, trigueña, de largos cabellos oscuros y de grandes ojos de un luminoso color champaña.
>
> —¿Tú eres Plinio? —me dijo en español con un leve acento que no era francés, sino italiano, nada gutural y todo mandolina.
>
> Albina es una de esas raras mujeres de negocios —si así debe llamarse a una conocida productora de cine— que tiene una frágil e inquietante feminidad.
>
> —Chorrea feminidad por todos lados —me dijo alguna vez García Márquez, después de que almorzamos los tres. Y es cierto, le chorrea como la miel en el flanco de un odre, y uno no sabe a qué atribuirlo, si a su lado latinoamericano o a una infancia protegida, sin las asperezas que forman el carácter de las mujeres europeas de la sociedad industrial.
>
> (Mendoza 2000: 185-186)

Entre las actividades de esos días, Albina debía llamar a Brigitte Bardot y citarse el jueves con Alain Delon. Cuenta Plinio que utilizaba dos chequeras, que tenía por entonces una visión romántica de América Latina, como gran parte de la izquierda europea de entonces, que había realizado un extenso reportaje sobre la muerte del Che para la revista *Nouvel Observateur,* y había sentido, viendo la bala que lo mató, la cólera por la «muerte decretada por las altas instancias de la CIA» (Mendoza 2000: 187). Albina abrió una cuenta, depositó fondos muy generosos y firmó todos los cheques que ellos quisieron. Ese maridaje duró dos años. Cuando arreciaron los puñales, desde una parte de la izquierda latinoamericana, ella se lamentaba y le confesaba a Plinio: «Dime —me decía con los ojos llenos de estupor—, ¿por qué nos atacan? ¿No somos acaso todos de izquierda?» (Mendoza 2000: 188).

En febrero de 1971, hubo una reunión en Barcelona para definir las orientaciones de la revista, con Plinio, Mario, Julio y Gabo. Pero Julio tenía sus reservas, porque no quería incluir nada que pareciera, de lejos, un «pero» a la política cultural cubana. Eso fue muy duro para el consejo de redacción, que resoplaba cada vez que el argentino aparecía por las oficinas, como advierte Mendoza:

> Durante los meses que precedieron la aparición de *Libre,* Julio iba a resultar particularmente difícil, a veces conflictivo. Yo no acababa de entender todavía la causa de sus repentinos virajes, de sus cambios de humor. Viéndolo aparecer a veces con un gorro de piel y unas barbas y botas de cosaco, tan grande que no cabía en nuestra minúscula oficina, saludándonos siempre con mucho afecto, uno tenía la impresión de encontrarse con un gigante con algo de niño, irradiando amistad y calor. Pero bajo toda la capa de azúcar de sus saludos y palabras uno se encontraba de pronto con la almendra dura y amarga de un recelo inexplicable, que se expresaba en nuevas exigencias, en prevenidas condiciones de última hora y en la siempre latente amenaza de retirar su nombre del comité de redacción.
>
> (Mendoza 2000: 188-189)

Aunque el comité siempre cedía a sus embates, aparecía con más modificaciones, dando la impresión de que ya estaba arrepentido de haber comenzado esa aventura, y exigía a cada paso que hubiera una declaración política, explícita, de respaldo a la Revolución Cubana. Plinio tiene la sospecha de que esa posición intransigente, en la etapa crepuscular de su vida, se debía a la influencia que ejercían sobre él su segunda esposa, Ugné Karvelis, y Aroldo Wall, el contacto permanente con Prensa Latina y la isla. Finalmente, Plinio tuvo que escribir esa declaración política a favor de la revolución, que fue aprobada por Julio con el cambio accidental de dos palabras. Sin embargo, algunos de los que defendían férreamente la política de *Casa,* como David Viñas, se opusieron desde el principio al crecimiento de una propuesta que «traían Cortázar y Vargas Llosa desde Europa» (Viñas 1971: 23).

Además de ese nacimiento ya conflictivo, Gilman señala algunas «debilidades» con las que, según ella, vio la luz la revista. En primer lugar, el hecho de haber sido alumbrada en París, en el momento más álgido del debate que enfrenta a lo europeo y lo latinoamericano. Luego, la concurrencia de escritores de muy diversas nacionalidades, no solo los latinoamericanos. También, el hecho de que se convirtiera en un foco de irradiación de la diáspora española, fruto del férreo franquismo (los Goytisolo, Semprún, Vázquez Montalbán, etc.) (Gilman 2003: 282). Pero quizá, lo más molesto para los cubanos, fue la presencia de dos figuras como Severo Sarduy y Carlos Franqui, más que las de Edwards, que ya era «persona non grata» en Cuba, o Petkoff, que se había desmarcado de los comunistas venezolanos y había criticado la invasión checa. La colaboración de Cabrera Infante, a la postre, sería la peor provocación a los revolucionarios. Otro hecho que debió de enojar a los cubanos fue, como dice Gilman, su oposición «al antiintelectualismo severo que emanaba de los propios intelectuales de la Revolución y que solo aceptaba la figura del intelectual si este aceptaba un rol subordinado respecto de las instituciones del Estado y la dirigencia de la revolución» (Gilman 2003: 285). De hecho, en el primer número, el editorial era muy claro, en contra de los sectores «cuya idea del compromiso del escritor» tiene algo de «castrense cuando no de burocrático». Propugnaban claramente la libertad de creación, lo que en Cuba podía achacarse a una falta de compromiso y un individualismo burgués de la peor calaña. Pero los de *Libre* defendían los proyectos socialistas de América, y no solo el cubano: también eran partidarios del gobierno de Allende en Chile, de Velasco Alvarado en Perú, el análisis del MAS de Petkoff en Venezuela, etc. Sin embargo, Retamar llegó a compararlos con los de *Mundo Nuevo* en su *Calibán,* pues estaban, según él, los mismos, y eran también financiados por la CIA (Retamar 1980: 264), y hablaba también de un relevo generacional: tras Monegal habían llegado los Fuentes, Infante, Sarduy y Goytisolo. Pero los paralelismos de Retamar eran impostados y mal traídos a colación. Las únicas coincidencias eran la continuidad en el tiempo: cuando murió una (abril de 1971) nació la otra (septiembre de 1971), y la filiación parisina. Por ejemplo, en la primera no escribían los mejores intelectuales de América Latina, en la *Libre,* sí. En segundo lugar, la presencia de nombres muy identificados con Cuba, como Cortázar y Rama. Y, finalmente, la calidad de los artículos. Por otro lado, en *Libre* hubo un acuerdo tácito de que los escritores hablaran de literatura y los políticos de política, así se salvaguardaba la independencia del escritor frente a los dogmatismos machaconamente revolucionarios.

Ahora, lo que parecía un proyecto bien planteado, lleno de figuras y todas en su sitio, duró solo dos años, mientras que *Casa* va en 2008 por su número 251, y su página web ya la querrían muchas publicaciones periódicas del primer mundo. Es decir, goza de buena salud, y ha sobrevivido, como Castro, a todos sus adversarios. El último número de *Libre,* para colmo, trataba de congraciarse con los cubanos a través de una crónica de una conferencia de prensa en París hecha por autoridades culturales cubanas. Allí estaban Juan Marinello, José Antonio Portuondo, Cintio Vitier, etc. De ellos decía la crónica: «Según las respuestas, formuladas de manera clara y directa, la revolución no privilegia ninguna forma artística, no pretende imponer recetas. No hay una estética oficial considerada como dogma imperativo. La revolución no reclama un arte exclusivamente militante sino, ante todo, expresiones de alto nivel artístico. Se intenta no solo elevar el nivel de la producción cultural, sino también hacerla extensible a todo el pueblo» (Yurkievich 1972: 140).

Y el autor de la crónica, el escritor, crítico y profesor argentino Saúl Yurkievich, radicado en París, acababa concluyendo que lo expresado en esa conferencia revelaba un compromiso de la revolución para con sus escritores, artistas e intelectuales. Hasta ahí todo bien, pero las últimas líneas de la crónica fueron también las de la revista, quizá porque Yurkievich tocó un tema que era tabú para los cubanos de entonces, y lo sigue siendo ahora, a juzgar por la mala baba que algunos de los insulares expulsan contra los que dirigen y colaboramos en la revista actual *Encuentro de la cultura cubana,* la cual, por supuesto, desde su pacato y estrecho puntito de mira, está también financiada por la CIA. Terminaba el argentino: «Queda por esclarecer la relación con los latinoamericanos en el exilio. Hago votos por el total restablecimiento de un diálogo mutuamente respetuoso, por el pasaje de la invectiva al análisis, del enervamiento a la crítica constructiva, coincidente en los principios y tolerante con respecto a las posibles divergencias en las prácticas» (Yurkievich 1972: 142). La Habana venció a París por K. O. en el cuarto asalto, pues no hubo un quinto número de *Libre*. Por fin, *Casa* quedó libre de *Libre,* diciéndole, a lo Silvio, que «la libertad nació *con* dueño, y yo *sí* soy quién para robarle cada sueño».

7
CUANDO EL *BOOM* HIZO «BOOM»:
EL CASO PADILLA
(PRIMERA PARTE: EL PREMIO: 1968)

Hay quienes piensan que el *boom* fue exclusivamente un montaje comercial. Nada más lejos de la realidad, aunque también hubo de eso. El *boom* fue una coincidencia de muy buenos autores y muy buenas obras en un momento determinado pero, sobre todo, un factor extraliterario que marcó un punto de unión entre ellos y una razón para encontrar héroes donde solo había gente corriente: la Revolución Cubana, como hemos visto hasta ahora. Pero aquello no podía ser eterno. Los congresos latinoamericanos de los años sesenta, las reuniones en Cuba en torno a los premios o los comités de redacción de la revista *Casa,* etc., aglutinaban a un número elevado de personas alrededor de una causa común y le daban un aire de cohesión. Y como en todas las vías gregarias de la humanidad tiene que haber unos líderes, aquí también los hubo. Los Lennon y McCartney ya sabemos quiénes eran (Carlos Fuentes también participó de la *macarnidad* y el *lenonismo* de Gabo y Mario), pero también hubo un George Harrison, bohemio, imaginativo e inocente (Julio Cortázar), y un Ringo, que se aprovechó de la fama de los demás para colarse en el grupo (José Donoso), y un George Martin (productor de los Beatles) que los llevó por la senda de la fama y los hizo de oro (Carmen Balcells). Hubo asimismo escarabajitos o escarabajotes, es decir, *beatles,* que más bien fueron moscardones incordiantes peleados con muchos de ellos, y a veces intrigantes hasta el paroxismo, como Guillermo Cabrera Infante; o *beatles* simpáticos y campechanos, como Jorge Edwards.

Hasta hay quien dice que hubo una Yoko Ono, la encargada de destrozar la amistad de los del grupo, y hacer saltar por los aires la historia de la cultura pop más bella de todos los tiempos, que en el caso literario pudo ser Ugné Karvelis, la segunda esposa de Julio Cortázar quien, según comenta Plinio Apuleyo Mendoza, hermano de Soledad e íntimo de Gabo, era, «contra toda lógica política, incondicional de los cubanos, o actuaba en todo caso en perfecto acuerdo con ellos» y ejercía «sobre Julio una influencia muy grande en aquel momento», «con su oscura vehemencia, exacerbada a veces por algunos vasos de *whisky»,* «sembrando pacientemente recelos en ese nuevo jardín de los candores de Cortázar» (Mendoza 2000: 190-191). Pero también pudo haber otras Yoko, más cercanas al cogollito del *boom.* Y, por supuesto, el caso Padilla, verdadera Yoko con mayúsculas.

UN DELANTERO EN FUERA DE JUEGO

El proceso del poeta Heberto Padilla dura desde 1968 y su sombra, muy alargada, se estira hasta 1971. En esos tres años, descubriremos, por encima de fiestas, reuniones, borracheras y horas de soledad frente al papel en blanco, *who's who.* Los del *boom* se quitarán la careta, y ya nada será igual que antes, ni siquiera la férrea amistad entre Gabo y Mario. La estirpe empieza a sacar a la luz las colas de cerdo. En 1968, el libro de poemas *Fuera del juego,* obtuvo el premio de poesía Julián del Casal, uno de los más importantes de Cuba. En el jurado había tres poetas cubanos de mucho prestigio (Lezama, Tallet y Manuel Díaz Martínez) y dos escritores extranjeros, César Calvo, poeta peruano que vivió un tiempo en Cuba, totalmente identificado con la revolución, y J. M. Cohen, traductor de Gabo, Fuentes, Paz, Borges y otros al inglés. Padilla gozaba, por entonces, de una reputación literaria y política más que positiva. Pertenecía a la primera generación de la revolución, junto con Retamar, Pablo Armando Fernández, Manuel Díaz Martínez, etc., y ostentaba cargos políticos de gran calado. Carlos Barral cuenta por extenso en el tercer volumen de sus memorias, su primer encuentro con él en 1963, cuando Padilla lo invitó, como responsable de una alta empresa estatal (lo llama incluso viceministro) para importación de libros e instrumentos de cultura. Describe su primera noche allí como un rosario de fiestas, bailongos y copas. Al poeta lo describe así:

> El muy literario Padilla sí que era en cambio más político que literato. Desde el primer día todos sus gestos me parecieron calculados y la negociación de los detalles de nuestra operación más bien un minucioso ceremonial diplomático.

> (Barral 2001: 603)

Entre sesión y sesión de análisis del catálogo editorial, y después de reuniones y comidas con ministros y burócratas, Padilla lo paseaba por las nuevas instituciones populares, sedes de asociaciones de escritores, residencias de becarios, y otros logros de la revolución, muy orgulloso de todo lo que mostraba, pero incapaz de distinguir entre la «verdad y el embuste oportuno» (Barral 2001: 604). Barral estuvo en enero de 1968 en el famoso Congreso cultural de La Habana, y coincidió otra vez con Padilla, poco antes del problema surgido con el premio. Dice el catalán que, en ese momento, «el dirigismo en materia cultural resonaba con descaro en todos los discursos y hasta en la conversación casual con quien quiera que tuviese alguna responsabilidad política o verdadera influencia» (Barral 2001: 614). Y añade que ese evento fue el «funeral de una literatura hasta entonces tolerada», y que el lema «Contra la Revolución nada» de Castro tendría desde ese momento «una lectura absoluta y públicamente proclamada. No habría más que literatura de uso político». Padilla, según Barral, ya lo advertía: los escritores y pensadores «serían íntimamente espiados, constantemente vigilados» (Barral 2001: 615). Y llegó el premio. Poco antes, el poeta había criticado duramente el libro *Pasión de Urbino,* de Lisandro

Otero, quien había aspirado al premio de Barral en 1964, el Biblioteca Breve. Pero en esa ocasión lo había ganado Cabrera Infante con *Tres tristes tigres*. Padilla, claramente molesto con el dirigismo, ponía el dedo en la llaga: el libro de Cabrera era maravilloso y el de Otero, por entonces vicepresidente del Consejo Nacional de Cultura, mediocre, pero en Cuba Cabrera ya no existía, y Otero era ensalzado como un gran escritor. Concluía Padilla: «En Cuba se da el caso de que un simple escritor no puede criticar a un novelista vicepresidente sin sufrir los ataques del cuentista-director y los poetas-redactores parapetados detrás de esa genérica *la redacción*» (Goytisolo 1983: 15).

Tal como estaba la situación en Cuba, no es de extrañar que Padilla perdiera su trabajo. Así fue, ya que hacía tiempo que Cabrera se había ido del país y criticaba abiertamente la política castrista. Goytisolo expresa la consternación por lo que estaba pasando:

> El 8 de noviembre de 1968, hacia las dos y pico de la tarde, había bajado como de costumbre al bulevar de Bonne Nouvelle a estirar un poco las piernas y comprarme *Le Monde,* cuando una crónica del corresponsal del periódico en Cuba llamó bruscamente la atención: «El órgano de las Fuerzas Armadas denuncia las maniobras contrarrevolucionarias del poeta Padilla». El artículo, firmado con las iniciales de Saverio Tutino —enviado especial asimismo de *Paese Sera*—, reproducía algunos pasajes de la filípica de *Verde Olivo* contra el poeta, a quien acusaba no solo de un catálogo de provocaciones literario-políticas, sino también —lo cual era mucho más grave— de haber «dilapidado alegremente los fondos públicos durante la etapa que había dirigido Cubartimpex». Según el autor del editorial, Padilla encabezaba un grupo de escritores cubanos que se dejaban arrastrar por el sensacionalismo y las modas foráneas «creando obras cuya molicie se mezcla a la pornografía y la contrarrevolución».
>
> (Goytisolo 1983: 15)

Y los altos cargos intervinieron, como es lógico. Poco antes de la proclamación del fallo del jurado del polémico premio, Raúl —hoy flamante sucesor de su hermano, como si de una línea monárquica se tratara— había hecho circular el rumor de que si se daba el premio a Padilla, escritor contrarrevolucionario, iba a haber «graves problemas» (Díaz Martínez 1997: 90). Asimismo, la obra de un autor considerado como revolucionario hasta la fecha, Antón Arrufat, titulada *Los siete contra Tebas,* ganador del Premio Nacional de Teatro de la UNEAC (Unión de Escritores y Artistas de Cuba), fue considerada como contrarrevolucionaria. Pero el jurado no estimaba la obra de Padilla como opositora o molesta, sino solo crítica. Algunos poemas eran elocuentes, como el conocido «En tiempos difíciles», donde el poeta dice que en esos tiempos duros al hombre le pidieron su tiempo, las manos, los ojos, los labios, las piernas, el pecho, el corazón, los hombros, la lengua, etc., y le dijeron que ese sacrificio era imprescindible. Y, después de todo eso, le dijeron que echara a andar, porque en tiempos difíciles esa era la prueba decisiva. Ese poema, ciertamente, hirió la sensibilidad del aparato, sobre todo por tratarse de un autor que había sido tan bien tratado por el régimen y había ocupado puestos de altísima responsabilidad. Pero lo que más molestó, sin duda, fue la alusión a Fidel Castro, en el poema titulado «A veces», donde dice que a veces es necesario que un hombre muera por un pueblo, pero lo que jamás puede ocurrir es que todo un pueblo muera por un hombre. De nada le sirvió que en el mismo libro hubiera palabras elogiosas para muchos de los «logros» de la revolución.

A pesar de la polémica, y de que desde arriba se trató de que el jurado del premio revocara la decisión, la UNEAC aceptó la decisión soberana de los poetas y premió a Padilla y Arrufat, pero no dio a los autores de los libros galardonados la visa para viajar a Moscú ni los mil pesos que estipulaba el premio. En el caso de Padilla, en la publicación se le obligó a agregar al poemario un texto oficial donde se le acusaba de connivencia con el imperialismo del Norte, hipócritamente basado en criterios «artísticos»: «Nuestra convicción literaria nos permite señalar que esa poesía y ese teatro sirven a nuestros enemigos, y sus autores son los artistas que ellos necesitan para alimentar su caballo de Troya a la hora en el que imperialismo se dedica a poner en práctica su política de agresión bélica frontal contra Cuba» (Casal 1971: 62). No se sabe cómo una convicción literaria puede entrar en ese tipo de debates ideológicos; lo que está claro es que la molestia no fue «literaria» o «estética», sino estrictamente política: «La Dirección encontró que los premios habían recaído en obras construidas sobre elementos ideológicos francamente opuestos al pensamiento de la Revolución» (Casal 1971: 58), por eso, los responsables máximos de la UNEAC rechazaron «el contenido ideológico del libro de poemas y de la obra teatral premiados» (Casal 1971: 63).

Las acusaciones contra Padilla iban por el lado de la «desgana revolucionaria», el «criticismo», «ahistoricismo», «la defensa del individualismo frente a las necesidades sociales» (Vázquez Montalbán 1998: 344), y la «falta de conciencia con respecto a las obligaciones morales en la construcción revolucionaria» (Ette 1995: 233). Curiosamente, las dos obras polémicas se publicaron (era requisito del premio), pero ni fueron distribuidas, ni vendidas en librerías, y solo se difundieron clandestinamente. Hoy, conseguir una primera edición de *Fuera del juego* constituye la posesión de un verdadero tesoro, más por las circunstancias dolorosas que rodean su publicación que por su calidad literaria, que es también sobresaliente. Nosotros estuvimos en la casa donde Padilla vivió en Princeton, nada más salir de Cuba, muchos años después, y también nos vimos en Alabama, el último lugar donde impartió clases, y donde murió en el año 2000. Allí precisamente nos dedicó un ejemplar de la primera edición de su poemario, que guardamos como oro en paño.

EL EQUIPO SOMOS ONCE

Casi siempre que se entrevista a un delantero que ha sido héroe de un partido de fútbol, que ha metido el gol de la victoria porque no estaba en «fuera de juego», suele manifestarse cauto o falsamente modesto, al señalar que esa victoria se debe no solo a su gol, sino a la labor de todo el conjunto. En los años ochenta se hizo famosa una frase de Emilio Butragueño, «el Buitre», delantero del Real Madrid el cual, siempre que elogiaban sus goles, contestaba: «El equipo somos once». Sin una buena defensa, de nada sirven los goles del delantero. Padilla estaba fuera del juego, pero en la retaguardia rondaban piezas muy correosas, ávidas de libertad, que enseguida hicieron notar su voz. La noticia corrió de boca en boca y escandalizó a todos los intelectuales con un poco de sentido común. Goytisolo fue uno de los primeros movilizados, que trató de organizar la defensa con los pesos pesados del *boom,* amigos del buró político cubano: «Por consejo de Franqui me puse en contacto con Cortázar, Fuentes, Vargas Llosa, Semprún y García Márquez, y, desde el despacho de Ugné Karvelis en Gallimard, intenté comunicarme telefónicamente con Heberto. Ante la inutilidad de mis llamadas —su número nunca contestaba—, resolvimos enviar un telegrama firmado por todos nosotros a Haydée Santamaría en el que, tras declararnos consternados por las acusaciones calumniosas contra el poeta, manifestábamos nuestro apoyo a toda acción emprendida por la Casa de las Américas en defensa de la libertad intelectual. La respuesta telegráfica de Haydée —recibida dos días más tarde— nos llenó de estupor». Y más adelante, reproduce Goytisolo una parte del telegrama de la directora de la Casa de las Américas: «Inexplicable desde tan lejos puedan saber si es calumniosa o no una acusación contra Padilla. La línea cultural de la Casa de las Américas es la línea de nuestra revolución, la Revolución cubana, y la directora de la Casa de las Américas estará siempre como quiso el Che: con los fusiles preparados y tirando cañonazos a la redonda» (Goytisolo 1983: 17).

José Miguel Oviedo, el 2 de diciembre de 1968, escribe a Mario: «Me parece muy mal lo que pasa en Cuba con Padilla, van camino al estalinismo. ¿Qué dirá Roberto? Me imagino que no participará, quisiera leer alguna declaración. Si tú y el eje Cortázar-Fuentes-Gabo traman algún texto llamando la atención sobre esto, me gustaría verlo y saber si puedo firmarlo también» (Princeton C.0641, III, Box 16). El eje Cortázar-Fuentes-Mario-Gabo ya se había movilizado antes, porque el 14 de octubre de 1968, Cortázar le escribe una carta a Mario donde le habla primero sobre el proyecto del peruano de ir a vivir a Barcelona, algo de lo que se ha enterado por Gabo, que ya vive allí, y que en las conversaciones que ha tenido con él, Mario siempre ha sido tema central y obsesivo. Al final de la carta hay una larga posdata: «Franqui, Fuentes, Goytisolo y yo estamos proyectando una carta privada a Fidel sobre los problemas de los intelectuales en Cuba. Desde luego estás incluido entre los firmantes (iría también Semprún y el otro Goytisolo, nadie más, para que la cosa tenga impacto; ah, Gabo también, claro. Cuando el borrador esté listo, te lo mando para que nos digas si estás de acuerdo y si la firmas. GUARDA TOTAL RESERVA SOBRE ESTO. Se trata de conectarse mano a mano con Fidel, evitando la publicidad, que es inútil y contraproducente. Ya te escribo pronto sobre esto)» (Princeton C.0641, III, Box 6).

La inocencia del argentino llega hasta esos límites: piensa que su influencia en las altas esferas es tal, que no solo va a comunicarse con Fidel de tú a tú, sino que además ellos pueden influir en las decisiones del dictador. Esa carta se escribió, y Mario la recibe para dar su visto bueno, el mes siguiente. Dice Cortázar en otra misiva del 3 de noviembre a Mario:

> Se trata ahora de la carta que encontrarás adjunta, y que hemos preparado Fuentes, Goytisolo y yo, basándonos en una serie de informaciones fidedignas que nos han llegado últimamente [...]. Hemos pensado que de ninguna manera debía ser una carta abierta, sino más bien un pedido de información. Y que sólo debían firmarla unos pocos escritores amigos de Cuba y bien conocidos en cualquier parte.
>
> Creo que las cosas son lo bastante graves como para que no podamos quedarnos callados. En enero me encontraré contigo en La Habana, para la reunión de la revista, y probablemente allí tendremos la respuesta a esta carta; en todo caso es lo que espero.
>
> Como no se puede perder tiempo, te ruego que la firmes, si estás de acuerdo, el original y las copias [...]. La idea es enviar el original a Fidel de manera oficial, es decir a través de la embajada de París y dirigida a Raúl Roa, y las copias a Haydée, Dorticós, Celia Sánchez y Llanuza; el objeto de esas copias es hacer conocer lo suficientemente, entre esas personas «clave», nuestras inquietudes, y conseguir así una respuesta o un cambio de actitud, según sea el caso.
>
> Por favor, firma inmediatamente las cartas y envíalas a Gabriel García Márquez. Este nos las devolverá a París, desde donde sal-

drán para La Habana. Hubiéramos querido, Fuentes y yo, hacerte llegar un borrador para que lo aprobaras previamente, pero la cosa urge y consideramos que estarás de acuerdo con la redacción de la carta; por supuesto, si no es así, avísanos [...].

Queda entendido que le envías todo a Gabo, para ganar tiempo; él ya está avisado por Fuentes y nos remitirá las cartas a París en seguida.

(Princeton C.0641, III, Box 6)

El ambiente se caldea, sube la temperatura y los intelectuales forman su línea defensiva con contundencia, pretenden marcar bien a cada jugador del equipo que viste de verde olivo: Celia Sánchez, una de las mujeres guerrilleras de la Sierra, amante de Fidel hasta su muerte, en 1980; Haydée, por supuesto, otra de las guerrilleras, directora de Casa; Dorticós, que fungió como presidente de Cuba hasta 1976, etc. Como se ve, cuentan con Gabo, que hasta la fecha ni ha ido a Cuba ni se ha declarado de un modo vehemente tan comprometido como los demás. Diez días más tarde, el 13 de noviembre, Carlos Fuentes escribe a Mario desde Barcelona, donde ha estado con Gabo, el cual le ha leído una carta del peruano, en la que habla de todos los problemas que asolan la realidad latinoamericana, incluido el de la libertad de expresión de los intelectuales en Cuba y, más concretamente, el de Padilla. Fuentes repasa todos esos temas:

Te escribo urgido por una verdadera necesidad de comunicación —lo que dices concuerda tanto con mi propia impresión del mundo cada día más terrible que nos ha tocado—. Vengo de Madrid, de ver a mi padre. La campaña de delaciones en México solo es comparable a épocas negras en la Italia de Mussolini. Elena Garro, la ex mujer de Octavio Paz, ha denunciado a 500 intelectuales como «conspiradores contra el orden» y, específicamente, a mí y a Vicente Rojo, editor de mi cuadernito sobre París, como «instigadores a la violencia». La ejemplar renuncia de Paz a su puesto de Embajador después de la matanza del 2 de octubre en la Plaza de las Tres culturas ha desatado las furias del tambaleante PRI contra él. Esto era de esperarse; pero no que su propia hija denunciase a Octavio en una carta abierta en la que lo acusa de haber «emponzoñado» a una generación predicando el «odio a Dios y el amor a la materia» (!). [...] [mi crítica al PRI] me ha valido una campaña de vituperios encabezada por Salvador Novo (convertido en policía literario del régimen). [...] Marta Traba descubre, con la menopausia, una tardía vocación de «nacionalista» y el pobrecito Arguedas (hijo mío: solo serás buen escritor si te han devorado las pulgas, o el romanticismo de la miseria) resucita, a estas alturas, la querella entre «indianismo» y «cosmopolitismo». Pero todo esto era de esperarse, tarde o temprano. Lo doloroso, lo verdaderamente doloroso, es lo que pasa en Cuba. Esto sí me hace desesperar de mis profundas convicciones y caer en los peores lugares comunes reaccionarios: la historia se repite, el progreso es una ilusión, las naciones son incapaces de abandonar la tierra esponjosa de sus mitos de origen. [...] Heberto Padilla ha sido denunciado por *Otero, Granma* y *Verde Olivo* como contrarrevolucionario, malversador de fondos, *snob* cosmopolita y también por haber vivido en los Estados Unidos antes de la revolución (cuántas cabezas caerán si este es tipificado como crimen contra la revolución). Lo espantoso es que en el origen de todo está la vanidad herida de Otero: el crimen de Padilla es que no le gustó *La pasión de Urbino.* Enviamos un telegrama a la Casa de las Américas expresando nuestra preocupación. Haydée le contestó a Julio: «No se atrevan a juzgar desde tan lejos. Nosotros sabemos qué es la revolución y qué es la contrarrevolución. Yo, como dijo el Che Guevara, moriré por la revolución con la metralleta en la mano». El delirio, y ninguna razón. A través del caso Padilla, claro, aquellos periódicos han definido al arte revolucionario como un arte dirigido, dictado por el poder.

(Princeton C.0641, III, Box 9)

La situación en América Latina, para Fuentes, es escalofriante. La izquierda está dividida, los intelectuales caen en demagogias o actitudes deshonestas, las críticas, delaciones, acusaciones falsas, etc., se deslizan como la pólvora. El panorama es oscuro en muchos países, pero lo peor le toca a Cuba. Se nota la desesperanza de los del *boom* con respecto a la luz que muchos habían visto con la llegada de la revolución. Además, para colmo, a Mario le están lloviendo acusaciones de todo tipo porque ha aceptado dar un curso en una universidad norteamericana, y ha recibido dólares, el arma del capitalismo contra los «pobres latinoamericanos explotados». Hay, incluso, otro problema interno: algunos miembros de la estirpe del *boom* no se fían de unos tanto como de otros. Ángel Rama, por ejemplo, escribe en estos términos a Mario, el 4 de septiembre de 1968:

> Sobre lo de Cuba no sé si Fuentes y Gabo son los mejores garantes de una preocupación diligente en favor de la Revolución Cubana: hubiera preferido que lo firmaran Julio y tú, pensando en la audiencia que habría de otorgársele al pedido. Claro está que me parece excesivo culpar a Cuba por las declaraciones vergonzosas de Guillermo Cabrera, propias de señora gorda y no de un escritor. En cuanto a Heberto mis noticias dicen que no tiene problemas y que son indirecta consecuencia de las posiciones de Cabrera.

> (Princeton C.0641, III, Box 18)

¡Qué fácil es echar la culpa a Cabrera Infante del agravio a Padilla! Rama era un gran crítico literario, uno de los mejores de su época, pero se le veía el plumero ideológico a muchas leguas. Por otro lado, él se daba cuenta de que Gabo y Fuentes no estaban tan bien considerados por los cubanos como Julio y Mario, los más integrados hasta ese momento. Lo que está claro es que entre Rama y Cabrera Infante no había ni química ni física. Una carta de ese tiempo, de Calvert Casey a Cabrera, trata con bastante desdén al crítico uruguayo, sabiendo que el receptor de la misiva va a estar de acuerdo con el diagnóstico. Y en medio, uno de los viajes de Julio a Cuba, donde se demuestra que el compromiso del argentino era total, tanto, que no repara en muchos de los sinsentidos de la política cubana:

> Julio me escribió afiebrado y agotado de su viaje a Cuba y regreso vía Moscú, con misiones para preparar congresos de escritores del tercer mundo que «la Casa, Fidel y Llanusa quieren para fin de año» (sic). Quiere que vaya a París a pasar un fin de semana con ellos para hablar, claro que no iré, lo aprecio y lo respeto demasiado

a Julio para ir, ¿cómo no darse cuenta de que un hombre que habló «durante nueve horas seguidas» (sic) está profunda e irremediablemente enfermo? Pero, ¿cómo tardé yo tantos años en darme cuenta? Que el cretinito de Ángel Rama no se dé cuenta, pero Julio [...].

Algo me sospechaba yo de que después de este viaje de Julio a la Ínsula ya no podríamos vernos más, si es que queremos mantener la amistad, y eso me entristece. No, Willy, no seamos ingenuos, no ha caído en manos de Marcia y comparsa: estaba muy deseoso de esto: extraña es el alma humana, alguna vieja humillación, quién sabe, pero de donde él trae sangre y ánimos nuevos es de allí, de aquella isla cargada de odio e impotencia.

(Princeton C.0272, II, A, Box 1)

Sin embargo, algo estaba cambiando ya ese año y Mario se iba distanciando. Primero, el asunto del dinero del Premio Rómulo Gallegos; luego, la invasión de Checoslovaquia, en la que ahora entraremos; después, las críticas que recibió por aceptar contratos en los Estados Unidos, y finalmente, el caso Padilla, acabaron con la paciencia del peruano, para quien la libertad de expresión es lo más importante que hay en el hombre, por encima de la «necesidad» de la implantación del socialismo. Por eso, a partir de 1969 se va alejando de la isla, y comienza por renunciar al Comité de la revista *Casa*. Después, su compromiso con la revista *Libre* terminaría por rematar el divorcio con los cubanos. Una larguísima carta de Julio, del 31 de enero de 1969, trata de explicarle cómo están interpretando sus puntos de vista en Cuba, cómo le están atacando y cómo sus amigos han tratado de defenderlo. Ahora bien, le deja claro que su conducta «nos colocó a tus amigos en una situación más que incómoda en La Habana». Primer escollo: «Al llegar allí yo esperaba encontrarte y grande fue mi sorpresa al saber no solamente de tu ausencia, sino de tu obstinado silencio frente a los sucesivos cables que te había enviado o te estaba enviando la Casa. Recuerdas que yo había transmitido tu pedido de instrucciones a Roberto acerca de la mejor manera de viajar a Cuba; ¿cómo imaginarme, entonces, que renunciarías a último momento a ir a la reunión?» (Princeton C.0641, III, Box 6).

Segundo escollo, y más importante, porque entra en los temas calientes: «La reunión no era una tontería, y lo sabes de sobra. Frente a episodios como el de los premios de la Uneac, los ataques a Padilla y a Arrufat, los artículos de *Verde Olivo,* etc., sin contar el texto de la carta dirigida a Fidel que habías firmado junto con nosotros, me parecía y me sigue pareciendo imperioso que dejaras de lado cualquier cosa para pasar por lo menos tres días en La Habana. A eso se sumó lo que solo supe al llegar: la estupefacción, la consternación y la viva reacción provocadas por tu artículo en *Caretas.* Nadie —me apresuro a decírtelo— discutía tu derecho a oponerte a la actitud de la URSS en Checoslovaquia; nadie ignoraba, por lo demás, que yo había firmado cables y mensajes de protesta, y que acababa de pasar ocho días en Praga invitado por la Unión de Escritores. Pero en La Habana, y creo que eso no lo viste con suficiente claridad, se entendía que tus frases referentes a la actitud de Fidel eran inadmisibles por parte de alguien que, frente a problemas críticos de la revolución (el Congreso Cultural de La Habana, primero, y ahora la reunión de la revista) permanecía ausente por razones de trabajo en el primer caso y sin dar razón alguna en el segundo» (Princeton C.0641, III, Box 6).

Después le cuenta lo virulento de las discusiones, la declaración final, lo molestos que estaban por haberle mandado el billete de avión y no haber ido, y cómo se rumoreaba que lo iban a expulsar del comité, aunque gracias a la firme oposición de Julio y Ángel Rama, y algo menos firme (pero también oposición) de Roque Dalton, David Viñas y Ambrosio Fornet, la sangre no llegó al río y no se lo juzgó en su ausencia. De todas formas, la reprimenda que viene a continuación era lógica:

Es evidente que te descuidaste, y que si tenías razones para no ir, hubiera sido más que necesario que las pusieras en claro. Ahora ocurre lo de siempre: los «temperamentales» suman tu ausencia del Congreso Cultural a esta segunda ausencia, le agregan tu artículo de Lima, y la deducción es inevitable. Mi caso era análogo al tuyo, después de los cables que habíamos enviado a Haydée y el mío personal a Padilla, que cayó como una bomba en ese ambiente de pueblo chico [...]. La (ausencia) tuya no tenía razones válidas, y en cambio un silencio total a los sucesivos mensajes; hay que tener en cuenta el clima de continuo acoso en que están los cubanos, y su excesiva susceptibilidad; por eso te digo que te equivocaste tácticamente. Si no querías ir, había que explicarlo claramente; hubiera causado mala impresión, pero nadie hubiera podido imaginar que los dejabas caer para siempre.

(Princeton C.0641, III, Box 6)

Finalmente, le dice que, contestando a su pregunta, es bueno que vaya a La Habana y se explique, que todo puede arreglarse con ellos. «Creo que el clima ha mejorado, que los incidentes del tipo Padilla o Arrufat no se repetirán por el momento —aventura Cortázar—, y sobre todo que nuestra función [...] sigue siendo importante y necesaria. Nunca me arrepentiré de haber ido esta vez a La Habana, aunque mi hígado haya quedado como una criba; y volveré a ir si hay nuevos incidentes, porque es por ahora mi única manera de estar con esa revolución que, con todos sus vaivenes, me sigue pareciendo lo único que cuenta en estos años en América Latina» (Princeton C.0641, III, Box 6).

Se equivocaba Julio. Lo de Padilla no había hecho sino empezar, y en 1971 llegaría a un punto casi kafkiano. Y los cinco años siguientes al caso Padilla serían los más represivos, grises y repulsivos de toda la historia de la intelectualidad cubana, desde los tiempos de José María Heredia y José Martí. Curiosamente, en enero y febrero de 2007, mientras asistíamos a la Feria del Libro de La Habana, pudimos revivir *in situ* el ambiente tétrico, tan denso que se podía cortar, que provocó un programa de televisión, recordando aquel Quinquenio Gris de 1971 a 1976. Todo comenzó la noche de los Reyes Magos. A falta de regalos, porque no hay con qué (los Reyes Magos cubanos también cobran unos diez dólares mensuales, como todo hijo de vecino revolucionario), el canal Cubavisión agasajó a los cubanos con el programa *Impronta,* dedicado a los que han dejado huella en la cultura cubana. Entrevistaron a Luis Pavón Tamayo, quien presidió el temido Consejo Nacional de Cultura hasta 1976 (eufemismo de «caza de brujas» o, más bien, caza de librepensadores, homosexuales, escritores independientes, críticos, etc.), y autor directo de las purgas castroestalinistas, encarcelamientos, exilios forzosos. Ya al día siguiente hubo protestas públicas y privadas por el programa, por parte de aquellos que sobrevivieron a la represión (muchos no viven para contarla) y en pocos días el sistema cubano de correo electrónico se llenó de mensajes cruzados entre escritores y políticos. Finalmente, los primeros días de febrero, hubo una reunión de los escritores y artistas con Abel Prieto, actual ministro de Cultura, para deshacer el entuerto. Allí pudimos constatar que lo que esos escritores vivieron en los setenta fue una experiencia traumática, como nos contaban, por ejemplo, Antón Arrufat (uno de los más vilipendiados por sus antecedentes, el de la homosexualidad y el del episodio del premio junto con Padilla), Julio Travieso o Reynaldo González.

Mario reaccionó. Quizá gracias a las palabras de Julio, siempre cariñosas, aunque muy claras, y a varias conversaciones con Ángel Rama, que se encontraba en Puerto Rico por entonces. Una carta del 1 de marzo de 1969 a Roberto Fernández Retamar así lo constata. Independientemente de su desazón, que ya sería mayúscula, quiso templar gaitas y recobrar el estatus anterior, de apoyo declarado al proyecto cubano. La envió desde Río Piedras, donde se encontraba impartiendo el famoso curso sobre García Márquez. Comienza lamentando no haber asistido a la reunión de Casa, lo que ha sido erróneamente interpretado como una deserción. Pero no lo dice con la humildad del hijo pródigo que vuelve al redil, sino con la contundencia de la que hace gala constantemente, dando la cara y pisando firme:

> Aunque es verdad que no hay en mí nada de heroico, encontré fuera de lugar tus ironías sobre mi incapacidad para «el riesgo y el sacrificio» y mi negativa a «perder unos días de tu segundo semestre de residente». Tú sabes que he ido a La Habana cuatro veces, y dos de ellas en circunstancias más riesgosas y comprometedoras que la presente —durante la crisis de los cohetes, para la Tricontinental—, y que nunca he dejado de manifestar con la mayor claridad mi solidaridad con la Revolución cubana. Lo he hecho en mi

país y en los países donde he vivido o estado de paso, y mientras ustedes se hallaban reunidos, lo estaba haciendo en los Estados Unidos, en un acto público, pese a la atmósfera intimidatoria creada por la presencia en el auditorio de contrarrevolucionarios cubanos. Y lo he hecho aquí, en Puerto Rico, en la prensa y en la Universidad. Por decir lo que pienso de Cuba he sido insultado en distintos sitios, y ahora soy atacado aquí, como podrás darte cuenta por los recortes que te adjunto y que, bella ironía, aparecieron más o menos al mismo tiempo que leía tu carta.

(Princeton C.0641, III, Box 9)

A continuación, dice que le apena que él ponga en duda su lealtad, de la que se siente orgulloso, y que si no fue a la reunión es porque tuvo que realizar trabajos que tenía contraídos. Además, llamó a Cuba para decirlo y fue imposible contactar, por las dificultades que entraña la comunicación con la isla desde los Estados Unidos. También le sorprende que él haya sido motivo de discusión en esa reunión por el artículo en *Caretas* y el viaje a USA. Lo de la revista peruana refiere al tema de Checoslovaquia. Con respecto al viaje a Estados Unidos, afirma que no está en la opulencia económica, y que acepta los trabajos por necesidad y no por placer. Y que viajar allí y recibir dólares es lícito siempre que no haya una concesión ideológica (algo que, por otro lado, y eso no lo dice Mario, lo decimos nosotros, porque lo hemos visto, tanto Retamar como muchos otros intelectuales-políticos cubanos han hecho sin escrúpulos en multitud de ocasiones, llenándose de dólares los bolsillos). En fin, termina concluyendo que no vería con malos ojos que los cubanos hicieran lo mismo que él, porque en Estados Unidos hay mucha gente interesada en conocer el proyecto cubano de boca de los mismos protagonistas de la revolución, porque en muchas universidades «se está librando una verdadera batalla contra el enemigo común», y «sería un enorme estímulo para esos jóvenes que salen a enfrentarse con la policía armados con retratos del Che y de Fidel» (Princeton C.0641, III, Box 9). Para hablar de todo ello le sugiere ir a la isla en julio, cuando ya acabe sus compromisos académicos.

Julio Cortázar recibió también esa carta, y se apresuró a contestarle, el 11 de marzo, dando nuevamente sus consejos. En primer lugar, volvió a reiterarle que hizo mal en no ir y no dar señales de vida. Después, desea que le inviten en julio, aunque Mario es pesimista en ese sentido. Escribe Julio: «Espero que te equivoques y que tu impresión de que no van a invitarte a ir a Cuba no se confirme; si fuera así —y lo doy a entender muy claramente a Roberto— cometerían un gravísimo error. No porque tú vayas a cambiar de actitud frente a Cuba por una razón de este tipo, pero sí porque esas conductas no sirven más que para aislarlos cada vez más. Mañana les ocurrirá conmigo, ya lo verás, y aunque tampoco yo cambiaré en lo hondo, me sentiré muy desdichado frente a una situación semejante» (Princeton C.0641, III, Box 6).

Esta vez Cortázar fue profeta en su tierra y no se equivocó. Lo que no imaginaba es que la virulencia contra su firma en la primera carta de 1971 sería mucho más desagradable que con otros de los firmantes, dada su anterior connivencia con el régimen. Por último, Cortázar también discrepa profundamente con Mario con respecto al tema de la aceptación de un contrato en USA. Su posición es mucho más «cubana» en ese sentido:

Siempre me pareció que al firmar la anterior declaración de la revista de la Casa, en el 66 ó 67, nos obligábamos moralmente a no ingresar en el drenaje de cerebros. Creo que si hubieras venido al Congreso Cultural, donde este tema fue capital, no hubieras aceptado ir a Pullman; hace unos días tuve ocasión de decirle lo mismo a Octavio Paz, que va a Pittsburgh por tres meses. Por mi parte, rechazaré la invitación de Columbia, cortés pero decididamente, porque aunque sé de sobra las excelentes condiciones que habría allí para decir lo que se piensa (como lo dices tú de tu universidad), lo que vale hoy en Latinoamérica es la decisión *física* de no ir, puesto que en nuestros países pocos pueden saber si trabajamos con libertad o no en los USA, y en cambio sí saben de las ventajas de todo orden que los yanquis conceden a sus huéspedes culturales, y deducen como es lógico que de una manera u otra cedemos a las presiones y a los halagos».

(Princeton C.0641, III, Box 6)

LA *TANQUEMAQUIA* Y LOS VENTRÍLOCUOS

El 20 de agosto de 1968, dos mil trescientos tanques soviéticos y setecientos aviones invadieron Praga, con seiscientos mil soldados, poniendo fin al efímero período de apertura que se había llamado la «Primavera de Praga». El pueblo se manifestó contra la vuelta del estalinismo, y hubo decenas de muertes. El eslovaco Dubček, que había sido protagonista político de la «Primavera», fue llevado al Kremlin y obligado a firmar el compromiso de sumisión al nuevo orden. A su regreso, entre sollozos de impotencia y vergüenza, la radio emitió un discurso suyo donde recomendaba la claudicación para evitar un baño de sangre. Ante tal ignominia, voces del mundo entero se lanzaron en contra de los soviéticos: los partidos comunistas francés e italiano, el de Carrillo y la Pasionaria en el exilio, y en el mundo intelectual latinoamericano, la mayoría de sus protagonistas actuaron sensatamente en favor de la libertad de los checos.

Pero Fidel Castro que, como sabemos, en enero había apretado todavía más el cuello a los cubanos en el Congreso Cultural, y que luego castigó a Padilla y Arrufat, apoyó públicamente la invasión, como necesidad propia de un país que depende política y económicamente de la URSS. Desgraciadamente, ya no estaba el Che para contradecirlo. Pero no todo el bloque occidental era contrario a la invasión. Una carta de Cabrera Infante a Néstor Almendros, el 2 de octubre de 1968, demuestra cómo cierta prensa de izquierdas, *Le Monde,* coqueteaba frívolamente con algo que nunca aceptarían en su país: «Cosa curiosa, repite punto por punto los argumentos soviéticos según el noticiero ruso que vimos anoche en la tele, tratando de explicar con un maniqueísmo risible, si no fuera trágico, que la respuesta del pueblo checo a la presencia de los tanques y tropas rusos es cosa de delincuentes burgueses: y para demostrarlo procuraron fotografiar en lugares estratégicos a dos o tres pobres hippies de pacotilla, con pelo largo y pantalones estrechos: las obsesiones son debidas a las poluciones nocturnas de Brezhnev y de Fidela, que deben soñar cada noche que son asediadas por turbas de hippies y yippies que, reproducciones de Allan Ginsberg, quieren meterse en la cama de El Máximo. Pobres franceses, siempre atrapados entre las mentiras de la derecha de De Gaulle y las expurgaciones de izquierda de *Le Monde,* Sartre et al.» (Princeton C.0272, II, Box 1).

Soledad Mendoza nos relataba que el mismo día de la invasión ella estaba en Praga, en una reunión de las juventudes comunistas, y que fueron desalojados todos inmediatamente. Ella viajó a París a reunirse con Carlos Fuentes, que por entonces vivía unos meses en un apartamento de un escritor americano, en plena isla de San Luis, y le enseñó el lujo en el que, por pura casualidad, podía vivir esos meses. Fuentes iba a ser crítico igualmente con la invasión, pero Gabo y Mario lo fueron con más contundencia. El mexicano, en su libro sobre la nueva novela hispanoamericana, cuenta un viaje muy peculiar: «Cuando, en diciembre de 1968, visitamos Checoslovaquia Julio Cortázar, Gabriel García Márquez y yo, pudimos darnos cuenta de la profunda necesidad de democracia total en Checoslovaquia y de la función exacta y libre de la palabra en un sistema que, por primera vez, estaba a punto de realizar el gran sueño del marxismo. Que en nombre del comunismo, la burocracia y el ejército rusos hayan intentado asesinar ese sueño, es un crimen y es una tragedia» (Fuentes 1972: 92).

Pero el que mejor narra ese viaje es Gabo, homenajeando a Julio en su artículo «El argentino que se hizo querer por todos». Fueron en tren desde París, pues los tres eran «solidarios» en su miedo al avión. A la hora de dormir, a Carlos Fuentes se le ocurrió preguntar cuándo, cómo y a través de quién se había introducido el piano en el *jazz.* Anota Gabo: «La pregunta era casual y no pretendía conocer nada más que una fecha y un nombre, pero la respuesta fue una cátedra deslumbrante que se prolonga hasta el amanecer, entre enormes vasos de cerveza y salchichas de perro con papas heladas. Cortázar, que sabía medir muy bien sus palabras, nos hizo una recomposición histórica y estética con una versación y una sencillez apenas increíbles, que culminó con las primeras luces en una apología homérica de Thelonius Monk, no solo hablaba con una profunda voz de órgano de erres arrastradas, sino también con sus manos de huesos grandes como no recuerdo otras más expresivas. Ni Carlos Fuentes ni yo olvidaríamos jamás el asombro de aquella noche irrepetible» (García Márquez 1991: 517). Pero, yendo al grano, su opinión sobre lo que pasaba en Praga era muy crítica: «En septiembre de 1968, encendí medio dormido el receptor de radio de la mesa de noche, como obedeciendo a un presagio, y escuché la noticia: las tropas del Pacto de Varsovia estaban entrando en Checoslovaquia. Mi reacción, pienso ahora, fue la correcta: escribí una nota de repudio por la interrupción brutal de una tentativa de liberalización que merecía una suerte mejor» (García Márquez 1991: 206).

En junio de 2008 tuvimos la fortuna de entrevistar a Teodoro Petkoff, líder venezolano del MAS, y amigo de Gabo desde los primeros setenta, que ahora dirige un periódico crítico con el gobierno de Chávez. De hecho, la edición de *Tal Cual* del 5 de junio de 2008 traía en la portada un fotograma ampliado de la película *La vida de los otros,* Oscar a la mejor película extranjera en 2006, donde se ve a Ulrich Mühe con los cascos puestos escuchando lo que se dice en casa del escritor sujeto a espionaje. Y el comentario tenía que ver con la reciente «ley de inteligencia» de Chávez, que no solo permite la escucha y delación anónima, sino que va a concluir en la contratación de abundantes funcionarios que se dediquen a velar por la «pureza del pensamiento y de la expresión» de los venezolanos en todo lo referente al gobierno y al «aprendiz de Castro». De hecho, el comentario de portada bromeaba con el estreno de la película en Cuba, donde muchos comentaban, a la salida de la emisión, que no se debería titular *La vida de los otros,* sino «La vida de nosotros». Petkoff, además de crítico con Chávez y comunista convencido, es un hombre honesto que, después de haber estado en los sesenta en la cárcel por actividades violentas revolucionarias, comprendió que la vía era otra, se desgajó del Partido Comunista para fundar el MAS y supo que la única forma de intentar que el comunismo triunfara era a través del juego democrático limpio.

El periodista y político venezolano nos contó que en el inicio de su amistad con Gabo estuvo la cuestión de Checoslovaquia. Él había publicado un libro después de los aciagos acontecimientos, *Checoslovaquia, el socialismo como problema,* por el que fue anatematizado por ex colegas del Partido Comunista y por los mismos soviéticos, donde criticaba la opción rusa y se proclamaba partidario de un socialismo democrático y libre. Así las cosas, en 1970 recibió una carta, de manos de Soledad Mendoza, donde un escritor colombiano, al que Petkoff había leído en la cárcel, le decía que había devorado su libro, que estaba absolutamente de acuerdo con él y que pronto se verían las caras en Caracas. Un día de la Semana Santa de 1971, cuando Teodoro se encontraba de vacaciones en la playa, recibió de improviso la vista de Miguel Otero Silva, acompañado por un hombre de amplio bigote que se decía llamar Gabriel García Márquez, y desde ese momento se convirtieron en grandes amigos. Tanto que, interesado por el MAS y su fundador, dijo que es el único partido donde podría militar. Llegó incluso a entregar a Petkoff el dinero del Premio Rómulo Gallegos, en 1972, para que fundara el periódico del Partido, *Punto*. En una conversación reciente, en marzo de 2008, Gabo comentaba a Petkoff que Carlos Andrés Pérez, ex presidente de Venezuela, estaba escribiendo sus memorias, y pidió a Gabo que le ayudara a reconstruir algunos momentos de los años setenta. Petkoff le recordaba entonces a Gabo que él ganó el Premio Rómulo Gallegos en 1972:

—Ah, ¿yo lo gané? —bromeaba Gabo—. Ya no me acuerdo.
—Sí, y nos diste el dinero, en vez de comprarte un yate.
—¿De verdad? ¿Y quién más lo ganó? —continuaba Gabo, provocador—.
—Tu amigo Mario, jeje —Teodoro le seguía la corriente—.
—Ah, caramba...

Las declaraciones de Gabo sobre la invasión fueron contundentes: «A mí —declara a Plinio A. Mendoza— se me cayó el mundo encima, pero ahora pienso que todos vamos así: comprobar, sin matices, que estamos entre dos imperialismos igualmente crueles y voraces, es en cierto modo una liberación de conciencia» (Mendoza 1984: 112). Gabo habla incluso de sus divergencias con Fidel en ese particular. Trata de comprenderlo, sin compartir sus opiniones: «[Mi postura] fue pública y de protesta, y volvería a ser la misma si las mismas cosas volvieran a ocurrir. La única diferencia entre la posición mía y la de Fidel Castro (que no tienen que coincidir por siempre y en todo) es que él terminó por justificar la intervención soviética, y yo nunca lo haré. Pero, el análisis que él hizo en su discurso sobre la situación interna de las democracias populares era mucho más crítico y dramático que el que yo hice en los artículos de viaje de que hablábamos hace un momento. En todo caso, el destino de América Latina no se jugó ni se jugará en Hungría, en Polonia ni Checoslovaquia, sino que se jugará en América Latina. Lo demás es una obsesión europea, de la cual no están a salvo algunas de tus preguntas políticas» (Mendoza 1984: 127).

Fue, sin duda, Mario Vargas Llosa quien con más contundencia desaprobó el fin de la Primavera de Praga con los tanques soviéticos. En un artículo de la revista peruana *Caretas,* en la edición del 26 de septiembre al 10 de octubre de 1968, número 381, titulado «El socialismo y sus tanques», arremetía contra la invasión diciendo que «constituye una deshonra para la patria de Lenin, una estupidez política de dimensiones vertiginosas y un daño irreparable para la causa del socialismo en el mundo». Como ya hemos visto, Retamar lo criticó pública y privadamente, sobre todo en la carta que le dirige el 18 de enero de 1969, donde aparecen todos los temas de los que luego Mario se defiende en la suya del 1 de marzo del mismo año que ya hemos citado. Retamar le echa en cara «la condenación de la política exterior de la revolución en la revista *Caretas* de septiembre 26, 1968» (Princeton C.0641 III, Box 9). La respuesta de Mario sobre ese particular, en la carta del 1 de marzo, fue más que elocuente:

> Discrepar de la actitud adoptada por Fidel en la cuestión de Checoslovaquia no significa, en modo alguno, haberse pasado al bando de los enemigos de Cuba, como no lo es tampoco enviar un telegrama opinando sobre un asunto cultural de la Revolución. Mi adhesión a Cuba es muy profunda, pero no es ni será la de un incondicional que hace suyas de manera automática todas las posiciones adoptadas en todos los asuntos por el poder revolucionario. Ese género de adhesión, que incluso en un funcionario me parece lastimosa, es inconcebible en un escritor, porque, como tú sabes, un escritor que renuncia a pensar por su cuenta, a disentir y opinar en

alta voz ya no es un escritor sino un ventrílocuo. Con el enorme respeto que siento por Fidel y por lo que representa, sigo deplorando su apoyo a la intervención soviética en Checoslovaquia, porque creo que esa intervención no suprimió una contrarrevolución sino un movimiento de democratización interna del socialismo de un país que aspiraba a hacer de sí mismo algo semejante a lo que, precisamente, ha hecho de sí Cuba. Admito tu derecho a llamar mi protesta «risible» y «alharaca verbal», pero en cambio no entiendo por qué deduces del hecho de haber expresado yo esta opinión que me arrogo el papel de «custodio de las revoluciones del planeta» y de «juez de las revoluciones». No hay tal. No soy un político sino un escritor que tiene perfecta conciencia del escaso efecto que pueden tener sus opiniones políticas personales, pero que reclama el derecho de expresarlas libremente.

(Princeton C.0641, III, Box 9)

De qué manera más indirecta, pero clara, Mario ha llamado funcionario sin opinión propia y ventrílocuo a Retamar. No era para menos. La *tanquemaquia* no tenía sentido, si no es bajo la idea del imperialismo que Gabo ha llevado a colación en su inteligente entrevista con Plinio. El malestar era generalizado, pero solo Vargas Llosa fue blanco de las iras de casi todos. Y en algún momento también Cortázar. A Fuentes todavía no se le había hincado el diente. En una carta de José Miguel Oviedo a Mario, el 5 de abril de 1970, la situación parece casi dramática:

Esta es la parte brava de tu carta. Supe que habías llamado por teléfono a Lucho para pedirle unos artículos que ya daban la pista de lo que estaba pasando contigo y los cubanos: Checoslovaquia y el exilio. Mientras, leía en *Marcha* los venenosos dardos de Collazos (un escritorcito perfecto en su papel de testaferro) contra Julio que él, trabajosa y extensamente, contestó en dos números del semanario. En la nueva réplica a Cortázar, Collazos te ponía en feo cabe al pasar. Ignoro si la andanada ha seguido después de eso (aquí uno no se entera de nada) y si ya has merecido el honor de página aparte. También leí la extraviada y stalinista nota de Dalton sobre el artículo de *Visión*, en *Casa*, donde a todos les caía su regalito. ¿Qué está pasando? ¿Por qué ese ensañamiento con los novelistas, pero especialmente con ustedes dos, Cortázar y tú? (Porque a Fuentes, creo, lo han dejado descansar; ahora se ataca a los amigos inmediatos). No entiendo nada. ¿Les molesta el éxito? ¿O el exilio? [...]. Me parece justísimo que te defiendas, y espero ver tu respuesta en *Marcha.* Lo que sí no te recomiendo es la carta de renuncia a Haydée, por lo menos antes de tener el último «acuse de recibo» de los cubanos. Mira, es difícil explicarte mis motivos pero creo que eso sería darles la razón; hacerles pensar (y decir): «Lo que este quería era renunciar, romper con Cuba, como ya lo anunciábamos con los artículos del compañero Collazos». No les des la yema del gusto: lo que están buscando es tu renuncia. Jódeles la vida: quédate dentro hasta que te boten, si pueden y si se atreven.

(Princeton C.0641, III, Box 16)

El *boom* y Cuba empezaban a echar chispas. Por todos lados. La terminología no podía ser más guerrera. El «boom» del *boom,* sin embargo, no llegaría hasta 1971, con el *último round* del caso P(es)adilla. Mientras tanto, ese mismo año, los ya amigos se intercambiarían ideas para una iniciativa muy ambiciosa, cómo no, de Carlos Fuentes, el entusiasta, el diplomático y relaciones públicas, el negociante, el de la nariz para el éxito.

JUGANDO A SER DIOSES CON LOS DIOSES

¿A quién no le gusta codearse con los de arriba? ¿Asemejarse a los que tienen el poder? ¿Desmenuzarlos, entenderlos, incluso imitarlos? Gabo lo hizo desde que, en 1975 entablara amistad con el más poderoso de todos ellos: Fidel Castro. Pero casi una década antes, cuando el olor de Padilla todavía no apestaba en el continente, pero sí el humo de los tanques rusos, los del *boom* quisieron jugar también a las batallitas, utilizando, sin embargo, su pluma en lugar de las armas que matan. La tradición de dictadores en América Latina es solo comparable con la tradición musical, el culto a lo sagrado y a lo del más allá o a la misma lengua española. Solo que las demás batallas son placenteras y agradables, mientras que la costumbre de las dictaduras es insana y ha hecho mucho daño a millones de personas en los dos siglos de andadura independiente. Por poner un ejemplo, el caso de Cuba parece el más triste, pues a los cuatrocientos años de yugo español (Martí *dixit)*, en ciento seis años de república ha tenido tres dictadores casi ininterrumpidamente, desde los años veinte del siglo ídem: Machado (1925-1933), Batista (1952-1958), y los hermanos Castro (1959-fin de los tiempos), que acaban de cumplir, muy orondos, cincuenta años en el poder.

Pero no son solo los cubanos los caudillos relevantes que ha tenido América Latina en los doscientos años de independencia. Comenzando por figuras como Moctezuma, Juan Manuel Rosas, cabe resaltar la intuición de Juan Vicente Gómez, que era mucho más penetrante que una facultad adivinatoria. «El doctor Duvalier, en Haití —son palabras de García Márquez—, que había hecho exterminar los perros negros en el país, porque uno de sus enemigos, tratando de escapar de la persecución del tirano, se había escabullido de su condición humana y se había convertido en perro negro. El doctor Francia, cuyo prestigio de filósofo era tan extenso que mereció un estudio de Carlyle, y que cerró a la República del Paraguay como si fuera una casa, y solo dejó abierta una ventana para que entrara el correo. Antonio López de Santana, que enterró su propia pierna en funerales espléndidos. La mano cortada de Lope de Aguirre, que navegó río abajo durante varios días, y quienes la veían pasar se estremecían de horror, pensando que aun en aquel estado aquella mano asesina podía blandir un puñal. Anastasio Somoza García, en Nicaragua, quien tenía en el patio de su casa un jardín zoológico con jaulas de dos compartimentos: en uno, estaban las fieras, y en el otro, separado apenas por una reja de hierro, estaban encerrados sus enemigos políticos. Martines, el dictador teósofo de El Salvador, el cual hizo forrar con papel rojo todo el alumbrado público del país, para combatir una epidemia de sarampión, y había inventado un péndulo que ponía sobre los alimentos antes de comer, para averiguar si no estaban envenenados» (García Márquez 1991: 121).

En fin, a esta lista podrían añadirse Melgarejo en Bolivia, Trujillo en la República Dominicana, Porfirio Díaz en México, Estrada Cabrera en Guatemala, Óscar Benavides en Perú o Maximiliano Hernández en El Salvador, es decir, patriarcas de las cuatro estaciones. Con ese material, no es extraño que Gabo pudiera escribir una obra magnífica como *El otoño del patriarca,* que pretende ser un retrato robot de todos ellos. Quién sabe si la idea de Carlos Fuentes, en 1967, pudiera haber influido en el colombiano para escribir su obra maestra. El 22 de febrero de 1967, Fuentes envía a Vargas Llosa una carta en la que le confiesa:

He andado rumiando desde que hablamos aquella tarde, en *Le Cerf Volant,* sobre Wilson y «Patriotic Gore». Y sobre un libro colectivo en esa vena. Hablaba anoche con Jorge Edwards y le proponía lo siguiente: un tomo que podría titularse «Los Patriarcas», «Los Padres de las Patrias», «Los Redentores», «Los Benefactores» o algo así. La idea sería escribir una crónica negra de nuestra América: una profanación de los profanadores, en la que, v. g., Edwards haría un Balmaceda, Cortázar un Rosas, Amado un Vargas, Roa Bastos un Francia, García Márquez un Gómez, Carpentier un Batista, yo un Santa Anna y tú un Leguía... u otro prohombre peruano. ¿Qué te parece? El proyecto necesita afinarse, por supuesto, pero podríamos empezar por cartearnos tú y yo y Jorge, que está entusiasmado con la idea., y proponerla a Alejo, Julio, Augusto, Gabriel y Jorge Amado. [...]. Ten la seguridad de que el libro que resulte será uno de los de mayor éxito en la historia literaria de América Latina [...]. De los valores literarios no hablo: también el enfoque personal de cada escritor será un elemento de fascinación [...]. Verás que estoy bastante arrebatado con la idea, y por más de un motivo. Los de Gallimard, a su regreso de Túnez, me hablan del entusiasmo con el que los críticos de varias zonas idiomáticas hablaron del grupo latinoamericano. Subrayar ese sentido de comunidad, de tarea de grupo, me parece sumamente importante para lo futuro.

(Princeton C.0641, III, Box 9)

En mayo, Fuentes vuelve a hablar con Jorge Edwards sobre el tema. Parece que lo tiene muy claro, y piensa que va a ser realmente el libro del *boom.* Lo que no sabía el mexicano es que el verdadero libro del *boom* estaba a punto de ser publicado en Argentina y, lamentablemente para él, ni la idea ni la ejecución habían sido suyas. No obstante, asombra la tenacidad de Fuentes al insistir a todo el grupo en la realización de ese trabajo inmenso. Edwards se dirige a Mario: «Carlos Fuentes me habló aquí de una carta que me habías mandado a Chile con respecto al libro sobre los dictadores. Nunca la recibí. Quizás la encuentre allá a mi regreso. A Fuentes le hice ver que el caso de Balmaceda es bastante diferente al de Melgarejo o Santana. Balmaceda fue el presidente más progresista del siglo XIX chileno. [...]. Ahora he visto un libro sobre "dictadores latinoamericanos". Se habla de capítulos sobre Machado, Somoza, Gómez, etc., y junto a estos maleantes, como uno más de ellos, se menciona a Balmaceda» (Princeton C.0641, III, Box 8). Pero en julio Carlos Fuentes vuelve a la carga y escribe a Mario completamente emocionado sobre las posibilidades del tema y las gestiones realizadas, junto con los comentarios de los presuntos implicados. La carta a Vargas Llosa es del 5 de julio de 1967, y está enviada desde Venecia:

Muy querido Mario:

Regresé esta mañana de París, un poco abrumado por el trabajo (te encantará la película que hice con Reichenbach: es la prueba de la absoluta contemporaneidad de lo «primitivo» latinoamericano; corregí la traducción del libro de *nouvelles* que publicará Gallimard en enero, etc.) pero no quiero que pase un día sin ponerte al tanto de nuestro proyecto. Julio se adhirió con gran entusiasmo: un texto de veinte cuartillas de alusión al cadáver de Eva Perón. Pero el que delira con la idea es Carpentier; escogió a Machado, con una parte final introduciendo en escena al sargento Batista; en Gallimard me dicen que llama todos los días para hablar de la idea e impulsarla allí; y a mí me telefoneaba cada dos o tres días para expresarme de nuevo su embeleso. Nunca lo he visto igual. Cree que será uno de los libros capitales de nuestra literatura, y le concedo razón. Íd., Miguel Otero Silva hará un Juan Vicente Gómez (encontré a Miguel en el cuarto de Neruda y me invitó a Caracas; mi aerofobia me impedirá asistir). Íd., Roa Bastos se adhirió con su Dictador Francia y un entusiasmo similar. De manera que tenemos, prácticamente, el asunto en marcha. (Íd., García Márquez con un tirano de Colombia). Julio y Alejo estuvieron de acuerdo en que la edición se hiciera en México: España o Argentina resultan demasiado peligrosas para un libro de esta naturaleza. [...]. Hay huecos sensibles. Estrada Cabrera, Melgarejo, Rosas, Porfirio Díaz, y sobre todo algún dictador contemporáneo y reciente como Trujillo.

(Princeton C.0641, III, Box 8)

Lamentablemente, esa iniciativa nunca se llevó a cabo. Hemos rastreado la correspondencia posterior de los protagonistas y en 1968 se pierde el rastro. El libro, lógicamente, nunca salió, porque en otro caso lo conoceríamos de sobra, con tanto patriarca dando vueltas y tanto ingrediente del *boom* asomando por los créditos de realización, maquetación, *making up,* guión y dirección. Lo que no quiere decir que los protagonistas no ensayaran, individualmente, una contribución al tema. Miguel Ángel Asturias ya había publicado a mitad de siglo *El Señor Presidente,* y Augusto Roa Bastos, Alejo Carpentier y García Márquez, quizá espoleados por la idea que tuvo el mexicano, publicaron respectivamente *Yo, el Supremo* (1974), *El recurso del método* (1974) y *El otoño del patriarca* (1975) en fechas similares. También sabemos que *La fiesta del Chivo,* de Mario Vargas Llosa, publicada en los albores del siglo XXI, tuvo su origen en un viaje de principios de los setenta a la República Dominicana, y que, desde entonces, se sucedieron numerosas visitas a la isla para investigar, entrevistar, conocer protagonistas y lugares, visitar periódicos, archivos y bibliotecas, para poner su grano de arena. El tema lo merecía, la Historia también. Curiosamente, el único que no ha dedicado una obra de ficción a la dictadura ha sido Fuentes, porque incluso un cuento como «Casa tomada» de Cortázar se ha interpretado como una crítica al excesivo control por parte de gobiernos autoritarios como el de Perón. Todavía está a tiempo el mexicano; ganas y destreza no le faltan, pues nunca ha dejado de sorprendernos casi anualmente, con un libro de diferente estilo y contenido, desde los años del *boom* hasta nuestros días. Ahí queda el reto.

8
Cuando el *Boom* hizo «boom»:
El caso P(es)adilla
(Segunda parte: la cárcel, la primera carta,
reacciones: 1971)

Parecía que los humos se habían bajado, que el mal olor de la censura a Padilla y Arrufat ya era cosa de la historia, que lo de Checoslovaquia quedaba en otro siglo, y la Casa volvía a tener algo de paz, después de las convulsiones del Congreso del 68 y la resaca del 69, aunque los problemas con la revista *Libre* y *Mundo Nuevo* iban a ensombrecer otra vez el panorama en los setenta. Padilla fue rehabilitado. Tras un año de desempleo, escribió una carta personal a Fidel Castro, el todopoderoso. Al día siguiente, recibió respuesta y se le dejó elegir el trabajo que deseara en la Universidad de La Habana (Gilman 2003: 235). Su imagen continuó en alza: en 1969 fue jurado del Premio David y publicó algunos poemas en la revista *Unión*. También leyó, en la sede de la UNEAC, su libro *Provocaciones,* con gran éxito de público y de crítica.

Pero pronto llegó la segunda parte de la pesadilla de Padilla. El 20 de marzo de 1971, el poeta y su mujer, Belkis Cuza Malé, fueron detenidos, por ser él un escritor contestatario y realizar «actividades subversivas». Ella solo estuvo dos días en la cárcel, pero él pasó treinta y ocho jornadas entre rejas. En ese momento se produjeron muchas protestas internacionales (las nacionales habrían dado con los huesos de cualquiera en la cárcel) y enseguida se habló de «estalinización» del régimen cubano. Muchos escritores del *boom* e intelectuales de todo lugar y condición retiraron fulminantemente su apoyo a la dictadura a raíz de ese episodio, como Carlos Fuentes, Mario Vargas Llosa, Juan Goytisolo, Plinio Apuleyo Mendoza, Octavio Paz, Jean-Paul Sartre, Carlos Franqui (uno de los héroes de la Sierra Maestra), etc.

Una vez producida la detención, los demás miembros del «equipo» se solidarizaron nuevamente con el delantero agarrado en «fuera de juego». Escribe Goytisolo: «El autor de *Rayuela* me citó en su domicilio de la Place du Général Beuret y entre los dos redactamos la que luego sería conocida por "primera carta a Fidel Castro", carta que obtuvo la aprobación de Franqui, con quien nos habíamos mantenido al habla en el curso de su redacción. Conforme decidimos entonces, la misiva debía ser privada, a fin de que el destinatario atendiese a nuestras razones sin el inevitable efecto opuesto de una divulgación ruidosa. Únicamente en el caso de que, transcurrido un cierto tiempo, no obtuviéramos respuesta alguna nos reservaríamos el derecho de remitir una copia de aquella a los periódicos» (Goytisolo 1983: 18).

Plinio Mendoza, que por entonces vivía y trabajaba en París, lo cuenta con detenimiento. *Le Monde* daba una escueta noticia de la detención. Padilla representaba en ese momento un «símbolo de cierta independencia», de «cierta irreverencia intelectual», de «cuestionamiento crítico frente al calcáreo endurecimiento de importantes arterias del poder, especialmente de la Seguridad del Estado, que empezaba a ser omnipresente y muy temida»; tenía, además, una «evidente vocación de teatral exhibicionismo, inteligente, provocador», y «hablaba de las realidades del gobierno con una traviesa desenvoltura sin cuidarse de oídos ni de micrófonos». Por ejemplo, al jefe de la Seguridad, le decía: «Oye, Barbarroja, comemierda...» (Mendoza 2000: 192). Cuando ocurrió lo que estaba cantado, Cortázar actuó rápido. Dice Plinio: «Lo veo entrando aquella vez a nuestra pequeña oficina, sentándose en una frágil silla de madera que crujió bajo su peso de gigante, colocándose los lentes con un ademán pausado de profesor y examinando el proyecto de telegrama a Fidel Castro redactado aquella mañana por el impulsivo Juan Goytisolo» (Mendoza 2000: 193).

Julio dejó la hoja sobre la mesa, retiró las gafas que quedaban en su mano, y con un gesto de desamparo comentó que había que actuar con suma prudencia, con sus erres guturales, parecidas a las de Carpentier. Era muy posible, concluía, que Fidel no supiera nada de aquella detención. Se habían producido casos parecidos. El comunicado debería ser cauteloso, sin acusar, mas expresando inquietudes. Tampoco era bueno dar publicidad al comunicado. Lo mejor era mandarlo directamente al Comandante, y que él tuviera varios días para meditarlo y contestar con tranquilidad (Mendoza 2000: 193). Pero Goytisolo, mucho más fogoso, malpensado y solidario con los que están debajo, se apresuró a escribir y pedir firmas a decenas de intelectuales. Julio acabó por limar todos los picos del catalán, «pesando cada palabra con la minuciosa cautela de un relojero» (Mendoza 2000: 194). Luego lo firmó. Y añade Plinio: «Sin duda, de aquel gesto se arrepentiría Cortázar el resto de su vida, pues jamás imaginó cuál iba a ser la reacción de Castro» (Mendoza 2000: 194).

En ese texto, los firmantes solicitaban más información sobre el arresto de Padilla, en estos términos: «Los firmantes, solidarios con los principios y metas de la Revolución cubana, se dirigen a usted para expresarle sus preocupaciones con motivo de la detención del conocido poeta y escritor Heberto Padilla, y pedirle quiera tener a bien examinar la situación que plantea dicha detención» (Esteban 2004: 53).

Goytisolo, rápido como una liebre, se apresuró a llamar por teléfono a los amigos, comenzando por Sartre y Simone de Beauvoir. Y Plinio se dedicó a tantear a los «antropófagos», como él decía, los «futuros burócratas de una sociedad comunista», «depositarios de todos los dogmas marxistas», «dueños de un vocabulario acribillado de estereotipos», para los cuales los Estados Unidos representaban el imperialismo, pero que «se las arreglaban muy bien para vivir del modo más confortable posible en la vituperable sociedad capitalista». Eran profesores universitarios, funcionarios de la UNESCO, responsables de alguna colección editorial, que escribían «desgarrados ensayos, dolidos poemas sobre niños famélicos y mineros explotados (sin haber pisado nunca una mina), a la manera de Neruda (sin llegarle a los tobillos a Neruda)», que «ganaban concursos en la Casa de las Américas» y «pasaban su vida organizando toda suerte de coloquios y simposios sobre temas tales como el compromiso del escritor latinoamericano», «siempre alternando sus jeremías y sus furiosas diatribas con las delicias de la buena mesa, los caracoles, el *confit de canard,* los vinos del Loira y de Burdeos» (Mendoza 2000: 195).

Plinio disfrutaba llamándolos para pedirles la firma, pues ellos aseguraban que los poetas, como los cortadores de caña o los milicianos, están obligados a cumplir la disciplina revolucionaria. Pero cuando el malévolo Mendoza les decía con su sonrisa sarcástica que Julio lo había firmado, aparecían por la oficina de *Libre,* que coordinaba Plinio, y firmaban. Entre todos, antropófagos y normales, hasta cincuenta y cuatro. Solo faltaba la *estampilla* de Gabo.

EL OLOR DE LA GUAYABA PODRIDA

«¿Quién era ese Mambrú y a qué guerra se fue?». Eso es lo que preguntaba con frecuencia Gabito a sus abuelos, cuando era pequeño, harto de oír la canción popular. Los amigos de Gabo (que sabían bien quién era) se preguntarían, sin duda, en qué guerra estaba en ese momento, porque desapareció sin decir nada ni dar razón de su paradero. Llevaba viviendo en Barcelona desde fines de 1968, trataba de sacar adelante su novela del dictador, estaba escribiendo relatos para «no perder la mano». Pero en ese momento se hallaba (eso se supo después) en la zona de Barranquilla, en un lugar indeterminado del Caribe, sin dirección postal ni teléfono, buscando «el olor de la guayaba podrida»[1]. Dice Plinio que se trataba de un problema circunstancial, porque en ese momento no conseguía comu-

---

[1] El dato procede de una entrevista realizada en octubre de 2001 a uno de los protagonistas de aquellos sucesos, que ha preferido que su nombre no aparezca en esta publicación.

nicarse con él, ya que se encontraba «de vacaciones» en Colombia (Mendoza 2000: 197). Le dejó recados con los amigos comunes de Barranquilla, pidiendo que lo llamara urgentemente a París, pero esa llamada nunca se produjo. También le envió un telegrama. No hubo respuesta. Entonces pensó que, como las opiniones de ambos sobre Cuba y sobre Padilla eran coincidentes, no pasaba nada porque pusiera la firma de Gabo bajo su responsabilidad. Así lo afirma en su libro *La llama y el hielo:*

> Llevábamos tanto tiempo hablando sobre el tema, con plena identidad de puntos de vista, que yo no podía abrigar duda alguna sobre su eventual reacción respecto a la detención de Padilla. Así lo creía honestamente. De modo que cuando resultó imposible localizarlo por teléfono, y el telegrama estaba a punto de ser enviado, yo le dije a Juan Goytisolo, tranquilamente, sin el menor reato:
> —Pon la firma de Gabo. Bajo mi responsabilidad.
> Pensaba que omitirla, por un problema para mí circunstancial, iba a prestarse a interpretaciones equívocas, cuando todos sus amigos, los escritores del *boom,* habían firmado ya.

> (Mendoza 1984: 136)

Plinio aclara que, a falta de informaciones exactas, parecía que el Partido Comunista de Cuba había actuado *motu proprio,* sin contar con la aquiescencia de Fidel, y que, de modo similar a lo que ocurre en *El otoño del patriarca,* el jefe es el último que se entera de lo que pasa, si es que llega a saberlo alguna vez. Pero en Cuba, precisamente en Cuba, el líder máximo siempre lo sabe todo. Otra conjetura era que Fidel no tenía la suficiente libertad de maniobra por la dependencia económica de la URSS (Mendoza 2000: 198).

Cuenta también Plinio que hubo una mala jugada del correo. Gabo le había enviado una carta desde Barranquilla, por lo visto, explicando que no firmaría «mientras no tuviera una información muy completa sobre el asunto» (Mendoza 2000: 199). Y, cuando la carta fue publicada por todas partes, con la firma de Gabo, en lugar de rectificar llamando a las agencias noticiosas, le escribió una carta a Plinio, explicándole los motivos de su negativa a hacerlo, y que el mensaje le parecía, cuando menos, apresurado. Por eso, Plinio enseguida se puso en contacto con el corresponsal de la agencia Prensa Latina en París para desmentir el dato aportado:

—Te tengo un regalo que me agradecerás toda tu vida —le dije—. Una noticia de primera, Aroldo. Hará feliz a tus jefes. Gabo no firmó el telegrama a Fidel.

—Eso sí es grande, mi hermano —vibraba la voz de Aroldo, alegre como una samba.

—La firma la puse yo. No vayas a calumniar a Vargas Llosa. Ni a Juan. La puse yo. De modo que tienes una buena fuente para la rectificación.

—Grande, mi hermano. *Moito* obligado.

(Mendoza 2000: 199-200)

Algunos de nuestros entrevistados, que prefieren quedar en el anonimato, aseguran que Marvel Moreno, esposa de Plinio Mendoza, comentó en cierta ocasión que el colombiano había firmado esa carta, pero luego se arrepintió, y Plinio cargó voluntariamente con las consecuencias del cambio de actitud de su amigo. Es muy raro que, en una situación tan alarmante, Gabo no llamara por teléfono y se limitara a escribir una carta personal a Plinio diciendo cuál era su opinión al respecto. También es raro que nadie supiera de él, y mucho menos Plinio, amigo inseparable desde la adolescencia, y compañero de correrías sin cuento en Colombia, Venezuela, Europa del Este, Cuba (en dos ocasiones), París, etc.

Goytisolo piensa que «con su consumada pericia en escurrir el bulto, Gabo marcaría discretamente sus distancias de la posición crítica de sus amigos sin enfrentarse no obstante a ellos: el nuevo García Márquez, estratega genial de su enorme talento, mimado por la fama, asiduo de los grandes de este mundo y promotor a la escala planetaria de causas real o supuestamente "avanzadas" estaba a punto de nacer» (Goytisolo 1983: 18). La verdad nunca se sabrá, porque Gabo insiste en que no firmó, Mendoza le cubre las espaldas, y otras personas cercanas afirman que sí, pero que quiso ocultar su anterior decisión en vista de la reacción de Fidel. Vázquez Montalbán nos comentaba, en una entrevista que le hicimos antes de morir en aquel aciago día del aeropuerto oriental, que es un tema que permanecerá para siempre en el más absoluto misterio, por mucho que se intente dilucidar. Sin embargo, Mario Vargas Llosa, nada sospechoso a estas alturas de encubrir las miserias del Premio Nobel colombiano, nos aseguraba, en un encuentro en agosto de 2006, que Gabo nunca firmó esa carta y que la responsabilidad final fue de Plinio, y que él fue testigo de la frase con la que Plinio asumía la supuesta opinión favorable de Gabo.

A principios de abril, una carta autoinculpadora escrita por el poeta empieza a circular, pero son muchas las dudas sobre la verdadera intención del autor. El gobierno cubano infiltró en la opinión pública a través de Prensa Latina la versión taquigráfica de esa carta. La mayoría de los intelectuales están convencidos de que no fue escrita por Padilla. Uno de ellos, Manuel Díaz Martínez, asegura que «nuestro poeta es tan autor de esta carta como de *La Divina Comedia*» (Díaz Martínez 1997: 95). Probablemente algunas partes las redactó el mismo Padilla, pero bajo amenaza, ya que ese método de intimidación fue corriente en el sistema de represión política de la Revolución Cubana. Apoyándonos en testimonios de sus amigos más cercanos, sabemos que Padilla confesaba en ese texto demasiados errores políticos, lo que hacía inviable su autoría moral. En 1992, en una conversación con Carlos Verdecia, lo confirmará el mismo: «La autocrítica esta fue escrita en parte por la policía, y en parte por otras personas. Hay párrafos en que yo quisiera poder identificar a la persona que los escribió. Hay algunos en que, por su grado de detalle, está evidentemente la mano de Fidel Castro. Yo quisiera tener el texto aquí a mano para que tú vieras» (Verdecia 1992: 78).

CINCO HORAS DEL 5 DE ABRIL CON MARIO

Pero esas cartas no eran los únicos enanos que le estaban creciendo a la revolución. Al mismo tiempo, el Comité de la revista *Casa* entraba en crisis. Los intelectuales adictos al régimen no aguantaban más. Mario Vargas Llosa había estado en la cuerda floja desde las acusaciones de Retamar y se ausentó de una de las reuniones cruciales, pero ahora la guerra estallaba y las grietas se abrían en varios frentes. La carta del 5 de abril, a Haydée Santamaría, resonaría también en las cuatro paredes y haría música con los barrotes de la celda de Padilla. Así de contundente era, de nuevo, el peruano:

Estimada compañera:

Le presento mi renuncia al Comité de la revista de la Casa de las Américas, al que pertenezco desde 1965, y le comunico mi decisión de no ir a Cuba a dictar un curso, en enero, como le prometí durante mi último viaje a La Habana. Comprenderá que es lo único que puedo hacer luego del discurso de Fidel fustigando a los «escritores latinoamericanos que viven en Europa», a quienes nos ha prohibido la entrada a Cuba «por tiempo indefinido e infinito». ¿Tanto le ha irritado nuestra carta pidiéndole que esclareciera la situación de Heberto Padilla? Cómo han cambiado los tiempos: recuerdo muy bien esa noche que pasamos con él, hace cuatro años, y en la que admitió de buena gana las observaciones y las críticas que le hicimos un grupo de esos «intelectuales extranjeros» a los que ahora llama «canallas».

De todos modos, había decidido renunciar al Comité y a dictar ese curso, desde que leí la confesión de Heberto Padilla y los despachos de Prensa Latina sobre el acto en la UNEAC en el que los compañeros Belkis Cuza Malé, Pablo Armando Fernández, Manuel Díaz Martínez y César López hicieron su autocrítica. Conozco a todos ellos lo suficiente como para saber que ese lastimoso espectáculo no ha sido espontáneo, sino prefabricado como los juicios estalinistas de los años treinta. Obligar a unos compañeros, con métodos que repugnan a la dignidad humana, a acusarse de traiciones imaginarias y a firmar cartas donde hasta la sintaxis parece policial, es la negación de lo que me hizo abrazar desde el primer día la causa de la Revolución cubana: su decisión de luchar por la justicia sin perder el respeto a los individuos. No es este el ejemplo del socialismo que quiero para mi país.

Sé que esta carta me puede acarrear invectivas: no serán peores que las que he merecido de la reacción por defender a Cuba.

Atentamente,
Mario Vargas Llosa

(Vargas Llosa 1983: 164-165)

Eso ocurrió cuando Padilla ya había «escrito» su autocrítica, pero todavía no la había leído en público. En la entrevista de Ricardo Setti a Vargas Llosa, el peruano afirma que conocía bien a Padilla antes del caso, y que había hecho algunas críticas al régimen, en materia de política cultural, pero nada más. Y que en la autocrítica se acusó de los peores crímenes ideológicos y acusó a sus amigos de ser agentes de la CIA. Pero, asegura, «las personas que conocíamos a Padilla sabíamos que todo eso era una gran farsa: Padilla realmente no estaba diciendo ni la verdad, ni lo que sentía, ni lo que creía» (Setti 1989: 142). A partir de ese momento, los radicalismos se exacerbaron. Hubo quienes defendieron a capa y espada la represión en Cuba, tachando a los críticos de imperialistas o agentes de la CIA, y quienes se separaron para siempre de Cuba, acusando de estalinistas a quienes apoyaban al aparato. Goytisolo declaró que desde entonces, «la comunidad cultural hispánica se iba a transformar en un mundo de buenos y malos» (Goytisolo 1983: 12), y Jorge Edwards aseguró que la «intelectualidad latinoamericana se dividió de forma irremediable entre castristas y anticastristas» (Edwards 1989: 35). Lo peor estaba por venir. La autoinculpación fue leída en público, y el fuego, es decir, la literatura, se propagó con el viento que quedaba de aquel que había desolado Macondo cuando nació el último de los Buendía con cola de cerdo.

9

COLETAZOS DE P(ESC)ADILLA QUE MUEVE LA COLA

(LA AUTOCRÍTICA. LA SEGUNDA CARTA. EL *BOOM* EN AÑICOS)

El 27 de abril de 1971, en los salones de la UNEAC, tuvo lugar el esperado acto en el que Padilla leyó su autocrítica, admitiendo sus errores y los de sus colegas. El acto fue presentado por José Antonio Portuondo, quien *por su hondo* sentido de responsabilidad revolucionaria sustituyó a Nicolás Guillén, Presidente de la institución, enfermo, según él, por esos días. Fidel preparó tan inteligentemente el evento que tres días más tarde, el 30 de abril, convocó el Primer Congreso Nacional de Educación y Cultura, y en él lanzó un discurso en el que se refirió al libro maldito de Padilla en los siguientes términos: «Por cuestión de principios hay algunos libros de los que no se debe publicar ni un ejemplar, ni un capítulo, ni una página», manifestando una vez más su amplitud de miras, su carácter democrático, amante de la libertad y del progreso.

En ese congreso también se dictaron normas tan sensatas e inteligentes como la forma en que debían vestirse los jóvenes cubanos, destacando el uso de la guayabera como «prenda de vestir de identidad nacional», y la música que debía escucharse en la radio. Se prohibió de manera oficial y radical toda música que conllevase al diversionismo ideológico, o sea el *rock* y otras modalidades. Se fustigó la homosexualidad como figura delictiva y se llegó aún más lejos cuando, en uno de sus acápites, decía: «Un homosexual debería ser llevado ante las autoridades y procesado legalmente solamente por la pública ostentación de su condición». Y así nació el «parametraje», para evaluar las aptitudes revolucionarias. Es decir, el Congreso pretendía que «el hombre del futuro» se ajustara a «la unidad monolítica de nuestro pueblo».

En casi dos horas, Padilla tuvo tiempo de hablar de todo, de sí y de otros artistas que también se habían comportado «contrarrevolucionariamente» en sus obras. Citó a su esposa Belkis, Norberto Fuentes, Pablo Armando Fernández, César López, Manuel Díaz Martínez, José Yánez, José Lezama Lima, Virgilio Piñera, etc. Muchos de los nombrados tomaron la palabra durante la autocrítica para explicarse ante los micrófonos. Las escalofriantes palabras de Díaz Martínez acerca de esos minutos no exigen mayores comentarios: «La autocrítica de Padilla ha sido publicada, pero una cosa es leerla y otra bien distinta es haberla oído allí aquella noche. Ese momento lo he registrado como uno de los peores de mi vida. No olvido los gestos de estupor —mientras Padilla hablaba— de quienes estaban sentados cerca de mí, y mucho menos la sombra de terror que apareció en los rostros de aquellos intelectuales cubanos, jóvenes y viejos, cuando Padilla empezó a citar nombres de amigos suyos —varios estábamos de *corpore insepulto*— que él presentaba como virtuales enemigos de la revolución. Yo me había sentado justamente detrás de Roberto Branly. Cuando Heberto me nombró, Branly, mi buen amigo Branly, se viró convulsivamente hacia mí y me echó una mirada despavorida como si ya me llevaran a la horca» (Díaz Martínez 1997: 96). Bastantes escritores e intelectuales españoles como Félix Grande, por entonces muy ligado al grupo barcelonés del *boom,* han terciado, emitiendo juicios que reparan en el sinsentido de la represión concreta a Padilla, pero también en el absurdo efecto multiplicador que desencadenó el caso en otros escritores cubanos de la época, como ocurrió con Norberto Fuentes, que fue uno de los pocos intelectuales presentes en la autocrítica de Padilla, y que se defendió en ese momento, rechazando el calificativo de «contrarrevolucionario», palabra mágica que justificaba entonces, y aún ahora, cualquier tipo de represión política. Fuentes era, por aquellas calendas, un joven escritor con proyección dentro del ámbito cultural de la revolución. Más tarde escribió *Hemingway en Cuba,* que tuvo una gran resonancia en la isla, y que fue valorada muy positivamente por los hermanos Castro. Después participó en varias acciones combativas junto a los internacionalistas cubanos. Como delegado de Fidel, recibió en 1989 la estatuilla de la «Orden de San Luis» y la «medalla de la Cultura Nacional».

En su autocrítica, Padilla se acusó a sí mismo de introducir la contrarrevolución en la literatura y agradeció a sus amigos, «responsables del Estado y del buen funcionamiento de la revolución», la magnanimidad demostrada, por el hecho de haberle dado la posibilidad de rectificar. Confesaba el *nuevo* Padilla: «Yo he cometido muchísimos errores, errores realmente imperdonables, realmente censurables, realmente incalificables, y yo me siento verdaderamente ligero, verdaderamente feliz después de toda esta experiencia que he tenido, de poder reiniciar mi vida con el espíritu con que quiero reiniciarla. Yo pedí esta reunión [...]. Yo he difamado, he injuriado constantemente a la revolución, con cubanos y con extranjeros. Yo he llegado sumamente lejos en mis errores y en mis actividades contrarrevolucionarias. [...] Es decir, contrarrevolucionario es el hombre que actúa contra la revolución, que lo daña. Y yo actuaba y dañaba a la revolución» (VV. AA. 1971: 97-98).

La representación teatral llega a su culminación cuando, en un alarde de histrionismo, se obliga al acusado a confesar su falta de lealtad al dueño de la isla y manifestar su dolor públicamente, para mover a todos los contrarrevolucionarios a guardar la unidad (¿uniformidad?) con el proyecto *salvador* del pueblo cubano y rectificar los rumbos torcidos. Como oveja descarriada que vuelve al redil, interpreta: «Y no digamos las veces que he sido injusto e ingrato con Fidel, de lo cual nunca realmente me cansaré de arrepentirme» (VV. AA. 1971: 102).

Además, la autocrítica alcanzaba no solo a los versos que ganaron aquel premio de infausta memoria y al daño causado al líder máximo de la revolución, sino que se extendió hasta la interpretación de algunos de sus artículos y ensayos literarios, y al modo políticamente correcto de tratar a las figuras sólidas de la revolución frente a los que habían desertado de ella. Por eso, tenía que retractarse de la crítica que profirió contra Lisandro Otero, y rechazar radicalmente la defensa que hizo en su día de Cabrera Infante, ya exiliado en Londres y bestia negra de la política cultural cubana: «Lo primero que yo hice al regresar a Cuba meses después fue aprovechar la coyuntura que me ofreció el suplemento literario *El Caimán Barbudo* con motivo de la publicación de la novela de Lisandro Otero *Pasión de Urbino,* para arremeter así despiadada e injustamente contra un amigo de años, contra un amigo verdadero como Lisandro Otero. [...] Lo primero que yo hice fue atacar a Lisandro. Le dije horrores a Lisandro Otero. ¿Y a quién defendí yo? Yo defendí a Guillermo Cabrera Infante. ¿Y quién era Guillermo Cabrera Infante, que todos conocemos? Guillermo Cabrera Infante había sido siempre un resentido, no ya de la revolución, un resentido social por excelencia, un hombre de extracción humildísima, un hombre pobre, un hombre que no sé por qué razones se amargó desde su adolescencia y un hombre que fue desde el principio un enemigo irreconciliable de la revolución» (VV. AA. 1971: 98). Al final, confesó sentirse «verdaderamente ligero, verdaderamente feliz» después de toda esa experiencia.

La polémica que generó el caso, entre Padilla y Cabrera, es sabida. Ya antes de conocerse esta pantomima de autoacusación, el poeta y el narrador se habían enzarzado en una discusión muy virulenta. Cabrera, que llevaba varios años residiendo en Londres, echaba fuego por la pluma cuando tenía ocasión, y se sentía a veces con razón, pero casi siempre sin ella, perseguido por la Seguridad cubana, como lo demuestra la carta a Emir Rodríguez Monegal, del 15 de junio de 1972, en la que le cuenta un viaje realizado a Barcelona poco antes:

> En el restaurant nos sentamos entre unos cineastas españoles y un grupo de gentes a los que Miriam oía, intermitentemente, decir con acento habanero: «Mírenlo, ahí está comiendo como un pachá y en Cuba hay tanta gente pasando hambre por su culpa». Esto, por supuesto, no era alucinación mía, sino realidad, y pertenecía al mis-

mo mundo a que pertenecía un radio en una tienda en la que Miriam entró a comprar un pomo de *shampoo* español y el radio decía: «El escritor parece estar muy preocupado y silencioso y su señora está muy alarmada por su silencio. En su hotel, de una maleta le robaron un estuche de tocador, robo cometido por (aquí un nombre y una dirección) si le interesa recobrar lo robado...». Luego entramos en otra pequeña tienda a comprar un tubo de pasta y cuando fuimos a usarlo en el hotel la pasta estaba dura como una piedra. Estas frustraciones, errores y leves indicaciones de vigilancia se repetían con una ingeniosidad menor que en Inglaterra o en Francia, pero con igual técnica subliminal. Miriam insiste en que nunca existieron, yo creeré toda mi vida que los estados de locura son otra forma de entender la realidad y que en realidad estábamos vigilados, lo que solamente la inocencia con que viví nueve meses en España había desaparecido por un estado de alerta exacerbado por el insomnio.

(Princeton C.0272, II, Box 1)

La paranoia del escritor es clarísima, y tiene mucho que ver con el estado emocional en el que quedó desde que tuvo que exiliarse, sobre todo por las represalias intelectuales que eso llevó consigo, precisamente en un año en el que llegaría a la cima de su éxito narrativo con *Tres tristes tigres*. En medio de la polémica de Cabrera con el resucitado Padilla, los miembros del equipo volvieron a apoyar al delantero en fuera de juego, con una nueva carta, más dura y, para muchos, la última comunicación medianamente fluida con la dictadura castrista.

EL 4 DE MAYO (Y MARIO COMO AYO) SE QUITARON EL SAYO

La iniciativa de la nueva protesta en forma de misiva masiva (la firmaron sesenta y dos) nació en Barcelona. Juan y Luis Goytisolo, José María Castellet, Hans Magnus Enzensberger, Carlos Barral (que luego no la firmó) y Mario Vargas Llosa se reunieron en casa del peruano y redactaron, cada uno por separado, un borrador. Luego los compararon y el grupo eligió el de Mario. El poeta Jaime

Gil de Biedma mejoró el texto, enmendando un adverbio. Además de la pantomima padillesca, los abajo firmantes también estaban escocidos por el discurso que había pronunciado Fidel Castro el 1 de mayo, para clausurar el Congreso. El Comandante se había referido a «eso», es decir, «esas basuras», los «intelectuales latinoamericanos», unos descarados que en lugar de estar en las trincheras de combate, «vivían en los salones burgueses usufructuando la fama que ganaron cuando, en una primera fase, fueron capaces de expresar algo de los problemas latinoamericanos», y que eran «agentillos del colonialismo cultural», y que nunca más estarían en los jurados de los «concursitos», porque «para hacer el papel de jueces hay que ser aquí revolucionarios de verdad, intelectuales de verdad, combatientes de verdad» (Gilman 2003: 242). Es decir, hay que ser ventrílocuos. El texto completo que «eso» envió al Comandante es el siguiente:

> Comandante Fidel Castro
> Primer ministro del gobierno revolucionario de Cuba:
>
> Creemos un deber comunicarle nuestra vergüenza y nuestra cólera. El lastimoso texto de la confesión que ha firmado Heberto Padilla solo puede haberse obtenido mediante métodos que son la negación de la legalidad y la justicia revolucionarias. El contenido y la forma de dicha confesión, con sus acusaciones absurdas y afirmaciones delirantes, así como el acto celebrado en la UNEAC en el cual el propio Padilla y los compañeros Belkis Cuza, Díaz Martínez, César López y Pablo Armando Fernández se sometieron a una penosa mascarada de autocrítica, recuerda los momentos más sórdidos de la época del estalinismo, sus juicios prefabricados y sus cacerías de brujas. Con la misma vehemencia con que hemos defendido desde el primer día la Revolución cubana, que nos parecía ejemplar en su respeto al ser humano y en su lucha por su liberación, lo exhortamos a evitar a Cuba el oscurantismo dogmático, la xenofobia cultural y el sistema represivo que impuso el estalinismo en los países socialistas, y del que fueron manifestaciones flagrantes sucesos similares a los que están ocurriendo en Cuba. El desprecio a la dignidad humana que supone forzar a un hombre a acusarse ridículamente de las peores traiciones y vilezas no nos alarma por tratarse

de un escritor, sino porque cualquier compañero cubano —campesino, obrero, técnico o intelectual— pueda ser también víctima de una violencia y una humillación parecidas. Quisiéramos que la Revolución cubana volviera a ser lo que en un momento nos hizo considerarla un modelo dentro del socialismo.

(Vargas Llosa 1983: 166-167)

Entre los sesenta y tantos firmantes se encontraban Claribel Alegría, Simone de Beauvoir, Italo Calvino, Marguerite Duras, Carlos Franqui, Carlos Fuentes, Jaime Gil de Biedma, Ángel González, Adriano González León, los tres Goytisolo, Rodolfo Hinostroza, Juan Marsé, Plinio Mendoza, Carlos Monsiváis, Alberto Moravia, José Emilio Pacheco, Pier Paolo Pasolini, José Revueltas, Juan Rulfo, Jean-Paul Sartre, Jorge Semprún, Susan Sontag y, por supuesto, Mario Vargas Llosa. Las dos ausencias más notables son las de Carlos Barral, que había propiciado la reunión, y la de Julio Cortázar, pero ahora sabremos por qué. La firma que, lógicamente, no apareció, fue la de Gabo. Ni la de Cabrera Infante —a pesar de que él reprobaba como nadie cualquier represión gubernamental cubana— dada su polémica con Padilla. Las reacciones no se hicieron esperar. El ambiente estaba más caldeado que nunca, a juzgar por las cartas que Juancho Armas envía a Mario el 17 y el 24 de mayo, respectivamente:

17 mayo 71:
Comprendo que con el follón enorme que ha procurado el Caribe, Padilla and Fidel, que no es cosa de broma. Creo que se podrá solucionar, pero parece casi mentira lo que ha ocurrido. Debido a esto hemos pensado que te encontrabas en París reunido con algunos de los atacados, pero no lo sabemos a ciencia cierta.

24 mayo 71:
Estamos doblemente preocupados por lo que está ocurriendo. Las noticias acá nos llegan con bastante retraso y ahora hemos leído en *La Vanguardia Española* lo de la carta de H. Santamaría, desafortunadamente por sí misma. Sabíamos lo de tu dimisión en Casa de las Américas por Ullán que nos lo notificó desde París.

Confiamos en que ese estado de ánimo que ahora debe estar bajo para ti, suba inmediatamente y se consiga superar esta crisis, que, desgraciadamente, solo va en beneficio de los enemigos del mundo progresista.

(Princeton C.0641, III, Box 2)

Días antes, Haydée Santamaría, como era de esperar, escribió una carta a Mario Vargas Llosa, a Barcelona. Está fechada exactamente el 14 de mayo de 1971, y contiene tres abigarrados folios que no arden porque la temperatura a la que los tienen perfectamente cuidados en la sala Rare Books de Princeton lo impide. De hecho, siempre que vamos allí, por muy agosto que sea, tenemos que llevar una chaqueta, porque el aire acondicionado arrasa con todo. Menos con los libros y los documentos que, al parecer, gozan de buena salud. No nos dejan ni tocarlos, ni fotocopiarlos, solo podemos ir con un ordenador y copiar el texto. Siempre hay un funcionario en la sala atento a que esas y otras muchas normas se cumplan, y cuando sales te registran como si fueras a entrar en Alcatraz. Pero bueno, finalmente te alegras, porque allí está todo lo que necesitas, y en perfectas condiciones para su uso y disfrute. Algo bueno (y muchas cosas más) tenían que tener los gringos.

La cartita no tiene palabras vanas. Empieza comentando la renuncia al comité. El tratamiento es siempre de «usted» y con una frialdad que contrasta con la temperatura elevada del contenido. Le dice que ellos ya habían pensado expulsarlo, por «su creciente proclividad a posiciones de compromiso con el imperialismo» (Princeton C.0641, III, Box 6). Después lo llama contrarrevolucionario: ella pensaba que Mario podría reconsiderar sus posturas, porque es joven y ha escrito obras de calidad, pero ha preferido abandonar a los pueblos hispanoamericanos y pasarse al enemigo, imperialista, que ha dejado a Cuba sitiada y en condiciones durísimas. Y añade que el escritor contrarrevolucionario, a quien Mario apoya (Padilla, pero no lo cita como tal), «ha reconocido sus actividades contrarrevolucionarias, a pesar de lo cual se halla libre, integrado normalmente a su trabajo. Otros escritores también han reconocido sus errores, lo que no les impide estar igualmente libres y trabajando. Pero usted no ve en todo esto sino un lastimoso espectáculo que no ha sido espontáneo sino prefabricado, producto de supuestas torturas y presiones. Se ve que usted nunca se ha enfrentado al terror» (Princeton C.0641, III, Box 6).

Lamentablemente, así se escribe la historia, o cierta parte de la historia. Por eso es bueno que alguien conserve estos textos, y se pueda, con la tranquilidad y objetividad que da el paso del tiempo, llegar a conocer no solo la verdad, sino la hipocresía, el cinismo y la mala fe de ciertos personajes que hicieron daño gratuito a miles de personas, en nombre de un borroso ideal, una palabra mágica, llamada falsamente «revolución», durante cincuenta años ya.

Continúa Haydée haciendo un panegírico increíble a esa «revolución», y vuelve a resucitar fantasmas del pasado: «Cuando en 1967 usted quiso saber la opinión que tendríamos sobre la aceptación por usted del premio venezolano Rómulo Gallegos, otorgado por el gobierno de Leoni, que significaba asesinatos, represión, traición a nuestros pueblos, nosotros le propusimos un acto audaz, difícil y sin precedentes en la historia cultural de nuestra América: le propusimos que aceptara ese premio y entregara su importe al Che Guevara, a la lucha de los pueblos. Usted no aceptó esa sugerencia: usted se guardó ese dinero para sí, usted rechazó el extraordinario honor de haber contribuido, aunque fuera simbólicamente, a ayudar al Che Guevara» (Princeton C.0641, III, Box 6). Seguidamente, lo conmina a que no vuelva a pronunciar el nombre del Che, al que debe tanto y al que ha traicionado, aunque ellos (los «buenos» revolucionarios) no han criticado al peruano cuando ha escrito cosas negativas sobre el Che o el régimen). Y sigue resucitando fantasmas: «Tampoco recibió usted invectivas cuando, en septiembre de 1968, en la revista *Caretas,* y a raíz de los sucesos de Checoslovaquia, emitió usted opiniones ridículas sobre el discurso de Fidel» (Princeton C.0641, III, Box 6).

La despedida no podía ser más fría, y sería la última, porque después de eso, Mario no ha vuelto a tener ningún tipo de contacto con la cúpula político-literaria-cultural cubana. Hasta el día de hoy. Imaginamos cómo quedaría el ánimo del todavía joven narrador.

Afortunadamente, seguía recibiendo cartas de apoyo, como la de Carlos Fuentes, fechada el 20 de mayo en México:

> Estamos consternados y quiero manifestarte mi apoyo contra los inmundos ataques que te han hecho. Dan ganas de sentarse a llorar: la Revolución cubana ha sacrificado, con infamias, el apoyo de sus amigos más antiguos y leales, para procurarse el de la subliteratura del continente: el de los sicofantes, los resentidos, los idiotas; el de los crédulos. [...]. Hay que mantener bien alta la aspiración al verdadero socialismo y el derecho a la crítica, sin la cual no podrá haber nunca verdadero socialismo. Y hay que hacer la crítica global de los sistemas en quiebra, de ambas partes.
>
> (Princeton C.0641, III, Box 6)

Pero no todas las cartas respetuosas y amigables eran condescendientes con la actitud del peruano. Por ejemplo, la del crítico uruguayo Jorge Rufinelli, del 28 de julio de 1971, era comprensiva, pero con criterios diferentes. Le deja muy claro que, aunque no está de acuerdo con todos los puntos de su crítica, lo respeta y no ha participado en la brutal campaña de escritores uruguayos en *contra* de la *contra* de Vargas *contra* la de*control*ada situación cubana:

> Te diré que no estoy de acuerdo con tu actitud asumida en la carta a Haydée (como tampoco lo estoy con la carta de ella, con el discurso de Fidel ni con la respuesta colérica de los 61), es decir con la censura tajante a la Revolución cubana basada en el hecho de la prisión de Padilla y su posterior autocrítica. Sin embargo respeto tu actitud y no se me pasa por la cabeza reprocharte posiciones «europeizantes» y prescindentes y demás estupideces de las que se han agarrado nuestros colegas ortodoxos de la izquierda abriendo un crédito no sé si interesado o tonto sobre un proceso cultural evidentemente equivocado. Por ese motivo no encontrarás mi nombre entre los uruguayos que han firmado el manifiesto, y por eso podés contar con mi estima intelectual por tus cosas, por más que disienta honradamente contigo en lo que acabo de expresarte.
>
> (Princeton C.0641, III, Box 15)

También entonces, el periodista peruano César Hildebrandt le hace una conocida entrevista donde repasa todos los últimos acontecimientos. Ante la pregunta nada inocente sobre si la «intelectualmente justa» actitud de Mario ha podido mellar «de alguna manera la imagen de la Revolución cubana», Vargas Llosa responde con inteligencia y sagacidad, devolviéndole la pelota: «Creo que su pregunta confunde el efecto con la causa. Lo que ha mellado de alguna manera la imagen de la Revolución cubana son las autocríticas de los compañeros [...], acusándose de traiciones imaginarias, y las alarmantes declaraciones de Fidel sobre la cultura en general y la literatura en particular» (Vargas Llosa 1983: 170). Después afirma que no va a contestar la carta de Haydée, que solo trae insultos. Respeta a Haydée porque fue una heroína de la revolución contra Batista, pero «solo por ello». Y continúa hablando de lo lamentable del espectáculo que han montado en Cuba, porque brindan a la derecha y al imperialismo una extraordinaria oportunidad para atacar la solución socialista y los problemas de América Latina. Y cita la declaración que él mismo hizo el 29 de mayo:

> Cierta prensa está usando mi renuncia al comité de la revista *Casa de las Américas* para atacar a la Revolución cubana desde una perspectiva imperialista y reaccionaria. Quiero salir al frente de esa sucia maniobra y desautorizar enérgicamente el uso de mi nombre en esa campaña contra el socialismo cubano y la revolución latinoamericana. [...]. El derecho a la crítica y a la discrepancia no es un privilegio burgués. Al contrario, solo el socialismo puede sentar las bases de una verdadera justicia social [...]. Es en uso de ese derecho socialista y revolucionario que he discrepado del discurso de Fidel sobre el problema cultural, que he criticado lo ocurrido con Heberto Padilla y otros escritores.
>
> (Vargas Llosa 1983: 171-172)

Curiosamente, y a pesar de todo lo que ha tenido que aguantar de Fidel, Haydée y sus secuaces, termina esa declaración con unas sorprendentes palabras de apoyo a la revolución: «Que nadie se engañe: con todos sus errores, la Revolución cubana es, hoy mismo, una sociedad más justa que cualquier otra sociedad latinoamericana y defenderla contra sus enemigos es para mí un deber apremiante y honroso» (Vargas Llosa 1983: 172). Admirable afirmación, que demuestra que Vargas Llosa no fue un oportunista, sino un hombre que actuaba por convicciones personales. Le importaba muy poco quedar mal con todos, por eso quedó bien con muchos. No así Cortázar...

UN ESCRITOR MUY NIÑO CON UNAS MANOS ENORMES

Eso dicen de Julio: que era muy niño, casi barbilampiño a pesar de su barba, y que tenía unas manos enormes, con las que su imaginación volaba. Parecía que escribía con los gestos de las manos, en lugar de la escritura, también manual. Un personaje parecido al del cuento de Gabo del hombre muy viejo con las alas enormes. Inocente, bohemio, comprometido, preocupado, sin malicia, artista, improvisador, un George Harrison de la literatura. Su suerte también estaba echada, pero fue mala. Mario sabía a lo que se atenía cuando cortó con tanta radicalidad, y el tiempo le ha dado la razón. Cortázar se sentía a gusto en el paraíso cubano, se sentía integrado en el proyecto, pero no sabía que ellos no con él. Que «ellos» no eran como él. Que ellos odiaban, que no perdonaban, que les daba igual uno más que uno menos. Que el proyecto estaba por encima de las personas. Que, como decía Padilla, parafraseando a Salvador Espriu, todos los hombres tenían que morir por un hombre. Podemos imaginar el poso negro de amargura que habría debajo de las palabras que, cariñosamente, como de costumbre, le dirige a Mario el 29 de abril de 1972:

> La cosa es tristemente simple, después del episodio de Padilla y la segunda carta a Fidel. Tu actitud y la mía tomaron sus rumbos propios, y aunque oficialmente existe entre los cubanos y yo una ruptura y un gran silencio, tengo pruebas que para mí cuentan mucho de la reacción de los mejores de allá frente a mi decisión de no firmar la segunda carta y explicarme en un texto que has de conocer.

> (Princeton C.0641, III, Box 6)

Para terminar dice a Mario que no ha cortado con ellos, sino que sigue más firme que nunca con el proyecto cubano. Ese era, precisamente, el problema. Cortázar, con su bisoñez natural, pensaba que su actitud positiva y su compromiso bastaban para ser «rehabilitado». Pensaba que su petición de perdón por haber firmado la primera y la negativa a firmar la segunda eran suficientes pruebas de su honestidad revolucionaria. Pero eso no era así. La cara no tan oculta de Haydée, de Retamar, de Fidel era sanguinaria y sin escrúpulos. Como en la guerra. Si uno da un paso atrás, se le fusila. Ya lo había hecho el Che en la Sierra en más de una ocasión, pero sin metáforas, con una pistola, que es más contundente.

A Julio le habían propuesto firmar, e incluso había estado en alguna reunión, pero después de leer las primeras líneas, dijo: «¡Yo no puedo firmar eso!» (Mendoza 1984: 139). Julio había sido, quizá, el más acérrimo defensor, dentro del *boom,* del proyecto político y cultural de la isla. Había participado siempre en todos los actos de apoyo a la revolución y viajaba frecuentemente a Cuba. Después de la primera carta, intentó reconciliarse con los cubanos. En cierta ocasión, cuando le pidieron escribir algo en *Libre,* un número coordinado por Mario, declinó la invitación de un modo cortés, respondiendo con su acento marcadamente argentino: «Vos sabés todos los esfuerzos que yo he hecho por arreglar mi situación con los cubanos, esfuerzos constantes pero desgraciadamente poco recompensados» (Mendoza 2000: 204). Mario, según él, era la bestia negra de los cubanos. Si él, Cortázar, estampaba su nombre en una publicación dirigida por el peruano, todo su esfuerzo por no caer de la cuerda floja se vendría al suelo. Así lo vivió Plinio:

> Había que explicárselo a Mario, decía Julio, sentado en el café, la luz del sol entrando por la ventana e iluminándole las barbas (lo veo), y sus ojos azules diáfanos, serios, llenos de aquel asombro y candor suyo.
>
> Yo imaginaba la fulgurante ira de Mario oyendo semejante explicación. Si no fuese por la infinita inocencia que lo envolvía, el mensaje que me confiaba Julio era simplemente afrentoso.
>
> —Temo no poder explicarle adecuadamente tus razones a Mario —le dije—. Será mejor que le escribas a Barcelona.

—Claro, viejo, claro.

A cualquier persona menos desprevenida que Julio le habría resultado imposible escribir aquella carta. Pero la escribió. Y Mario, como es lógico, la tomó muy mal.

(Mendoza 2000: 204)

Pero el acto más consciente de ese intento de reconciliación fue la carta de ocho páginas que el argentino envió desde París a Haydée Santamaría, el 4 de febrero de 1972, contestando a la que ella le había escrito, molesta por la inclusión de su firma en la primera misiva a Castro, y conminándole, entre otras cosas, a decidirse de una vez para siempre a estar «con dios» y no «con el diablo» (Cortázar 1994: III, 51).

El autor de *Rayuela* se mostraba dolido por las dudas que había sembrado en Cuba su rúbrica en el texto colectivo, alegando que no fue posible tomar otra decisión, porque las informaciones que llegaban a París sobre lo ocurrido hablaban de torturas, campos de concentración, presiones, estalinismo, dominación soviética, etc. Cortázar, que se tomó la molestia de importunar a los miembros de la Embajada cubana en París para que dieran una versión oficial de los hechos, y terciando para que la carta no saliera de las manos de Goytisolo hacia las costas caribeñas hasta que se supiera toda la verdad, no recibió de los diplomáticos habaneros más que el silencio, las caras de circunstancias, los *dilata,* que le obligaron a sumarse al famoso y polémico texto. Escribe Julio: «después de semanas de espera inútil, que equivalían por parte de Cuba a ignorar o despreciar el amor y la inquietud de sus sostenedores en Francia, a mí me resultaría imposible no asociarme a un pedido de información que un grupo de escritores se creía con derecho a hacerle a Fidel. Más claro, imposible: era una manera amistosa, de compañero a compañero, de decirle: "Hay cosas que se pueden aguantar hasta un cierto límite, pero más allá se tiene derecho a una explicación", porque lo contrario supone o desprecio o culpa. Ocho o diez días más pasaron después de eso, sin que nadie de la embajada fuera capaz de comprender, a pesar de las advertencias, que esa primera carta se convertía en un derecho [...]. La imagen exterior de Cuba se vio falseada y amenazada por esa lamentable conducta consistente en no dar la cara» (Cortázar 1994: 49-50). Confirma así que tomó el camino más difícil: firmar la primera y negarse a la segunda, explicando en otro escrito, titulado «Policrítica», su modo sincero de seguir apoyando la revolución y ofrecerse para ayudar en lo que hiciera falta.

Y concluye: «Solamente quiero decirte que, en lo que toca a mi conducta con respecto a la Revolución Cubana, mi manera de estar con dios (¡vaya comparación, compañera!) será siempre la misma, es decir que en momentos de crisis me guiaré por mi sentido de los valores —intelectuales o morales o lo que sean— y no me callaré lo que crea que no debo callarme. A nadie le pido que me acepte, yo sé de sobra que los revolucionarios de verdad terminan por comprender ciertas conductas que otros calificarían de revoltosas» (Cortázar 1994: 52). Una vez más, un niño, inocente, frente a una jauría de lobos. Y lo peor es que también tuvo que vérselas con un gran número de chacales de todo pelaje, condición y procedencia. Los puñales no solo llegaban de la Sierra Maestra: polemizó con Arguedas, con Óscar Collazos, vetó a Cabrera Infante en *Libre* y él lo llamó «espía de Castro», y Goytisolo lo calificó de «deleznable y grotesco» (Goytisolo 1983: 22), por su «Policrítica a la hora de los chacales», que trató de ser un comodín, una carta (magna) en la manga para quedar bien con todos, las patatas hechas a gusto del consumidor. Como decía Gilman, «una fórmula de compromiso que combinaba lo que se iba a decir, lo que se pretendía decir, lo que se podía decir, lo que no se podía decir y el género mediante el cual podría ser dicho todo aquello» (Gilman 2003: 259). He aquí unos fragmentos:

De qué sirve escribir la buena prosa,
De qué vale que exponga razones y argumentos
Si los chacales velan, la manada se tira contra el verbo,
Lo mutilan, le sacan lo que quieren, dejan de lado el resto,
Vuelven lo blanco negro, el signo más se cambia en signo menos, [...].
De qué sirve escribir midiendo cada frase,
De qué sirve pesar cada acción, cada gesto que expliquen la
  Conducta

Si al otro día los periódicos, los consejeros, las agencias,
Los policías disfrazados,
Los asesores del gorila, los abogados de los trusts
Se encargarán de la versión más adecuada para consumo de
 inocentes o de crápulas,
fabricarán una vez más la mentira que corre, la duda que se
 instala,
y tanta buena gente en tanto pueblo y tanto campo de tanta
 tierra nuestra
que abre su diario y busca su verdad y se encuentra
con la mentira maquillada, los bocados a punto, y va tragando
baba prefabricada, mierda en pulcras columnas, y hay quien
 cree
y hay quien olvida el resto, tantos años de amor y de combate,
porque así es, compadre, los chacales lo saben: la memoria es
 falible y como en los contratos, como en los testamentos, el diario de
 hoy con sus noticias invalida
todo lo precedente, hunde el pasado en la basura de un presente
 traficado y mentido.

Entonces no, mejor ser lo que se es,
Decir eso que quema la lengua y el estómago, siempre habrá
 Quien entienda
Este lenguaje que del fondo viene
Como del fondo brotan el semen, la leche, las espigas.
Y el que espera otra cosa, la defensa o la fina explicación,
La reincidencia o el escape, nada más fácil que comprar el diario
 Made in USA
Y leer los comentarios a este texto, las versiones de Reuter o
 De la UPI
Donde los chacales sabihondos le darán la versión satisfactoria,
Donde editorialistas mexicanos o brasileños o argentinos
Traducirán para él, con tanta generosidad,
Las instrucciones del chacal con sede en Washington,
Las pondrán en correcto castellano, mezcladas con saliva
 nacional
Con mierda autóctona, fácil de tragar. [...].

Si hablo de mí es que acaso, compañero,
Allí donde te encuentran estas líneas,

Me ayudarás, te ayudaré a matar a los chacales,
Veremos más preciso el horizonte, más verde el mar y más
  Seguro el hombre.
Les hablo a todos mis hermanos, pero miro hacia Cuba,
No sé de otra manera mejor para abarcar la América Latina.
Comprendo a Cuba como solo se comprende al ser amado,
los gestos, las distancias y tantas diferencias,
las cóleras, los gritos: por encima está el sol, la libertad.

Y todo empieza por lo opuesto, por un poeta encarcelado,
Por la necesidad de comprender por qué, de preguntar y de
  Esperar,
Qué sabemos aquí de lo qué pasa, tantos que somos Cuba,
Tantos que diariamente resistimos el aluvión y el vómito
  De las buenas conciencias. [...].
Tienes razón Fidel: solo en la brega hay derecho al
  Descontento,
Solo de adentro ha de salir la crítica, la búsqueda de fórmulas
  Mejores,
Sí, pero de adentro es tan afuera a veces,
Y si hoy me aparto para siempre del liberal a la violeta, de los
  que firman los virtuosos textos
por-que-Cu-ba-no-es-eso-que-e-xi-gen-sus-es-que-mas-de-bu-fe-te,
no me creo excepción, soy como ellos, qué habré hecho por
  Cuba más allá del amor,
Qué habré dado por Cuba más allá de un deseo, una esperanza.
Pero me aparto ahora de su mundo ideal, de sus esquemas,
Precisamente ahora cuando
Se me pone en la puerta de lo que amo, se me prohíbe
  Defenderlo,
Es ahora que ejerzo mi derecho a elegir, a estar una vez más y
  Más que nunca
Con tu Revolución, mi Cuba, a mi manera. Y mi manera torpe,
  A manotazos,
Es esta, es repetir lo que me gusta o no me gusta,
Aceptando el reproche de hablar desde tan lejos
Y a la vez insistiendo (cuántas veces lo habré hecho para el
  Viento)

En que soy lo que soy, y no soy nada, y esa nada es mi tierra
   Americana,
Y como pueda y donde este signo siendo tierra, y por sus
   Hombres
Escribo cada letra de mis libros y vivo cada día de mi vida[1].

El poema es mucho más largo, y aquí solo hay unos cuantos versos de la primera parte. Entre la primera y la segunda hay un paréntesis extenso, en el que Cortázar supone qué tipo de crítica van a hacer los chacales a su policrítica (o crítica política), que es, a la vez, una respuesta a la autocrítica de Padilla y lo que ella ha generado. Aquí Julio arrastra otro problema que le viene molestando desde los años cincuenta: son muchos los que dudan de su «latinoamericanidad» y del compromiso con su país por vivir en Francia:

> *Comentario de los chacales (vía México, reproducida con alborozo en Río de Janeiro y Buenos Aires): «El ahora francés Julio Cortázar... etc.».*
> *De nuevo el patrioterismo de escarapela, cómodo y rendidor, de nuevo la baba de los resentidos, de tantos que se quedan en sus pozos sin hacer nada, sin ser oídos más que en sus casas a la hora del bife; como si en algo dejara yo de ser latinoamericano, como si un cambio a nivel de pasaporte (y ni siquiera lo es, pero no vamos a poner a explicar, al chacal se lo patea y se acabó) mi corazón fuera a cambiar, mi conducta fuera a cambiar, mi camino fuera a cambiar. Demasiado asco para seguir con esto; mi patria es otra cosa, nacionalista infeliz; me sueno los mocos con tu bandera de pacotilla, ahí donde estés. La revolución también es otra cosa; a su término, muy lejos, tal vez infinitamente lejos, hay una magnífica quema de banderas, una fogata de trapos manchados por todas las mentiras y la sangre de la historia de los chacales y los resentidos y los mediocres y los burócratas y los gorilas y los lacayos.*
>
>   [...].

---

[1] Este extensísimo poema se publicó en el número 67 de la revista *Casa de las Américas*, julio-agosto de 1971, y fue acompañado de una carta privada a Haydée Santamaría.

Y continúa el poema, en su etapa final. Se dirige a los compañeros cubanos, habla de Marx y Lenin, sus ideales, del trabajo, la zafra, la conciencia, la alegría, el amor, del compromiso, de Martí, de Camilo, el Che y Fidel, que se jugaron la vida por un pueblo y un ideal, llama a Cuba «mi Casa», «mi caimancito herido», y saluda también a Haydée. Termina con las palabras «El día nace». Ese era Cortázar, un señor muy niño con las manos enormes, que no sabía hasta dónde llegaban las babas del diablo. Cuenta Plinio Mendoza que por esa época, Julio llevó a la Embajada de Cuba en París un montón de ropa usada en buen estado y una máquina de escribir, como modesta contribución «para mitigar las penurias del bloqueo norteamericano. Pero los cubanos ni siquiera lo recibieron» (Mendoza 2000: 203). Cría cuervos, que no te defenderán de los chacales. Y los chacales y demás fauna, aunque sean amigos tuyos, también se reirán de ti. En efecto, el poema de Julio no solo fue despreciado por los cubanos, que lo publicaron pero no perdonaron, sino que fue tomado en broma e irónicamente por los que estaban en el otro bando. La siguiente anécdota de Plinio, con Aroldo, el corresponsal de Prensa Latina en París al que le confirmó que Gabo no había firmado la primera carta, es harto elocuente:

> Dentro de aquella situación atribulada, en el lindero mismo de la depresión, le envió desde la soledad de su casa de Saignon, en el sur de Francia, al pícaro Aroldo su famoso poema autocrítico. Aroldo me lo obsequió para la revista.
>
> —Hermano —estalló eufórica su voz en el teléfono de mi casa, una mañana—. Tengo un regalito para pagarte el tuyo. Vas a oírlo.
>
> Y con su divertido y musical acento de samba, me leyó unos versos: «Buenos días, Fidel, buenos días Haydée, mi casa, mi caimancito herido...».
>
> —¿Qué cagada es esa? —pregunté yo.
>
> —De Julio —decía Aroldo ahogándose de risa.
>
> —¿De Cortázar? No puede ser.
>
> Se volvió loco, pensé.
>
> Aquella tarde, cuando le enseñé a Marvel, mi mujer, el largo poema lleno de congojas y diatribas, ella movió la cabeza con incrédulo, triste asombro.

—Es un tango —dijo. Y luego, acordándose de las hienas y chacales que saltaban en cada línea del poema—: Con letra de Vichinsky.

(Mendoza 2000: 203)

EL AÑO DE LOS AÑICOS DEL *BOOM*

Visto lo visto, ya sabemos que los del *boom* tampoco volvieron a ser los mismos. «Nosotros, los de entonces, ya no somos los mismos» escribió Neruda en su famoso poema XX, el que precede a la canción desesperada, como si aquello fuera una prefiguración de lo que pasaría con la estirpe del *boom* a partir de la primavera de 1971. La «Policrítica» de Cortázar parecía también otra canción desesperada, y la escisión se veía cada vez más ancha, ajena y profunda.

Plinio decía que la autocrítica y el discurso de Fidel habían partido en dos el comité de la revista que él dirigía en París. Por un lado, Sartre, Simone y la mayoría de escritores y artistas europeos, más condescendientes con Cuba, y por otro, Mario, Goytisolo, Fuentes, Semprún, Edwards y el mismo Plinio, intransigentes con la actitud de los cubanos (Mendoza 2000: 200). Pero en el mismo número de la revista *Casa* que publicó el poema de Julio, el 67, los cubanos dividían el mundo entero desde Alaska a la Patagonia, del Atlántico al Índico, de Algeciras a Estambul, poniendo a un lado los de dios y al otro los del diablo. Comenzaban con una puesta en escena del problema: «La prensa capitalista desató una calumniosa campaña contra Cuba, con la cual colaboraron algunas decenas de intelectuales colonizadores con su secuela de colonizados, de destartalada ideología» (Gilman 2003: 245). Y, como en *Braveheart,* ponían a un lado los de Mel Gibson y al otro a los malos, todos apuntando con sus lanzas. Pero a los de Mel Gibson los metieron dentro de la cámara, que los tomó a todos (publicaron sus declaraciones), y a los otros los apartaron de la siguiente forma: «En cuanto a los textos hostiles, prescindimos de ellos; ya el imperio se encargó de difundirlos copiosamente» (Gilman 2003: 245). Los alineados con la *Casa* son Mario Benedetti, Óscar Collazos, Rodolfo Walsh, Gonzalo Rojas («Toca fondo el pecado original del intelectual y el carácter sospechoso de las cartas enviadas a Fidel»), Carlos Droguett («No se puede ser escritor verdaderamente libre para juzgar una revolución desde lejos, desde las comodidades de París, Londres o Barcelona»), Salvador Garmendia, etc. En el bando de los díscolos, aparte de los ya conocidos, también estuvieron, en diversos grados, y sin abandonar su ideología muchas veces de izquierda radical, Marta Traba, José Revueltas, Ángel Rama, Adriano González León, Octavio Paz, Eduardo Lizalde, Enrique Lihn y Juan García Ponce. También hubo quienes no apoyaron a unos ni a otros, y criticaron las dos posturas extremas, o bien hicieron una leve enmienda al estalinismo cubano, como Haroldo Conti, David Viñas, etc.

Lo que está muy claro es que desde entonces se produjo la atomización de los protagonistas del *boom,* el descalabro de una unidad conseguida en torno al proyecto cubano. José Donoso lo expresa muy bien: «Creo que si en algo tuvo unidad casi completa el *boom* fue en la fe primera en la causa de la Revolución cubana; creo que la desilusión producida por el caso Padilla la desbarató, y desbarató la unidad del *boom*» (Donoso 1999: 59-60). El *boom* en añicos. El año negro del *boom.* El año de los añicos.

Han salido muchos nombres, pero falta el más importante: Gabo. Ya hemos visto qué ocurrió con la primera carta. Su actitud fue polémica, precisamente porque no fue actitud ni fue nada. Solo el juego del escondite. En estos primeros momentos, cuando el estallido del caso es notorio y todos se revolucionan, en la primavera de 1971, sigue dejándonos en la incógnita. El mismo Plinio, su gran amigo del alma, confiesa que, hasta que no dio públicas señales de vida, su posición «era un enigma» (Mendoza 2000: 205). Cuenta a la vez que, al igual que Mendoza, Gabo había observado muy de cerca —lo comentaban con frecuencia— la evolución de Cuba y, en particular, «la manera como el espíritu estrecho y dogmático del partido —que virtualmente nos había expulsado de Prensa Latina diez años atrás— en vez de desaparecer o disminuir, había invadido como un cáncer todo el organismo estatal» (Mendoza 2000: 205).

Además, no debe pensarse que hubiera desconocimiento del caso o del modo de actuar de los servicios de seguridad cubanos, añade Plinio, porque Carlos Franqui les tenía, a los dos, al corriente de esas actividades, que siempre se hacían con la asesoría de los soviéticos, «eficaces en el manejo de los interrogatorios y en la manipulación psicológica de los detenidos», que «explicaban de sobra los procedimientos utilizados con Padilla» (Mendoza 2000: 205).

Era evidente que, tarde o temprano, Gabo tendría que opinar. Lo habían hecho todos, y se habían posicionado. Aquellos a quienes todos escuchan y aquellos a quienes nadie lee u oye, aquellos cuyas opiniones tienen prestigio y sientan cátedra, y aquellos que nunca nadie sabrá dónde o cuándo dijeron algo. Todos hablaban, y opinaban, y criticaban, autocriticaban o policriticaban. Así hasta que Gabo apareció. Desde ese momento, otras voces desaparecieron, porque para que algo se oiga o se difunda hace falta espacio. Y Gabo ya tenía altura, peso, densidad y profundidad suficiente como para llenar cualquier espacio, en tres dimensiones, incluso cuatro, si son pequeñas.

EL ABOGADO MÁS HERMOSO DEL MUNDO

Esteban, el muerto bello, grande y varonil que llega a las costas del Caribe en el relato de García Márquez titulado «El ahogado más hermoso del mundo», va transformando el universo de los habitantes del pequeño pueblo a pesar de su condición cadavérica. La irrupción de un Gabo muy vivo a finales de 1971 en el mundo de la opinión pública también revolucionó el ambiente cultural latinoamericano en relación con el caso Padilla. En la entrevista de Hildebrandt a Vargas Llosa, antes de la epifanía del colombiano, el periodista le pregunta qué opina de la actitud de su amigo, que acaba de pronunciarse escuetamente a favor de Fidel, a lo que Mario responde: «No conozco las declaraciones completas de García Márquez y por lo tanto no voy a comentar una síntesis tan apretada. Pero lo conozco a él lo suficiente como para estar seguro que su adhesión al socialismo es, como la mía propia, la de un escritor responsable de su vocación y sus lectores, una adhesión no beata ni incondicional» (Vargas Llosa 1983: 172). Es de suponer que, tras escuchar las declaraciones posteriores de Gabo, Mario se sentiría incómodo con él, no tanto por haber errado su percepción a priori como por experimentar por primera vez un desencuentro político e ideológico, de carácter más o menos grave, con su mejor amigo. Porque Gabo, en su aparición estelar, se convirtió en el mejor abogado —el más hermoso del mundo— de Fidel y su revolución.

Plinio vivió en directo esa *gabofanía* porque, tiempo después de recibir la carta donde escuetamente le decía por qué no quería firmar la primera misiva a Castro, apareció sin previo aviso. Fue una llamada telefónica. Desde Barcelona. Acababa de llegar de una larga estancia en el Caribe (desde el otro lado del auricular se sentía el olor de la guayaba podrida) y anunciaba que viajaría a París en breve. Solo para hablar largo y tendido con él. Este es el primer relato de ese encuentro:

> En cuanto entró en el apartamento que ocupábamos en la rue de Rome y vio a mi mujer, la cara que ella puso, alzó los brazos con humor:
> —No me vayas a regañar por lo de Padilla —le dijo.
> Y ella, caribe como él, irreverente, sin poder guardarse nada para sí misma:
> —Claro que te regaño, Gabito. Lo que hiciste es el colmo.
> Él se echó a reír.
> —Marvel —dije yo—, déjale a Gabo tiempo de llegar. Tenemos que hablar muy largo con él.
>
> (Mendoza 2000: 206)

Lo que sigue es el relato de tres noches casi enteras hablando siempre obsesivamente de Cuba y del caso Padilla, sin poder ponerse los dos de acuerdo por primera vez en toda su vida. Plinio dice que comprendió sus razones, aunque no compartía ninguna idea. Gabo consideraba que, hasta entonces, el balance general de la revolución era muy positivo, y su situación le parecía mucho mejor que la de la mayoría de los países latinoamericanos que, o bien eran esclavos del imperialismo, o bien eran esclavos de las oligarquías que detentaban el poder indefinidamente, y de forma corrupta, desde hacía siglos. Estaba persuadido de que los logros en educación y sanidad eran heroicidades fuera de toda consideración lógica, incomparables con las de otros países del entorno. Podía haber errores, pero oponerse frontalmente al conjunto era injusto (Mendoza 2000: 207).

En *El olor de la guayaba,* once años más tarde de este encuentro, Mendoza entrevista a Gabo y este anota las razones que le empujaron a acercarse cada vez más a la revolución. Cauto y poco amigo de datos concretos y contundentes, indica que posee «una información mucho mejor y más directa, y una madurez política que me permite una comprensión más serena, más paciente y humana de la realidad» (Mendoza 1994: 128). Como en otras ocasiones, Plinio se queda sin las respuestas que pretende. Además, Gabo puede hacer esa afirmación en el año 1982, cuando ya conoce muy bien la situación cubana y a sus líderes, y es amigo personal de Castro desde 1975, pero no es una respuesta válida para el año 1971, pues, por aquellas calendas, el colombiano solo tenía información indirecta sobre Cuba. En *El caso perdido* da cuenta de sus esfuerzos infructuosos, pues muchas de sus charlas sobre ese tema llegaron a un punto sin salida. Reproduce Mendoza una conversación:

—«Si yo pudiera contarte ciertas cosas» suspira Gabo a veces.
—«Si tu supieras».
Sí, él es el depositario seguramente de secretos del poder que no puede revelar. Debe de conocer el largo contencioso que existe entre Castro y la Unión Soviética. Quizás allí se alojan, secretas, las razones de su adhesión.

(Mendoza 1984: 144)

Mendoza, aunque se pronuncia en contra de los métodos estalinistas, hace un esfuerzo por comprender la postura radical de su amigo, cuando expone: «Para decirlo con su propio lenguaje: solo había dos sopas en el menú. Una sopa incluía probablemente cierto tipo de libertad, la posibilidad de escribir editoriales en los periódicos, de echar discursos en los balcones, de hacerse elegir senador o concejal, pero los niños se morían de hambre o quedaban analfabetos, o los enfermos agonizaban en cualquier parte sin poder llegar a un hospital. La otra sopa del menú no incluía la libertad tal como hasta entonces la habíamos admitido, pero la miseria no existía, los niños comían, recibían educación y techo, había hospitales para los enfermos y las desigualdades de origen eran suprimidas. Entre estas dos sopas, entre estas dos realidades, las únicas puestas sobre la mesa del mundo, había que elegir. Él había elegido. Naturalmente que yo no estaba de acuerdo con él» (Mendoza 1984: 142-143).

Pero todo esto son conversaciones de amigos, y algunas de ellas lejanas al contexto histórico que estamos viviendo. El hecho clave del momento, donde el abogado más hermoso del mundo se despachó a gusto, fue un largo reportaje concedido a *Diario del Caribe*, un periódico de Barranquilla, y después publicado en el dosier de *Libre* con toda la información sobre el caso Padilla, a través de la entrevista de Julio Roca, a finales de 1971, justo cuando Gabo se encontraba a punto de viajar a Nueva York para recibir el doctorado honoris causa por la Universidad de Columbia. Por aquella época tenía negada la visa para entrar en los Estados Unidos por ser comunista, pero se hizo la excepción. De igual modo, Toni Morrison, también Premio Nobel, consiguió llevar a Princeton, casi de incógnito, en otra ocasión, al colombiano, sorteando todo tipo de dificultades, debidas a la ideología declarada y pública del autor.

En la primera parte de la entrevista, Julio Roca pregunta a García Márquez cuál va a ser su posición dentro del grupo de intelectuales latinoamericanos que se separan con claridad del proyecto de Castro. El colombiano, lejos de contestar frontalmente a la cuestión, niega que haya ruptura. Pretende que «el conflicto de un grupo de escritores latinoamericanos con Fidel Castro es un triunfo efímero de las agencias de prensa» (VV. AA. 1971: 135). Según García Márquez, no hay conflicto. Fue el sistema mediático el que tergiversó los polos del *supuesto* problema y radicalizó las posturas, manipulando el discurso que pronunció Fidel Castro durante el Congreso. No obstante, admite la dureza de algunas declaraciones, reconociendo que «en efecto hay algunos párrafos muy severos» (VV. AA. 1971: 135).

Así, la culpa de la situación actual, según él, la tiene exclusivamente la prensa. «Los corresponsales extranjeros —insiste— escogieron con pinzas y ordenaron como les dio la gana algunas frases sueltas para que pareciera que Fidel Castro decía *lo que en la realidad no había dicho*» (VV. AA. 1971: 135). Una defensa a ultranza del dictador, que trata de suavizar el contexto general en el que se produjo el enfrentamiento con los intelectuales. Ahora bien, ya sabemos que sus palabras fueron crudas y crueles, y que su intención era clara. Según César Leante, refiriéndose concretamente a esa ocasión, «Fidel produjo durante su clausura uno de los más virulentos discursos que contra los intelectuales se haya pronunciado jamás» (VV. AA. 1971: 135).

En la entrevista, García Márquez confirma que *no* intervino en ninguna de las dos cartas (a veces llamadas telegramas) dirigidas a Fidel Castro: «Yo no firmé la carta de protesta porque no era partidario de que la mandaran» (VV. AA. 1971: 135). Y en la última parte de su respuesta, añade el colombiano que «en ningún momento pondré en duda la honradez intelectual y la vocación revolucionaria de quienes firmaron la carta» (VV. AA. 1971: 135). El gesto de García Márquez, solidario con Castro, pero a la vez solidario con los firmantes, le hace navegar entre dos lealtades: el servicio incondicional a la revolución, y el derivado de su pertenencia y liderazgo con respecto al grupo del *boom*. Gabo es consciente del daño que puede hacer a la propia revolución y al futuro del socialismo en América una polarización absoluta de posturas encontradas. Confía en los firmantes y los considera todavía como revolucionarios, quizá para paliar el desprecio de Fidel Castro por los que han secundado el escrito de protesta. Los textos son muy nítidos, y en ningún momento pretenden desestabilizar los principios de la revolución. En la primera de las cartas, por ejemplo, se deja bien claro en el comienzo que los firmantes son claramente «solidarios con los principios y metas de la Revolución cubana» (VV. AA. 1971: 95), y en la segunda, los firmantes se oponen a Castro y a sus actitudes pero se consideran plenamente revolucionarios. Y terminan expresando un deseo, sincero a todas luces: «Quisiéramos que la Revolución cubana volviera a ser lo que en un momento nos hizo considerarla un modelo dentro del socialismo» (VV. AA. 1971: 95). Y yendo a la cuestión principal, Julio Roca le pregunta sin rodeos: «¿Está usted con o contra Castro en relación con el caso del poeta Padilla?» (VV. AA. 1971: 136). García Márquez es incapaz, sin embargo, de decantarse, tratándose del *caso,* por una postura sólida y unitaria; no sabemos si debido al desconocimiento real de algunos detalles, o bien a la incapacidad para oponerse frontalmente a Castro en algo que a todas luces fue un error político y un abuso de poder. Claudia Gilman infiere que «su posición revelaba un manejo sutil de las tácticas de la enunciación, la inclusión o exclusión que gracias a los usos pronominales modifican la responsabilidad ante el propio discurso» (Gilman 2003: 257). Con su respuesta: «yo, personalmente, no logro convencerme de la espontaneidad y sinceridad de la autocrítica de Heberto Padilla» (VV. AA. 1971: 136) o cuando dice: «el tono de su autocrítica es tan exagerado, tan abyecto, que parece obtenido por métodos ignominiosos» (VV. AA. 1971: 136), o bien cuando reconoce que no se puede llamar a Padilla un autor contrarrevolucionario, su actitud parece clara, y su desacuerdo con Castro obvio. Ahora bien, nunca habrá una alusión directa a quien fue, en última instancia, el responsable del proceso, y mucho menos la insinuación de un fallo en el sistema ideológico que sustenta la revolución. Al contrario, solo se atreve a señalar el efecto negativo que la posición del poeta censurado puede acarrear en el futuro del país: «Yo no sé si de veras Heberto Padilla le está haciendo daño a la revolución con su actitud —indica—, pero su autocrítica sí le está haciendo daño, y muy grave» (VV. AA. 1971: 136). Es decir, Padilla, según Márquez, sin ser enemigo de la revolución, es quizá la causa, de modo inconsciente, de ciertos perjuicios que no se sabe hasta dónde pueden dañar el esfuerzo de Castro por construir una sociedad mejor. Algo parecido, por otro lado, a lo que Vargas Llosa contestaba a Hildebrandt.

Seguidamente, y como consecuencia casi directa de lo ya ampliamente conversado, el periodista pregunta si se puede hablar de cierto estalinismo en la política interior de Cuba, a lo que García

Márquez contesta que se va a saber dentro de poco porque, si es así, «lo va a decir el propio Fidel» (VV. AA. 1971: 136). Queda patente su confianza en el líder máximo, pero lo más relevante es que no niega la posible presencia del estalinismo en Cuba. Hubiera podido dar su propia opinión, negar con rotundidad o evadir la cuestión. Sin embargo, esa respuesta evidencia que Gabo piensa que posee un conocimiento bastante profundo de la estrategia de Castro para intentar salir airoso del grave problema que ha ido creciendo con el tiempo. Por eso, cuando el periodista colombiano le pregunta si va a romper entonces con la revolución, su respuesta es tajante: «Por supuesto que no» (VV. AA. 1971: 136). Y vuelve a insistir en que no ha existido ruptura alguna entre los intelectuales latinoamericanos y el gobierno cubano: «de los escritores que protestaron por el caso Padilla —asegura— ninguno ha roto con la Revolución cubana, hasta donde yo sé» (VV. AA. 1971: 136).

Gabo era consciente de las consecuencias que podía tener su decisión y, aunque su postura adquirió ciertos atisbos de crítica, la entrevista terminaba con un voto de confianza hacia la revolución y una constatación de su solidaridad con ella, que «no puede afectarse por un tropiezo en la política cultural, aunque ese tropiezo sea tan grande y tan grave como la sospechosa autocrítica de Heberto Padilla» (VV. AA. 1971: 135). El abogado más hermoso del mundo quería defender a Castro y a Cuba sin romper con sus amistades literarias, lo que, a esas alturas, ya era muy difícil. No obstante, veremos cómo en Barcelona, hasta 1974, el idilio con Vargas Llosa continuó teniendo visos de verosimilitud, y las reuniones con los otros miembros eran continuas. Todo hasta el día del puñetazo. En pleno ojo izquierdo. El ojo menos hermoso del mundo se haría también famoso, pero mucho más tarde, en 1976.

10
EL RETORNO DE LOS GALEONES: TENDIENDO PUENTES ENTRE ESPAÑA Y EL *BOOM*

Los puentes y la literatura han estado siempre muy ligados. El puente, históricamente, es símbolo de unión, de contacto entre tierras incomunicadas. Se trata de una de las primeras construcciones humanas que han practicado todas las culturas con el fin de juntar lo que está separado. En literatura también se *construyen* puentes a través de la escritura, uniendo planos que están desligados: el de la realidad y la ficción, el de la vigilia y el sueño. La continuidad ya no de los parques, sino de los puentes. El escritor es el encargado de tender un puente al lector para que cruce a ese otro lado, al mundo habitado por personajes como Horacio Oliveria que, muy sagazmente, espera a la Maga en *Le Pont des Arts*. *Rayuela* es uno de los iconos narrativos del *boom*, y no casualmente transcurre entre Buenos Aires y París. Vargas Llosa, en un artículo llamado «París, entre unicornios y quimeras», afirma que precisamente las dos ciudades más literarias del mundo son estas dos, porque en ambas, sobre la ciudad real, se superpone una ciudad literaria «hecha de mitos, leyendas, personajes extraordinarios, acciones heroicas o trágicas o cómicas, que están como impregnando la ciudad real y a veces sustituyéndola» (Vargas Llosa 2008: 1). Tampoco entonces se nos antoja casual que París sea la ciudad de los mil puentes y que en ella prácticamente no haya calle, parque, barrio o monumento «que no se asocie a algún poema, a algún autor, a algún libro, a alguna corriente o a un hecho relevante de la vida literaria y artística de Francia». El peruano nos tiende un puente y escribe:

> Probablemente el espectáculo de los puentes de París sea lo más bello de la ciudad más bella del mundo, que sin duda es París. Ver amanecer o anochecer desde los puentes o contemplar un crepúsculo en el otoño es una experiencia estética inagotable y una de mis grandes ilusiones cuando paso por París.
>
> Los puentes del Sena, las dos islas, la de la Cité y la de Saint Louis, son el centro mismo de la historia de Francia, que comenzó allí; y no se puede pasear por esos lugares sin que toda esa tradición histórica, riquísima, en los siglos en que Francia fue la capital del mundo, no repercuta sobre la memoria y la sensibilidad del paseante.
>
> (Vargas Llosa 2008: 1)

No cabe duda de que los años que pasó Vargas Llosa (y García Márquez) en París repercutieron en su «memoria» y en su «sensibilidad». Ya hemos comentado los avatares literarios que vivieron nuestros protagonistas, por separado, en la ciudad de la luz, los cuales, a todas *luces,* han quedado impresos en esta ciudad *empuentada.* Para ambos París fue clave en su literatura: allí aprendieron a construir imponentes y admirables puentes de pasta literaria. Gabo ha hablado en varias ocasiones de esa vida «difícil, aventurera y pintoresca de muchos sudamericanos varados en París». Su experiencia fue dura, pero a pesar de las miserias padecidas, logró salir adelante y escribir *El coronel no tiene quien le escriba.* Comenta Gabo: «Pero si no hubiese vivido estos tres años, probablemente no sería escritor. Aquí aprendí que nadie se muere de hambre y que uno es capaz de dormir bajo los puentes». El escritor que habita bajo un puente de arquitectura y sobre uno de literatura. Como Vargas Llosa, que escribió también *La ciudad y los perros* entre, sobre y bajo esos puentes. Así, arquitectura y literatura se superponen y enriquecen mutuamente, son dos caras de una misma moneda que tiene mayor circulación en la villa parisina. Y es que los puentes arquitectónicos y los literarios comparten el mismo objetivo: permitir la comunicación. Así el arquitecto y el poeta se erigen como los grandes comunicadores del *boom,* los hacedores de puentes, los conectores de ambos lados del Atlántico. Pero Vargas Llosa y García Márquez no solo tendieron puentes, sino que también los cruzaron. El más importante, el más trascendental en sus vidas, fue el que Carlos Barral tendió en los sesenta re-estableciendo el diálogo y la comunicación entre España y América Latina. El editor de Seix Barral estaba asentado en otra importante ciudad *encuentada,* que más que tener puentes, los ha tendido: Barcelona. Esto hizo que los latinoamericanos se instalaran por un tiempo en España, en esta ciudad, creando una colonia de escritores de América Latina vocacionalmente barceloneses, y suscitando un gran interés en todo el país, que dedicó estudios, conferencias y coloquios al análisis de la literatura hispanoamericana.

ESPAÑA Y EL *BOOM* LATINOAMERICANO: UN PUENTE DE ALUMINIO

Sabemos que este fenómeno literario del *boom,* fruto de la sociedad de consumo y del crecimiento del público lector, aparece originariamente en México y Buenos Aires. El respaldo de las técnicas de publicidad y mercado (las editoriales incrementaron las tiradas por la demanda masiva de obras literarias) y el consenso crítico positivo, propiciaron este prodigio sociológico. El término, como también explicó Rama, proviene de la vida militar, «como onomatopeya de explosión, teniendo sus orígenes en la terminología del "marketing" moderno norteamericano para designar un alza brusca de las ventas de un determinado producto en las sociedades de consumo» (Rama 1984: 56). La gran sorpresa fue su aplicación al ámbito cultural, a los libros, que se pensaban fuera de estas lides. El nombre procede del campo periodístico (la revista *Primera Plana* lo sacó a la palestra) para designar el momento áureo de las letras hispanoamericanas, con obras como *El siglo de las luces* (1962) de Carpentier, *La muerte de Artemio Cruz* (1962) de Carlos Fuentes, *Rayuela* (1963) de Cortázar, y *La ciudad y los perros* (1963) de Vargas Llosa. No se trató de un movimiento generacional, ni de una estética (aunque muchos lo equipararon al realismo mágico), ni de una mera treta comercial, aunque el nombre tenga ese origen publicitario. Porque hay que aclarar que los editores que favorecieron el surgimiento de esta nueva narrativa de América Latina fueron «casas oficiales o pequeñas empresas privadas», que Rama define como «culturales», verbigracia Seix Barral, amén de diferenciarlas de las empresas netamente comerciales. Y es que, a pesar de sus detractores, de las críticas y de las acusaciones de maniobra editorial, el *boom* sirvió para llamar la atención del lector, en especial del español, sobre autores de escaso público y con obras de elevada calidad literaria: como hiciera Borges con Macedonio Fernández, Vargas Llosa con Arguedas, o Cortázar con Lezama Lima o Felisberto Hernández, antes desconocidos en nuestro país. El *boom,* es claro, no solo lo hicieron los editores, sino los lectores de ambas orillas del Atlántico.

Los historiadores del *boom* se han devanado los sesos intentando explicar sus causas. José Miguel Oviedo sugiere una «notable conjunción de grandes novelas surgidas a mediados de los años sesenta» y de la «revalorización de otras, no menos importantes, que habían sido soslayadas o leídas en un distinto contexto» (Oviedo 2007: 55). Donoso habla de la internacionalización de la novela hispanoamericana y resalta la importancia cardinal de Vargas Llosa en el *boom,* debido a la publicación celebradísima de *La ciudad y los perros* en España. También afirma que Carlos Fuentes fue el «promotor intelectual» de este, el primer agente activo y consciente de la internacionalización de la novela hispanoamericana de la década de los años sesenta, ya que en *La nueva novela hispanoamericana* (1969) subrayó el carácter renovador de la prosa de Borges y destacó a Vargas Llosa, Carpentier, García Márquez y Cortázar. Cada uno configuró su propia nómina del *boom,* pero los invariables eran siempre García Márquez y Vargas Llosa. Donoso, en su *Historia personal del boom,* establece una jerarquización donde encontramos «tronos», «serafines», «arcángeles», poniendo solo cuatro nombres a la diestra de Dios Padre Todopoderoso: «Si se acepta lo de las categorías, cuatro nombres componen, para el público, el *gratin* del famoso *boom,* el cogollito, y como supuestos capos de mafia, eran y siguen siendo los más exageradamente alabados y los más exageradamente criticados: Julio Cortázar, Carlos Fuentes, Gabriel García Márquez y Mario Vargas Llosa» (Donoso 1999: 119-120). Barral, aunque con menos fundamento que el propio Donoso, incluye al chileno en el cogollito, cuando le preguntan por los nombres esenciales del *boom:* «Bueno, pienso claramente en Cortázar, pienso en Vargas Llosa, pienso en García Márquez, pienso en Fuentes, pienso en Donoso: los demás serían de segunda fila, ¿no?» (Centeno 2007: 41).

No todos los que vivieron esa época piensan que el *boom* existió. Por ejemplo, Alejo Carpentier sentenciaba: «Yo nunca he creído en la existencia del *boom* [...]. El *boom* es lo pasajero, es bulla, es lo que suena... Luego, los que llamaron *boom* al éxito simultáneo y relativamente repentino de un cierto número se escritores latinoamericanos, les hicieron muy poco favor, porque el *boom* es lo que no dura» (Centeno 2007: 41). Otros, como Guillermo Cabrera Infante, que se benefició del impulso de la literatura latinoamericana en 1967, son muy irónicos con el proceso:

> ¡No formé parte del *boom!* Ellos fueron solamente un *boom* sónico, una estela. Pero si me presionan, confieso que tengo una deuda con Carlos Fuentes. Una vez entró en mi campo visual con una afeitadora eléctrica. Nunca había visto una sin cables y no podía esperar para comprármela. Cuando lo hice, cada vez que la usaba pensaba: «si Carlos me viera ahora». Esa es mi deuda con Fuentes.
>
> (Centeno 2007: 33)

Donoso asegura que si la novela de los sesenta ha llegado a denominarse *boom* y a ser tan conocida, lo es sobre todo por sus detractores o los que se han dedicado a negarlo, y que es una «creación de la histeria, de la envidia y de la paranoia». Fueron los detractores, «aterrados ante el peligro de verse excluidos o de comprobar que su país no poseía nombres dignos de figurar en la lista de honor, los que lanzaron una sábana sobre el fantasma del miedo, y cubriéndolo definieron su forma fluctuante y espantosa» (Donoso 1999: 13-16). Donoso recoge hasta distintos tipos de detractores: por ejemplo, los «*trottoir* literarios», que se dedican a ganar su prestigio mediante artículos y conferencias hostiles; los «pedantes», que niegan originalidad a las obras de los que más suenan en el *boom;* los «peligrosos enemigos personales», que hacen extensivo su odio a todo el grupo; los «papanatas» quienes, después de ganar un vulgar premio local, se suman ellos mismos a la nómina del *boom,* y se pronuncian en nombre de un grupo que no existe; los «envidiosos y fracasados», algún «profesor que quiso ser novelista» y se hundió, algún «burócrata podrido» en su mediocre empleo; los «ingenuos» que lo creen todo, y lo alabaron cuando comenzó y lo negaron cuando empezó a haber voces críticas; los «deslumbrados» por un cierto *glamour* que dan los cheques, las invitaciones, los medios de comunicación, los hoteles de lujo, etc. (Donoso 1999: 17). Pero la peor parte se la lleva, para Donoso, un nombre que es toda una categoría de rencoroso: Miguel Ángel Asturias, «que al sentir que el musgo del tiempo comienza a sepultar su retórica de sangre-sudor-y-huesos, intenta defenderse aludiendo a plagios, y dictaminando que los novelistas actuales son meros productos de la publicidad» (Donoso 1999: 18).

La estirpe del *boom*

Verdaderamente, y polémicas aparte, fue Mario Vargas Llosa, el joven novelista de veinticuatro años, «el punto de partida» de este fenómeno, la editorial Seix Barral, su catapulta; y España, su plataforma de lanzamiento. La novela ganó el Premio Biblioteca Breve (algo insólito, puesto que el premio estaba reservado para españoles) y se convirtió rápidamente en un *best-seller* en la Península y en toda América Latina. José María Castellet sentenció: «Mario Vargas Llosa fue realmente alguien que nos habló y nos hizo comprender muchas cosas de la literatura latinoamericana [...]. El hecho de venir a recoger el premio nos hizo entablar a todo un grupo de escritores una estrecha amistad con él, y él empezó o nos ayudó a abrir los horizontes cerrados que teníamos entonces» (VV. AA. 1971b). Es decir, se empezaron a tender puentes editoriales entre España y América Latina. En España, hasta ese momento, la literatura hispanoamericana era una gran desconocida no solo para el público masivo, sino para el lector de calidad. Estas circunstancias propiciaron que la perspectiva de títulos relevantes que poder publicar fuera amplísima, por lo que urgía construir «un catálogo que recogiese la trayectoria de la prosa de ficción hispanoamericana, aun partiendo de los renovadores del género, o bien centrarse solamente en las nuevas figuras» (Prats 1995: 140). Las novelas latinoamericanas de la época era muy disímiles, pero en su mayoría «construían una radical experimentación con formas, estructuras y lenguaje, y abrían perspectivas más allá del realismo, que era, históricamente, la fórmula más característica de nuestra narrativa» (Oviedo 2007: 54). De esta manera, la colección Nueva Narrativa Hispánica de Seix Barral se decantó por las nuevas figuras, sacando a la luz sobre todo primeras ediciones absolutas. Las ediciones de obras ya publicadas por otras editoriales solían aparecer bajo el rubro de la colección Formentor o de la Breve Biblioteca de Bolsillo. Libros de Enlace.

Por otra parte, Víctor Seix consiguió participación en editoriales hispanoamericanas de renombre, como Joaquín Mortiz en México, que se convirtió en «la editorial encargada de la publicación de las obras que Seix Barral no podía editar por la prohibición de la censura española. El caso quizás más significativo de la actuación de la censura sobre una obra hispanoamericana fue el de la novela *Cambio de piel,* de Carlos Fuentes, ganadora del Biblioteca Breve de 1967, que tuvo que publicarse en esa editorial mexicana, no pudiendo ser editada en España hasta 1974» (Prats 1995: 141). El *boom,* entonces, fue como un imán que atrajo a España, tendiendo un puente de aluminio (útil, resistente, flexible y buen conductor), a pesar de la dictadura franquista, sobre un nuevo mapa de lectura. Esto hizo que realmente se pusiera en práctica una política de exportación y recuperación del mercado del libro latinoamericano. España sufría la opresión de la dictadura y veía en la Revolución Cubana un modelo, una forma de alimentar las esperanzas de libertad de la izquierda intelectual peninsular. Lo cual no deja de ser paradójico ya que, todas las dictaduras, sean de derechas o de izquierdas, tienen una desagradable similitud. Lo que ocurre es que, en esos primeros años sesenta, el régimen castrista todavía no había empezado a ser considerado por la intelectualidad como una dictadura, algo que ya habían sufrido en sus propias carnes los miles de exiliados, ejecutados o encarcelados en la isla por ideas políticas desde los primeros años.

Se produjo, no obstante, una aparente contradicción, tal y como apunta Nuria Prats Fons: «España se convirtió en una de las grandes potencias productoras de libros, siendo un país, con un índice bajísimo de lectores [...] y se debía precisamente a la empresa eminentemente exportadora» (Prats 1995: 91). Pero gracias a Carlos Barral, promotor de la cultura literaria española de los sesenta, se fue incorporando a España el *nouveau roman,* se tradujo material nuevo de la vanguardia mundial y se incluyeron novedades y obras de calidad en el mercado literario español. Su principal destinatario fue el sector universitario, cada vez más extenso, que se sentía atraído por esa nueva literatura, por la Revolución Cubana y por intelectuales latinoamericanos como Rodríguez Monegal y Ángel Rama.

Y es que las editoriales estrictamente literarias, como la de Seix Barral, tenían como propósito poner al día, al lector especializado, de las corrientes literarias, actuando incluso en detrimento de la tendencia comercial de la empresa. Ángel Rama sostiene que este tipo de editoriales «fueron dirigidas o asesoradas por equipos intelectuales que manifestaron responsabilidad cultural y nada lo muestra mejor que sus colecciones de poesía. Propiciaron la publicación de obras nuevas y difíciles, interpretando sin duda las demandas iniciales de un público asimismo nuevo, mejor preparado y más exigente, pero lo hicieron pensando en el desarrollo de una literatura más que en la contabilidad de la empresa» (Rama 1984: 67). En lo concerniente al *boom* de la novela latinoamericana en España, hay que precisar que, en rigor, no comienza hasta finales de los sesenta, cuando en 1968 *Cien años de soledad* se convierte en todo un *best-seller* (mucho más que *La ciudad y los perros,* que se entendió como un caso aislado) y se incluye entre los diez libros más vendidos en España en ese año:

> La aventura por la que apostara la editorial Seix Barral fue pronto seguida por otras editoriales. Es entonces cuando se comen-

zó a desplegar sobre estos autores toda la pirotécnica publicitaria, cuando empezó a convertirse en una moda literaria, cuando el adjetivo «hispanoamericano» devino «marca» o etiqueta que otorgaba notoriedad a quien la ostentase.

(Prats 1995: 115)

El libro pasó de ser un vehículo de cultura a un producto de consumo. Esto no repercutió necesariamente en la calidad literaria, porque aunque algunos autores cayeron pronto en el olvido, otros de indudable valor literario siguieron en la palestra. De hecho, el interés de España por la narrativa hispanoamericana en el segundo lustro de los setenta remitió, pero los grandes nombres de insignes escritores latinoamericanos seguían acaparando la atención del público lector y de las editoriales.

Por otro lado, hay que añadir que esta fructífera comunicación entre los diversos países de lengua española se debió también a la profesionalización del escritor, que facilitó el movimiento de los latinoamericanos a otros países del continente o a Europa (París y Barcelona principalmente) y Estados Unidos para lograr mayor difusión y proyección. García Márquez le escribe una carta a Vargas Llosa el 1 de octubre de 1967 que ilustra a la perfección el trasiego, el ir y venir continuo del escritor latinoamericano de esos años: «Mi querido Mario, me alegra mucho saber que ya existes en una dirección. Soy muy mal corresponsal, pero me tranquiliza saber dónde están los amigos en cada momento. Esto se debe, tal vez, a que la vocación trashumante de los escritores latinoamericanos, de la cual yo mismo no estoy a salvo, me produce una rara sensación de desamparo» (Princeton C.0641, III, Box 4). A esto hay que sumar la aparición del narrador intelectual, aquel creador que, además de obras literarias, desarrolla un discurso intelectual articulado y cabal sobre la sociedad de su tiempo, como ya hemos visto a propósito de las revistas literarias. Como señala Rama, esta capacidad intelectual logra que tengan mayor audiencia escritores como Cortázar y Vargas Llosa. Pero este no es el caso de García Márquez, porque «ni su profesionalismo es categórico ni ejercita el discurso intelectual, y tampoco su obra, a pesar de la novedad técnica que ilustra, se canaliza por el mismo tipo de búsquedas. De hecho él es la prueba de la arbitrariedad con que se ha formalizado el criterio de *boom,* al cual solo pertenece por su éxito popular» (Rama 1984: 105). Es cierto que se intensifica la vinculación con los «mass media» y que proliferan las entrevistas, coloquios y apariciones televisivas de los escritores del *boom.* Por eso algunos se mostraron escépticos con el fenómeno *«boom»* que los englobaba, y con sus consecuencias. García Márquez le envía una carta el 12 de noviembre de 1967 al «Gran jefe Inca» en la que se queja de la fama y de los estertores del tan mencionado *boom:*

> La desacralización del *boom* me parece saludable. Ya sabes que ese ha sido siempre mi punto de vista, aunque comprendo que Marta Traba no lo haya hecho con intenciones sanitarias, sino simplemente porque tiene necesidad de comer y su último recurso es hacer el *trottoir* literario. El drama de quienes no nos quieren es mucho más grave que el nuestro, pues tienen que sentarse a escribir mejores novelas que las nuestras, y ahí se les jode todo. Yo, por mi parte, estoy hasta los cojones de Gabriel García Márquez, harto de lectores noveleros, de admiradores idiotas, de periodistas imbéciles, de amigos improvisados, y ya me cansé de ser simpático y estoy aprendiendo muy bien el noble arte de mandar la gente a la mierda.

> (Princeton C.0641, III, Box 10)

Vargas Llosa, en cambio, es más calmo en sus juicios sobre el *boom,* y opina perspicazmente sobre la nómina de sus integrantes, sus efectos y, en general, sobre la problemática de la narrativa latinoamericana de ese período. En 1972, en la polémica, ya mencionada con Rama en *Marcha,* enuncia:

> Lo que se llama *boom* y que nadie sabe exactamente qué es —yo particularmente no lo sé— es un conjunto de escritores, tampoco se sabe exactamente quiénes, pues cada uno tiene su propia lista, que adquirieron de manera más o menos simultánea en el tiempo, cierta difusión, cierto reconocimiento por parte del público y de la crítica. Esto puede llamarse, tal vez, un accidente histórico. Ahora bien, no se trató en ningún momento, de un movimiento literario vinculado

por un ideario estético, político o moral. Como tal, ese fenómeno ya pasó. Y se advierte ya distancia respecto a esos autores así como cierta continuidad con sus obras, pero es un hecho, por ejemplo, que un Cortázar o un Fuentes tienen pocas cosas en común y muchas otras en divergencias. Los editores aprovecharon muchísimo esta situación pero esta también contribuyó a que se difundiera la literatura latinoamericana lo cual constituye un resultado a fin de cuentas bastante positivo. Lo que ocurrió a nivel de la difusión de las obras ha servido de estímulo a muchos escritores jóvenes.

(Rama 1972: 59-60)

En otras ocasiones, Mario ha respondido no solo afirmando la existencia y notas del *boom,* sino asegurando además la amistad entre sus miembros. En una entrevista de 1969 concluye: «Existe una gran amistad y ello es una de las cosas notables del *boom.* No ha habido, dentro de los que se considera integrantes de este movimiento, eso que ha sido característico de otros movimientos latinoamericanos, como el modernismo, el vanguardismo, el surrealismo, es decir, esas enemistades personales, esas divisiones, esas guerras... Es muy hermoso que la mayor parte de los miembros del *boom* mantengamos una relación personal de gran amistad, de verdadera camaradería. Me siento muy amigo de casi todos ellos. Sus opiniones literarias me son muy útiles. Muchos de ellos han leído mis libros antes de que se publicaran y sus consejos me han sido muy valiosos. Ahora, no hay un denominador común en lo que se refiere a criterio estético, a criterio artístico. Cada uno tiene sus propias curiosidades, sus propios temas, sus propias técnicas. La homogeneidad está en la actitud frente a la literatura, frente a la propia vocación» (Coaguila 2004: 49).

A veces, algunos componentes del *boom* han mencionado no solo opiniones favorables sobre otros, o han testimoniado su amistad, sino que han profesado un verdadero culto. Por ejemplo, Gabo admiró a Cortázar desde muy joven hasta que lo conoció, y su admiración fue cada vez mayor, como dice en su artículo «Desde París, con amor», del 29 de diciembre de 1982, cuando acababa de recibir el Nobel días antes, y se encontraba en Cuba celebrándolo con

Fidel. Hablaba sobre lo interesante que es París para encontrarse con los escritores que uno adora: «Algunos no llegaban, como me ocurrió con Julio Cortázar —a quien ya admiraba desde entonces por sus hermosos cuentos de *Bestiario*—, y a quien esperé durante casi un año en el Old Navy, donde alguien me había dicho que solía ir. Unos quince años después le encontré, por fin, también en París, y era todavía como lo imaginaba desde mucho antes: el hombre más alto del mundo, que nunca se decidió a envejecer. La copia fiel de aquel latinoamericano inolvidable que, en uno de sus cuentos del otro cielo, gustaba de ir en los amaneceres brumosos a ver las ejecuciones en la guillotina» (García Márquez 1991: 354). En otro artículo de la época, «El argentino que se hizo querer por todos», del 22 de febrero de 1984, realizó un homenaje sublime a la figura de Julio, su gran capacidad para seducir al público por su elocuencia, la fascinación que creaba en los auditorios, las semanas que pasó, día a día, como un peregrino, en el Old Navy hasta que lo vio llegar. Julio acababa de morir y las últimas palabras de ese artículo son altamente emotivas: «En alguna parte de *La vuelta al día en ochenta mundos* un grupo de amigos no puede soportar la risa ante la evidencia de que un amigo común ha incurrido en la ridiculez de morirse. Por eso, porque lo conocí y lo quise tanto, me resisto a participar en los lamentos y elegías por Julio Cortázar. Prefiero seguir pensando en él como sin duda él lo quería, con el júbilo inmenso de que haya existido, con la alegría entrañable de haberlo conocido, y la gratitud de que nos haya dejado para el mundo una obra tal vez inconclusa pero tan bella e indestructible como su recuerdo» (García Márquez 1991: 519).

Álvaro Mutis, el escritor colombiano gran amigo de Gabo y Mario en aquel tiempo, le escribe una lúcida carta a Vargas Llosa, el 8 de diciembre de 1970, que es digna de mención por sus apreciaciones sobre el fenómeno del *boom* y por declarar sin ambages la amistad entre ellos, las dos cabezas, el arquitecto y el poeta:

> Viejo, estoy aún bajo el deslumbramiento y el *shock* de *Conversación en La Catedral:* la terminé hace cinco días y no puedo leer nada, ni siquiera mis sólitas memorias del Imperio o los códices bi-

zantinos. No sé cómo explicarte en este estilo epistolar desastroso que me caracteriza con mis amigos de siempre, lo que ha sido para mí el «descubrimiento» de esa novela y, con ella, de tu obra. [...] *Conversación en La Catedral* ha sido para mí la primera novela de nuestras patrias hispano-parlantes. Novela en el sentido que lo son para mí *La educación sentimental, Ana Karenina, The Black House* o *Las ilusiones perdidas.* Hay en tu novela una eficacia total del instrumento «verbal e imaginativo», no hay un solo momento vacío, ni una sola pausa, es compacta, total... y eso, mi viejo, es totalmente inusitado en nuestra tradición literaria. [...].

Esta lectura de tu libro me ha confirmado en una convicción mía, vieja ya de varios años, sobre la inexistencia del tal «boom» al que se suben, como a los tranvías de los barrios proletarios, demasiados pasajeros. Existe el fenómeno aislado de un novelista dueño de un instrumento y de una seguridad de visión que nadie había tenido antes en estas tierras y de un demiurgo peligroso que de repente edificó, con la substancia de todos nuestros mitos, terrores y miserias el gran poema de nuestro destino: tú y Gabo. De allí a *Cambio de piel* o a *Paradiso* o a *Rayuela* hay un abismo que no por incómodo de ver o por difícil de familiarizarse con él, es menos evidente y así lo verán o lo están viendo ya los muchachos que se asoman ahora a los veinte años.

(Princeton C.0641, III, Box 15)

Ya hemos visto la opinión de otros escritores, también escéptica con respecto a la existencia del fenómeno. En ocasiones, hasta se ha pensado que, tras la colocación de la etiqueta, había que hacer esfuerzos y reclutar nombres para el colectivo. Rama asegura que cada país quería introducir autores nacionales en los fastos, y los esfuerzos para ello rayaron alguna vez en lo ridículo, al decir de Donoso. Uno de los casos más singulares fue el de Adriano González León, como indica Daniel Centeno: «Cuentan los enterados tras bastidores que la Editorial Seix Barral, en un afán comercial sin precedentes, preguntó por alguna promesa venezolana. La búsqueda frenética dio sus frutos con la recomendación del novel Adriano. El hombre, a quien solo se le conocían unos pocos cuentos desperdigados y cierta participación en una peña literaria caraqueña, se puso a escribir el encargo hasta ponerle el punto final a *País portátil*. El libro lo hizo famoso, ganó un premio Biblioteca Breve y se le otorgó el efímero título de *novela venezolana del boom*. Después vino el silencio, las cenizas y el alcohol. El autor sufrió un bloqueo bíblico del que solo ha logrado salir en muy contadas ocasiones, y con unas pocas entregas que ni igualan a su explosiva antecesora» (Centeno 2007: 35). Pero la obsesión de Venezuela por tener un chico-boom no acabó ahí. Rama escribía: «Rizando este rizo se ha instituido un título de segunda clase: "Cónsul ante el boom", con el cual se ha distinguido a Salvador Garmendia en la solapa de su última novela, *Los pies de barro,* editada por Barral» (Rama 1986: 264).

En ocasiones, algunos miembros del *boom* se sometían a bromas a costa de otros, pero siempre dentro de una estudiada cordialidad, excepto en los casos de enfrentamiento abierto, como el de Asturias con Donoso. Normalmente, los comentarios jocosos no pasaban de ser anécdotas memorables, verbigracia la que cuenta Alfredo Bryce que ocurrió entre Tito Monterroso y Julio Cortázar. Relata en sus *Antimemorias* que de Tito Monterroso, que es muy chiquito, se dice en México que «no le cabe la menor duda», y que un día se encontraba hablando con él en el D. F., y le contaba la alegría que le había dado saludar en París, «al gran escritor más alto que me ha tocado conocer: Julio Cortázar». Le seguía diciendo lo bueno y sencillo que era el argentino, la forma increíble de no tomar se en serio a sí mismo, y cómo cada día esperaba al cartero para contestar enseguida las cartas de sus fans. En un momento, Tito puso una de esas caras pícaras e inteligentes, y preguntó a Bryce:

—¿Pero Cortázar existe, Alfredo?
—Ya lo creo que existe, Tito —le contestó.
—O sea que Cortázar sí existe...
—Ya lo creo, Tito.
—Caramba, con que existe... Porque lo único que he hecho yo en mi vida es plagiar a Julio Cortázar.

Al año siguiente, Bryce comía con Julio en su apartamento de París y le contó que estaba a punto de viajar a México. El peruano le dijo:

—Allá tienes que conocer a Augusto Monterroso.

—¿Monterroso? Pero, ¿Monterroso existe?

—Ya lo creo, Julio, y déjame que te busque su dirección en México.

Increíblemente, Julio exclamó:

—¡Pero si lo único que he hecho yo en mi vida es plagiar a Monterroso!

(Bryce 1993: 126-127)

La anécdota, tratándose de un relato de Alfredo, nunca se sabrá si fue real o no, pero da cuenta del sentido del humor de los del *boom* y su reconocimiento con respecto a los escritores que han sido sus guías. En otras ocasiones, la opinión de unos sobre otros no es tan favorable. Un día, charlando con Alfredo Bryce, nos contó que en otra ocasión, hablando con Tito Monterroso, salió a colación la figura de Carlos Fuentes. Entonces, Tito cambió la expresión de la cara, como preparando la artillería, y le dijo en confidencia a Bryce: «Mira Alfredo, si ves un tren..., ¡tóooomalo! Si ves una silla..., ¡siéeeeentate! Si te ponen delante un buen plato..., ¡cóooooometelo! Y si ves a Carlos Fuentes..., ¡huyeeeeeeeeeeeeeeeeeeeeee!». Qué casualidad que hace unos días (septiembre de 2008), cenando en un restaurante dominicano en pleno barrio neoyorquino de Queens, mientras celebrábamos la Feria del Libro Hispano de esa megalópolis, el poeta peruano Sandro Chiri nos relató la misma anécdota pero contada por Tito Monterroso al hispanista y peruanista italiano Antonio Melis, aunque con Bryce como objeto de burla...; las historias sobre los del *boom* son interminables. La mejor, sin duda, es la que escribe, de su puño y letra, el mismo Bryce, en una de las cartas de la Rare Books de Princeton. Está fechada el 10 de julio de 1975 y va dirigida a Mario Vargas Llosa. No tiene desperdicio:

Querido Mario:

José Miguel y yo estuvimos en un espantoso congreso en Bogotá, lleno de bibliotecarias viejas y tontas, de cubanos grotescos y exiliados, de bolivianos también tontos e inevitablemente provinciales y, por azar, tres o cuatro tipos formidables, como Cobo, Sainz (mejor que sus libros, salvo *Gazapo* que estaba bien ¿no?) y, sobre todo, Mutis, el gran señor reaccionario, único y magnífico.

Con Cobo me pasó algo sorprendente: él habló primero en la sesión de «nuevos escritores» y luego tenía que hablar yo para lo cual había preparado un breve texto. Increíble: el mismo lenguaje, las mismas ideas, la misma cita de Paz que iba a hacer (¿cuándo no?) yo la hizo él. Cuando terminó le di mi texto (tuve que empalmar con otra cosa) y él estaba tan sorprendido como yo.

(Princeton C.0641, III, Box 4)

Seguidamente le cuenta Alfredo a Mario que José Miguel Oviedo y él, a la vuelta del evento, han decidido sacar una revista, y piensa en los posibles miembros del consejo de redacción:

Un comité internacional de colaboración para lo que se ha escrito a Edwards, a Octavio, Pacheco, Mutis, Cobo, Darcey Ribeyro, Illich, Sábato, Sainz, Juan Goytisolo, Petkoff, Carlos Fuentes y Cortázar (que supongo no aceptará, ¿no es así?). A Gabo le incomodará estar aquí; por lo demás, cada vez está más demagogo. ¿Viste el palo de Paz? Me pareció muy bien.

(Princeton C.0641, III, Box 4)

Hay que señalar que el año de 1975 fue precisamente el momento en que Gabo conoció a Fidel Castro y se volvió defensor furibundo de la revolución, como ya hemos explicado por extenso en *Gabo y Fidel*. Por eso, algunos amigos desconfían de las posibilidades de contar con él en una empresa en la que hay muchos que ya han cortado radicalmente con la isla desde 1971. Pero lo más interesante de la carta no es eso, sino el fantasma de la premonición invertida. Del mismo modo que la cagada de pájaros de Santiago Nasar fue una premonición invertida de la buena suerte del protagonista para ese día, se puede decir que el destino castigó a Alfredo con el mismo mal que él iba a repetir incansablemente, hasta casi treinta veces, en los últimos años: el plagio. Se supone, claro está, que lo de Cobo y él fue una coincidencia. ¿Será que, a partir de entonces, Alfredo empezó a ver coincidencias entre sus artículos, y los publicados, siempre antes que él, por otras personas?

Pero, volviendo a los pormenores del *boom,* sus detractores, sus miembros, sus delimitadores, su existencia, realmente, quien más se ha mojado en hacer una nómina objetiva, con todas sus esquinas, es Donoso. Aparte del cogollito, que él definió perfectamente y sin faltarle razón, acierta bastante en proponer otros nombres que contribuyeron de una forma u otra a que, después de más de cuarenta años, se siga hablando del *boom* como la edad de oro de la literatura latinoamericana. Habla de una «estirpe» (la estirpe del *boom)* de libros profundamente hispanoamericana: la de los que «conscientemente se adjudican la tarea de escarbar debajo de la superficie de nuestras ciudades y nuestras naciones para desentrañar su esencia, su alma. ¿Qué es ser mexicano, limeño, argentino? Pocos escritores de hoy se dan el trabajo de preguntarse qué es ser inglés, francés, italiano, y si lo hacen, escasas personas no especializadas dan importancia a esos libros» (Donoso 1999: 50). En efecto, las milenarias tradiciones culturales de España, Francia, Inglaterra, etc., han contestado ya a esas preguntas cruciales. Pero las culturas nuevas, como las americanas, necesitan «una serie de libros que aspiran a servir de atajos para llegar lo más pronto posible a una conciencia de lo que, en los diversos países, es lo nacional» (Donoso 1999: 50).

Siguiendo esa tesis, Donoso ve en el *boom* unos antecedentes, una serie de escritores de algún modo relacionados con el *gratin:* Borges, un modelo, a pesar de que «no escribe novelas y que sus posiciones políticas reaccionarias serían incompatibles e inaceptables» (Donoso 1999: 120), Juan Rulfo y Carpentier, Onetti y Lezama. También ve otros que bien podrían ser parte del *gratin,* como Sábato y Cabrera Infante, pero que se automarginan por una u otra razón. Después habla de otra categoría, de escritores con reputaciones sólidas, como Roa Bastos, Manuel Puig, Salvador Garmendia, David Viñas, Carlos Martínez Moreno, Mario Benedetti, Vicente Leñero, Rosario Castellanos, Jorge Edwards, Enrique Lafourcade, Augusto Monterroso, Jorge Ibargüengoitia y Adriano González León. Luego vendría el *boom-junior,* con Severo Sarduy, José Emilio Pacheco, Gustavo Sainz, Néstor Sánchez, Alfredo Bryce, Sergio Pitol y Antonio Skármeta. Luego habla Donoso de un *petit-boom* argentino, con Mujica Lainez, Bioy Casares, etc., y un *sub-boom,* nombres lanzados por premios, pero de escasa solvencia, del que no da nombres. Hasta aquí, la lista más completa que se ha dado. Ahora bien, lo que está claro, es que la historia del *boom* puede escribirse únicamente con los miembros del *gratin,* del que Gabo y Mario son, indudablemente, las puntas de lanza: uno con su poesía y el otro con sus estructuras: el poeta y el arquitecto. Gracias a ellos, en 1982 ya se podía decir lo que Donoso escribió, a la vuelta de una década desde que publicara su libro, con respecto a la huella que el *boom* había dejado no solo en la literatura, sino también en el denso aire cultural y social del hispanismo trasatlántico:

> Hay *boutiques* que se llaman Macondo. Cronopios y famas son palabras que han llegado a la calle. Para un extranjero poco enterado de la historia argentina, Lavalle es una calle y un personaje de Sábato. Todo el mundo sabe lo que es una visitadora.

> (Donoso 1999: 192)

De 1982 a nuestros días ha llovido bastante (veinticinco años), por lo que ahora podríamos seguir diciendo cientos y cientos de términos y situaciones que la sociedad ha asimilado como células de su propia constitución bimilenaria, como el apelativo «el Chivo» para un dictador que hace ocho años muy pocos sabían que había existido, y que se llama Trujillo, el nombre de Santiago Nasar o la realidad de que algunas putas son tristes. También, que se puede dar la vuelta al día en ochenta mundos, que a todo patriarca le llega su otoño (incluso a Fidel), y que no hay soledad que dure más de cien años...

11
BARCELONA ÉS BONA SI LA *MAFIA* SONA: UN PUENTE DE SAL

Vargas Llosa, antes de instalarse en Barcelona, estuvo ejerciendo la docencia en distintas universidades de Europa y Estados Unidos: pasó primero por Londres, y más tarde, a mediados de 1968, fue a la de Washington State University como profesor visitante. Allí precisamente dictó un seminario sobre la obra de García Márquez (y una serie de conferencias acerca de la novela hispanoamericana) que le sirvió de antesala de su *Historia de un deicidio.* Entre 1969 y 1970 también estuvo enseñando en la Universidad de Puerto Rico y, de nuevo, en el King's College de Londres. Durante ese año (1969), finiquita *Conversación en La Catedral,* y comienza su tesis doctoral. Y es que en esa época Mario tenía la firme convicción de dedicarse a la vida académica, en aras de poder sustentarse económicamente y tener tiempo suficiente para la escritura. Pero Carmen Balcells, su agente literaria, le convence de que abandone la enseñanza y se dedique enteramente al oficio literario. Le ofrece, en una carta fechada el 16 de abril de 1969 y dirigida a Puerto Rico, ser mantenido por ella o por Carlos Barral, y vivir de lo que escribe:

> Querido Mario:
> Perdona que no haya contestado antes tus cartas 5 y 25 de marzo. Me aterra la rapidez con que corre el tiempo y nunca tengo suficiente para todas las cosas que quisiera tenerlo. Ya a tu primera carta iba a

contestar en términos tajantes aconsejándote liarte la manta a la cabeza, instalarte en Barcelona o donde te guste y *vivir de lo que escribes*.

Todo lo que tengo que decirte y no sé si es mucho o poco se reduce a lo siguiente: dime cuánto dinero necesitas mensualmente para instalarte aquí. Acabo de tener una conversación con Carlos sin que ninguno de los dos nos hayamos reunido para hablar de ti; he resuelto ya la cuestión de la manera más sencilla y sin forzar nada en absoluto, hasta tal punto que Carlos mismo se ha comprometido a entregarte una cantidad mensual que te permita vivir.

Veo que estás en Puerto Rico hasta el 14 de julio y luego un mes en Perú. Yo creo que debes tomar la decisión de regresar a Barcelona el próximo septiembre y no dentro de un año. A vuestra llegada podéis instalaros por poco tiempo en un apartamento amueblado y entonces instalaros a gusto alquilando una casa del modo que más os convenga.

(Princeton C.0641, III, Box 1)

El matrimonio Donoso ya había elegido Barcelona como centro de operaciones, y desde allí, María Pilar le escribió a Patricia Vargas Llosa el 1 de febrero de 1969:

Mi querida Patricia:

Gocé recibiendo noticias tuyas pero no quise contestarte antes de haber ido a Barcelona a buscar casa y poder darte datos más concretos. Allí por un lado Carmen Balcells nos dijo que Uds. pensaban siempre venirse a vivir a Barcelona lo que nos hizo saltar el corazón de alegría, pero este volvió prontamente a su sitio cuando los Gabos nos dijeron que Mario había aceptado un nuevo contrato y por dos años en Londres... ¿De veras? [...]. ¿Y Uds.? No me conformo con que no se vengan a Barcelona. Dicen los Gabos que les cargó USA. Les debe haber tocado una universidad como esta última de Pepe, tan distinta a la de Iowa que adoramos y adonde pensamos volver.

(Princeton C.0641, III, Box 7)

Otra carta de María Luisa a Patricia, del 7 de julio de ese año, aprecia ya como inminente la llegada de los Vargas Llosa a la capital catalana, y pone al día a la peruana de las últimas noticias del verano, dando razón de lo que hacen otros de los «mafiosos» del *boom:*

> Querida Patricia:
> Los García Márquez (que anteayer partieron a Italia de vacaciones, a «tomar el fresco» con el traductor de Gabo en Sicilia...) y nosotros, estamos muy «excitados» con la noticia de que se vienen a vivir acá, al menos por un tiempo... ¿Es cierto? Ojalá... no sabes la ilusión que nos hace a Pepe y a mí y a ellos también.
> Nos contó Carlos Barral y ahora Carmen Balcells me dio vuestra dirección con un recado: que sale hoy de vacaciones (no de descanso, que aquella no sabe lo que es eso, a juerguear a San Fermín en Pamplona) pero que apenas vuelva les escribirá una carta de 7 pliegos.
> Ahora te pongo solo estas líneas pues ya es 7 de julio y estamos pensando salir por unos días a los Pirineos porque Pepe luego de trabajar como un loco en su novela, hasta 10 horas al día a veces, se atascó de repente y quiere un descanso.
> Quiero no más decirte que cuentes conmigo para lo que quieras por acá en cuestión de datos y demás. Nosotros vivimos en un pueblito ideal arriba de un cerro en Barcelona con la que tienes contacto directo por teléfono, es decir queda dentro del radio de Barcelona, funicular y subterráneo amén de una buena, no estupenda, buena carretera para subir y bajar. [...].
> Acaba también de llegar Sergio Pitol y cuenta cosas espeluznantes de México... parece que no se puede simplemente vivir allí. Que el pobre Carlos la ha pasado fatal pero que ya se viene, menos mal. En fin, ya charlaremos largo si es cierto que vienen.

(Princeton C.0641, III, Box 7)

García Márquez también había aterrizado en Barcelona, en junio de 1967, después de su experiencia en México D. F., donde había trabajado en una miríada de labores periodísticas y había escrito varios guiones cinematográficos. Llevaba, por tanto, unos tres años viviendo en Barcelona cuando llegó Mario. Como ya hemos contado, su amistad en esas fechas estaba más que consolidada, pero fue en Barcelona donde se hizo legendaria. Y es que Gabo, desde que se instaló en la Ciudad Condal, estuvo instando a su amigo peruano a fijar su residencia allí. El 12 de noviembre de 1967 le cuenta a Mario:

> Después de buscar como locos, convinimos en amueblar un apartamento, nuevo, enorme, con jardín, en el barrio más tranquilo de la ciudad y a una cuadra del colegio de los niños. Tiene, además, en medio de sus lujos catalanes, un cuarto monacal donde me meteré a inflar ese dictador decrépito que cada vez se parece más a Luis Buñuel, y que hace muchos años recibió la visita de Cristóbal Colón y le ofreció un gran banquete y le procuró indios con plumas, collares de oro y frutas exóticas, para que los reyes católicos creyeran que en realidad había descubierto un Nuevo Mundo. Los niños crecen, Mercedes compra cosas, y todas recordamos al calumniado Alvarito, el gran caballero británico que tan bien se portó en nuestra casa, aunque nadie lo crea. Oviedo se repotó [sic] de Londres y nos amenaza con visitas en diciembre. Barcelona, con su tranquila andadura de provincia Europea, tiene hoy, todavía, 22 grados de temperatura, un sol espléndido y unas angulas inconcebibles.
>
> Un abrazo del carajo,
> Gabo
>
> (Princeton C.0641, III, Box 10)

En otra carta de fechas parecidas, le pone hasta la dirección de su primer apartamento, que todavía no será el de la calle Caponata: «Por fin, después del viaje interminable, estoy metido en esta cueva de locos. Hemos conseguido un departamento confortable, en el cual espero ponerme a escribir lo más pronto posible. Fernández Retamar me va a matar, pero, decididamente, no puedo ir a Cuba. Se me hizo tarde! No encuentro a Fuentes. Si está en Londres, quieres decirle que me mande su dirección para restablecer los contactos? Cómo está mi ahijado? Cuándo vendrán a Barcelona? Carajo! Me siento un poco jodido de encontrar a Europa, después de doce años, invadida por el material plástico. Besos a Patricia, y para ti el gran abrazo del hermano errante, Gabo. República Argentina 168, Apto 4-2, Barcelona 6» (Princeton C.0641, III, Box 10).

Gabo, Donoso, Barral y Balcells eran cuatro buenas razones para afincarse en Barcelona en vez de en Londres. Incluso más tarde habría de unirse Jorge Edwards. Así, los Vargas Llosa permanecieron en la ciudad de sal entre 1970 y 1974, interregno en el que el peruano redacta *García Márquez: historia de un deicidio,* termina *Pantaleón y las visitadoras* y nace su hija Jimena Wanda Morgana. Pero su relación con Barcelona data, como sostiene Armas Marcelo, de mucho antes. Primeramente por sus vínculos con Carlos Barral y Carmen Balcells, que catapultaron editorialmente al peruano e hicieron de esta ciudad un destino obligado para los escritores del *boom:*

> Fue Barcelona la ciudad industrial que lo atrajo hacia sí, la ciudad que primero que ninguna otra le concedió el nombre que hoy tiene; la ciudad, en fin, que lo acogió entre la élite intelectual y editorial, adscrita políticamente al antifranquismo militante, como uno de los suyos. Barcelona hizo lo mismo con García Márquez y con otros destacados escritores del *boom,* que llegaron a la capital de Catalunya porque allí, según todos los indicios, estaba el poder y la gloria del mundo editorial español. Allí, en Barcelona, había triunfado la llamada *gauche divine,* un conglomerado intelectual que había entendido antes que nadie en España que la cultura derivaba, no precisamente con excesivos riesgos, por caminos *también* industriales.
>
> (Armas 2002: 67)

En 1968, mientras Mario viaja por América dando cursos y decidiendo dónde instalarse definitivamente (si eso significa abandonar aunque fuera unos años la vida nómada), Gabo le sigue contando las posibilidades que tiene Europa para vivir, desarrollar amistades, relaciones, viajar con frecuencia a sitios no demasiado lejanos, etc. En una carta del 1 de junio de 1968, señala:

> Hermano Mario: Nos vamos el 18 de este mes a la casa que tiene Cicogna en Sori, Génova. Estaremos allí unos diez días, asoleándonos, mientras De Gaulle acaba de demostrar que es el único tipo con cojones que hay en Francia, y podemos ir a París. Calculo que estaremos allí desde los primeros días de julio. Mándame tus planes ahora mismo para que no haya desencuentros de verano. No pude irme a París, ahora, como era mi deseo. Mi opinión tranquila es que

los estudiantes y los obreros se quedaron sin buenos líderes para hacer lo que hubiera sido el hecho político más importante del siglo XX. No crees? Espero que no lo creas, para así consolarme de la frustración que siento. Me invitaron a Moscú desde el 18 de junio, por dos semanas, al centenario de Gorki, pero me pareció un programa aburridísimo. No voy. Terminé cinco cuentos para niños pero ya no me gustan. No se publicarán. Creo que después del verano empiezo la novela, para levantarme el ánimo o acabar de joderme. Grandes abrazos, Gabo.

(Princeton C.0641, III, Box 10)

Y cuando ya el viaje de Mario estaba decidido, Gabo se presta a ayudarle para encontrar un sitio donde vivir. También cuenta, en la carta del 15 de mayo de 1970, las últimas vicisitudes de su vida en Barcelona, su salud y proyectos:

Viejo querido:

Tu carta parece una resurrección: te sentíamos perdido, a pesar de que Carmen nos mantiene al corriente de tus angustias editoriales, de tu mal humor londinense y de la inminencia de tu venida. Leyendo tu carta nos hemos dado cuenta de que no nos basta con noticias de segunda mano.

Un médico fúnebre me hizo tomar un vaso de cemento líquido para verme por dentro, y me encontró el hígado más grande que el corazón, y sin el menor asomo de piedad me suprimió las bebidas dramáticas por el resto de mi larga vida. Luego supe, por mis borrachos de Colombia, que todo el mundo en el trópico tiene el hígado más grande —cosa que ignoran los cartesianos europeos—, pero ya empezaba a sentirme tan bien sin mi media botella de *whisky* diaria, que preferí abandonarla para siempre. Solo me falta un trombón para tocarlo en la puerta de Sears recogiendo limosnas para el Salvation Army.

No sé quién me contó el sangriento episodio de la Cité Universitaire. Eso les sucede a Julio y a ti porque son patriotas. Yo estoy a salvo de esas masacres inútiles. Y más ahora que me estoy preparando para una vejez feudal, con mi última y ruinosa insensatez: he comprado una casa de 200 años, con doce habitaciones y 4.000 metros de tierra, a 40 kilómetros de Barcelona hacia la Costa Brava, y cuya sola restauración puede costarme fácilmente los derechos de medio millón de ejemplares. Yo estoy feliz, porque me quedaré en la ruina por largos años, pero esto me impedirá embarcarme en locuras menos estables. Así que puedes venirte sin miedo: hay espacios en la casa y en sus campos como para cansar a los conquistadores más feroces.

Ordena lo que quieras para hacerte más fácil el desembarco en Barcelona. Recibo con el más grande alborozo todo pretexto para no escribir, y el de tu venida inminente puede ser el mejor de todos. Sobre todo, abandona a Londres antes de que llegue Fuentes, que aquello puede ser devastador.

Un gran abrazo, Gabo

(Princeton C.0641, III, Box 10)

En otra carta de fecha parecida, le cuenta varias de sus inquietudes de ese momento, sobre todo la dificultad que tiene para escribir, cuando se encuentra enfrascado en la redacción de *El otoño del patriarca* y experimenta con cuentos breves para «no perder la mano»:

Mario:
Esta mañana me he sumergido sin muchas esperanzas en el terrible género epistolar, y no consigo salir en la otra orilla. Tenemos noticias de Uds., no solo las directas y suculentas de Patricia, sino a través de todos los amigos de allá que parecen haberse confabulado para obligarnos a regresar antes de tiempo.

En cierto modo, ese regreso empieza el mes entrante. En la primera semana nos vamos Mercedes y yo a hacer por fin nuestro viaje por las Antillas, por lo menos veinte días; al regreso, tal vez yo vaya al Brasil una semana; quizás a primeros de julio vayamos a Nueva York, y un mes después nos iremos a México, ya de regreso a Europa. De modo que el trópico abúlico y estupendo se nos está acabando, para tristeza mía y para regocijo infinito de Mercedes. Es importante, pues, que nos den una fecha exacta de venida, para coordinarla con nuestros programas. El mes de mayo sería para nosotros el más cómodo.

Carmen debe haberte dicho que me ofrecen el grado de Doctor en Letras Honoris Causa de la Universidad de Columbia, N. Y. Me han creado un problema: no tengo ningún deseo de aceptar, y menos con el compromiso ineludible de la toga y el birrete, pero he hecho un plebiscito entre amigos y nadie comparte mi punto de vista. Espero el tuyo, y confío en que me des suficientes argumentos como para dejar mi conciencia tranquila. El crimen sería el primero de junio en N. Y., y parece que ahora no tendré ni siquiera la coartada de la falta de visa.

No he vuelto a dar golpe. Una vez aquí, empecé a sospechar que algo le faltaba a lo que escribía de memoria en Barcelona. Ahora no se trata de rehacer todo, pero sí de ver muchas cosas de otro modo. Creo que regresaré a Europa con los papeles intactos, y solo entonces tomaré decisiones. Por ahora, me limito a hacer la siesta en hamaca y a respirar el aire de las guayabas. Lo que me resulta sobrecogedor es que no me hace falta nada de lo de Europa y todo lo de aquí me importa un carajo.

Los niños están felices cazando iguanas para comerse los huevos, yo no hago nada, y Mercedes cuenta, como los presos, los minutos que faltan para irnos.

Un fuerte abrazo, Gabo

(Princeton C.0641, III, Box 10)

Mario se mudó al barrio de Sarriá, en la calle Osio, al lado de la montaña y muy cerca de la casa de su amiguísimo Gabo, a la vuelta de la esquina, calle Caponata, en una Barcelona abierta, deseosa de cultura y que bebía las mieles del triunfo del *boom*. La dictadura ya estaba de capa caída, y esa bella ciudad marítima le permitía trabajar con tranquilidad, algo importantísimo para esa *bête à écrire* que era Vargas. Además, su amistad con Gabo terminó de consolidarse allí, donde, según relata Armas Marcelo, «llegó a ser legendaria para las gentes de la literatura, esa "infame turba" (así ha sido llamada algunas veces por elementos siempre adscritos a la misma) que mira a sus colegas como la diosa Atenea miraba a sus enemigos: con mirada torva» (Armas 2002: 100). Se veían a diario, a pesar de sus relaciones matrimoniales con la literatura, esto es, de las disciplinas de trabajo férreas de ambos escritores, y de las relaciones igualmente matrimoniales con sus esposas.

María Pilar Serrano cuenta a propósito de Vargas Llosa: «De las ocho de la mañana hasta la una, escribir, luego almorzar, luego un ligero descanso, de tres a cuatro de la tarde despachar la correspondencia, después comentar *Le Monde* con Gabo en algún café, luego salir con amigos sin volver tarde para poder repetir el horario al día siguiente y, antes, compartir un rato con los niños. Así o algo muy parecido» (Donoso 1999: 173). De esos años barceloneses también aporta datos Armas Marcelo: Vargas Llosa «vestía casi siempre de negro, con chaqueta cruzada, *pullover* negro de cuello de cisne y botines negros con un tacón algo más alto que lo normal. Era reconocido por las calles de Barcelona como MVLL, el novelista peruano, y daba clases en la Universidad de Bellaterra. Su frenética actividad literaria no permitía más que ligeros escarceos, traducidos en viajes de días para dar una conferencia en cualquier universidad europea y regresar rápidamente a su estudio» (Armas 2002: 71-72). García Márquez, en cambio, es retratado como un personaje sonriente, bromista, locuaz, que vestía un mono azul. También como un tipo tímido, comenta Dasso Saldívar, con una «labia menos seductora» y no tan buen orador como Vargas Llosa.

Esta etapa catalana fue crucial tanto para Mario como para Gabo, ya que ambos consiguieron una fama internacional incontestable. De hecho, Gabo empezó a quejarse de dicha fama en Barcelona, asfixiante e insufrible: cuando se mudó a esta ciudad pensaba que iba a gozar de paz para trabajar y que pasaría inadvertido. Su malestar al respecto es narrado con todo detalle en una entrevista que le hace Daniel Samper (en diciembre de 1968, para *El tiempo* de Bogotá) y que cita Vargas Llosa en su tesis doctoral sobre el colombiano:

> No hay día en que no me llamen dos o tres editores y otros tantos periodistas. Cuando mi mujer contesta al teléfono, tiene que decir siempre que no estoy. Si esta es la gloria, lo demás debe ser una porquería. (No: mejor no ponga eso, porque esa vaina escrita, es ridícula). Pero es la verdad. Ya uno no sabe ni quiénes son sus amigos.
>
> Empiece por decir una cosa: que ya no doy más reportajes, porque me tienen hasta aquí. Yo me vine a Barcelona porque creía que nadie me conocía, pero el problema ha sido el mismo. Al principio decía: radio y televisión no, pero prensa, porque los de la prensa

son mis colegas. Pero ya no más. Prensa tampoco. Porque los periodistas vienen, nos emborrachamos juntos hasta las dos de la mañana y terminan poniendo lo que les digo fuera de reportaje. Además, yo no rectifico. Desde hace dos años, todo lo que se publica como declaraciones mías, es paja. La vaina es siempre la misma: lo que digo en dos horas lo reducen a media página y resulto hablando pendejadas. Fuera de eso, el escritor no está para dar declaraciones, sino para contar cosas. El que quiera saber qué opino, que lea mis libros. En *Cien años de soledad* hay 350 páginas de opiniones. Ahí tienen material todos los periodistas que quieran.

(Vargas Llosa 2007: 180)

HISTORIA PERSONAL DEL *BOOM* DOMÉSTICO

Cuenta el historiador chileno del *boom,* con más razón que un santo, que el repaso a esa época y su relevancia mundial no puede contarse únicamente por la producción literaria, sino por las cosas pequeñas que rodearon la vida y la creación literaria de los amigos de la estirpe. En su reflexión posterior al libro, de 1982, mirando con el tinte de la nostalgia y la lejanía esos años barceloneses, se pregunta: «¿Qué importancia tienen esas minucias? ¿Sirven de algo más que de chismes? Yo diría que de mucho más. La génesis de una obra de arte —y entre las novelas de que estoy hablando más de una lo es— es misteriosa, sus raíces inevitablemente se nutren en territorios más oscuros y profundos que lo que los creadores mismos saben: la vida diaria, las relaciones familiares, el entorno social del momento, una comida en un restaurante, un paseo en auto, sin que el escritor lo sepa, pueden ser mucho más determinantes que posiciones políticas, ideologías y apariciones públicas» (Donoso 1999: 199). Por eso es tan interesante saber cómo vivían los del *boom* en su periplo barcelonés.

La amistad entre Mario y Gabo se hizo muy estrecha en los primeros años dulces de la Ciudad Condal. De hecho, buena parte del material de su tesis lo obtuvo el peruano en las largas y fecundas conversaciones que mantuvo con Gabo. Pero, al poco tiempo de llegar Mario a Barcelona, ocurrió un suceso que, según Donoso, pudo acabar con la férrea unidad del *boom*, «si es que la tuvo alguna vez más allá de la imaginación y si en realidad ha terminado» (Donoso 1999: 115). Fue la Nochevieja de 1970, en una animada fiesta en casa de Luis Goytisolo en Barcelona. Cortázar, con su barba de tonos rojizos «bailó algo muy movido con Ugné»; los Vargas Llosa, «ante los invitados que les hicieron rueda, bailaron un valsecito peruano»; después los Gabos bailaron, espoleados por la misma rueda, «un merengue tropical» (Donoso 1999: 115). Tampoco podía faltar la Mamá Grande, la Balcells, quien, reclinada en los cojines de un diván, «se relamía revolviendo los ingredientes de ese sabroso guiso literario, alimentando, con la ayuda de Fernando Tola, Jorge Herralde y Sergio Pitol, a los hambrientos peces fantásticos que en sus peceras iluminadas decoraban los muros de la habitación: Carmen Balcells parecía tener en sus manos las cuerdas que nos hacían bailar a todos como marionetas, y nos contemplaba, quizá con admiración, quizá con hambre, quizá con una mezcla de ambas cosas, mientras contemplaba también a los peces danzando en sus peceras» (Donoso 1999: 116). En esa fiesta se habló de la revista *Libre*, que estaba a punto de ser lanzada, y allí mismo comenzaron lo que luego serían las divergencias que comentaremos en el siguiente capítulo. Todo el año 1971 estaría marcado por esas tensiones; sin embargo, la Navidad de 1970 a 1971 tuvo un ambiente muy fraterno, festivo y gozoso. María Pilar Serrano cuenta con pelos y señales la Nochebuena, pocos días antes de la fiesta ya referida, en la que participaron todos los del cogollito, el *gratin*, la *mafia* que *sona*, haciendo *bona* a Barcelona.

Los Donoso estaban por esas fechas en Calaceite, un pueblo pequeño del Bajo Aragón, donde vivieron un tiempo. Unos días antes de la Nochebuena, sonó el teléfono. Era la «Gaba», como llamaban a Mercedes Barcha, la esposa de Gabo. La felicitación de ese año no podía ser mejor: los Gabos invitaban a los chilenos a compartir con ellos la fiesta en Barcelona, con otros amigos, como es costumbre en América. Luego podrían volver al pueblo para la fiesta de Reyes Magos, para que la niña coronase la ilusión de todo un año. Ese invierno hacía un frío muy severo, y los Donoso tenían poco dinero, por lo que se acordaban con frecuencia de la frase de Gabo: «Todos los editores son ricos y todos los escritores son pobres» (Donoso 1999: 133). De hecho, en esa época vivían de la generosidad de unos amigos norteamericanos que les prestaban dinero hasta que llegaran a Estados Unidos, donde Pepe iba a dictar unos cursos. Realizaron el viaje y llegaron a la Ciudad Condal dos tardes antes de la gran fiesta. Al verlos aparecer, Gabo gritó: «¡Llegaron los primos de provincias!» (Donoso 1999: 136). Allí mismo, Gabo les dijo que ya habían llegado los «primos» de París: Julio Cortázar con Ugné Karvelis, y Carlos Fuentes solo, pero anunciando la llegada al día siguiente de su mujer, la actriz mexicana Rita Macedo. Carlos Franqui también había llegado, pero de Roma, y los Vargas Llosa vivían allí mismo.

El 24 por la noche fueron todos a cenar a un restaurante típico catalán, *La Font dels Ocellets,* y se demoraron mucho en pedir la comida porque enseguida comenzaron a discutir sobre Cuba. El *maître* tuvo que llamar al dueño del establecimiento, ya que estaban tan enfrascados en el tema cubano que nadie le hacía caso. El dueño se acercó muy serio, miró detenidamente al grupo, y de repente callaron todos con cierto aire de culpabilidad. Entonces el dueño preguntó, con cierta ironía: «¿Alguno de ustedes sabe escribir?» (Donoso 1999: 138). Todos quedaron callados, entre inseguros y divertidos, pues no sabían si lo decía conociendo a quienes les estaba haciendo la pregunta. Pero la Gaba reaccionó enseguida, porque tiene una inteligencia natural que la hace moverse con rapidez ante cualquier situación inesperada y arriesgada. De ella afirmó Carmen Balcells: «Se puede decir cualquier cosa de la Gaba, siempre que se parta de la base de que es perfecta» (Donoso 1999: 132). Cogió un papel, un bolígrafo, apuntó los platos y entregó la comanda al dueño del restaurante. Así describe María Pilar la conversación de la cena:

Afuera nevaba. En la calle, antes de entrar, Julio Cortázar y Ugné, juguetones, se habían tirado pelotas de nieve a la cara. Adentro el ambiente era tibio y el humor cordial y fraterno. Carlos Franqui y Mario Vargas Llosa se trenzaron en una discusión que dejó a los demás afuera pero atentos como espectadores respetuosos. Vargas Llosa, pragmático, defendía las actitudes y acciones de los militares de izquierda que gobernaban su país. Carlos Franqui, a pesar de haberse visto obligado a abandonar Cuba, postulaba y defendía una posición idealista, como un Cristo tropical y contemporáneo. En el fondo estaban de acuerdo y el alegato sirvió solo para profundizar la comunidad de ideales, no solo de ellos, sino de todo el grupo. O no, pienso desde la perspectiva de tantos años. Creo que el tiempo ha demostrado que ya entonces estaban presentes las semillas de las divergencias que terminaron por, si no deshacer las amistades, por lo menos enfriarlas, y separar a los miembros del grupo tan coherente, en apariencia al menos, de aquella noche.

(Donoso 1999: 138-139)

Ahora bien, por lo que cuenta más adelante, no parece que hubiera todavía divergencias insalvables. Después de la cena, fueron a casa de Mario con todos los niños (los de Gabo, Mario y la niña de Donoso). El piso era pequeño pero cómodo y agradable, y se quedaron los Cortázar, los Gabos, ellos y los anfitriones. Se habló de literatura, pero el colombiano estaba más al margen. Los incondicionales del tema y de la discusión eran Julio, Pepe y Mario. Gabo trataba de hacerse el desinteresado, pero María Pilar dice que se le notaba que lo hacía de modo postizo: también le gustaba discutir. Muy entrada la madrugada, Julio y Mario comenzaron una competencia que ya no tenía que ver con la literatura: «Lucharon enconadamente, entusiasmados, por ganar una carrera de autitos de control remoto sacados de la bolsa de regalos de Álvaro y Gonzalo que, cansados, se habían ido a dormir acompañados por Pilarcita» (la hija de los Donoso). (Donoso 1999: 146). La fiesta acabó casi al amanecer, y los días siguientes continuaron reuniéndose, hasta hacer en Nochevieja una velada similar a la del año anterior. Así era la vida de los del *boom,* que aprovechaban cualquier excusa para reunirse y celebrar lo que hiciera falta.

Otra historia memorable fue la reunión de todos ellos en verano del año siguiente, pocos meses después de la Navidad inolvidable.

Se estrenaba en Avignon, al sur de Francia, la versión gala de la obra de Carlos Fuentes *El tuerto es rey,* que fue interpretada en sus papeles principales por María Casares y Sammy Frey. Los Gabos viajaron con los niños, que ya tenían una edad como para resistir ese viaje, y los de los Donoso y Vargas Llosa permanecieron en Barcelona, internos en el parvulario Pedralbes. Comenta María Pilar: «Patricia y yo estábamos muy frustradas al despedirnos de ellos, que en vez de llorar agitaban las manos y reían contentos ante la perspectiva de pasar unos días sin sus padres» (Donoso 1999: 150). Julio y Ugné estaban en su casa de Saignon, muy cerca de la ciudad donde iba a tener lugar el estreno, y Juan Goytisolo llegó de París la tarde misma de la actividad. Justo después del acto, todos fueron a celebrarlo a un restaurante. Las mujeres iban vestidas con ropas elegantes y ajustadas, propias de una actividad como el teatro, y andaban juntas por la calle en dirección al restaurante. Los hombres también iban juntos, pero por detrás de ellas. De pronto, un coche de policía dio un frenazo en seco delante de las mujeres, y fueron increpadas al pensar que eran prostitutas. En el momento que pudo *desfacerse* el entuerto, «el policía, muy confundido, balbuceó unas excusas, se subió al coche y partió precipitadamente. Al enterarse de lo ocurrido, Carlos nos regañó, diciéndonos que deberíamos haber dejado que nos llevaran a comisaría, pues el escándalo periodístico que esto hubiera provocado habría sin duda servido de gran promoción para su obra y para el libro de Pepe, que no tardaría en salir traducido al francés» (Donoso 1999: 151).

Los días siguientes continuaron las celebraciones. Uno de ellos, los Cortázar organizaron una comida en una posada campestre y luego invitaron a todos, los que venían de París y los de Barcelona, a su casa. Allí se habló de los primeros pasos de la revista *Libre,* y también, como dato curioso, dice María Pilar que Mario «cambió de peinado», algo en lo que ella tuvo mucho que ver:

> Ese día, como siempre antes, Mario peinaba sus retintos cabellos con un jopo a lo Elvis Presley, como se puede comprobar en las fotografías de sus primeras ediciones. Le dije que no había derecho a que él, que tenía el pelo más lindo del *boom,* no lo luciera. Eran

aún tiempos de los Beatles y los hombres no tenían reparos en dejarse el pelo más largo, mejorando notablemente, en la mayoría de los casos, su aspecto.

(Donoso 1999: 151-152)

Los Donoso, en Barcelona, vivían muy unidos a los del cogollito. Llegaron a la Ciudad Condal en 1969, un poco antes que los Vargas Llosa. Antes habían estado un tiempo viviendo en Mallorca, donde también residía Plinio Apuleyo Mendoza. Se instalaron en el barrio de Vallvidriera, en un cerro a las espaldas del Montjuïc, con una vista espectacular del mar y la ciudad. Cuenta María Pilar que, constantemente, los fines de semana se reunían: los hombres (Pepe, Mario y Gabo) se dedicaban a hablar de literatura, y las mujeres organizaban programas para los niños, con títeres, visitas al circo o al cine, y luego quedaban todos para comer juntos. Asegura que Pepe y Mario no hablaban de otra cosa que libros y autores, pero Gabo trataba de aparentar que la literatura no le interesaba demasiado, y siempre quería dar la impresión de tener pocos conocimientos teóricos. Al final salía en la conversación, inevitable, Flaubert: Mario lo ensalzaba y Pepe lo atacaba. Las mujeres no solían entrar en este tipo de discusiones, por lo que los roles estaban perfectamente definidos, hasta tal punto que Gabo, un día que llegaba de una larga y pesada entrevista con una profesora norteamericana, declaró que «detestaba a las mujeres intelectuales. Le pregunté, irónica —continúa la chilena—, si me consideraba intelectual a mí porque hacía traducciones. Me contestó que aún no, pero que iba "por mal camino"» (Donoso 1999: 153).

Podemos deducir por los detalles el grado de intimidad al que llegaron los miembros del *boom*. Se entiende que no hay machismo en Gabo, sino simplemente el hecho de haber quedado saturado por las preguntas impertinentes de una norteamericana, y soltar todo su fastidio en público ante los amigos sin pudor alguno, con confianza, hasta llegar al cruce de ironías simpáticas. Otra broma del estilo ocurrió con Mario, cuando este dijo a María Pilar que ella iba a ser la causante de la ruina de su matrimonio. Al preguntarle por qué, Mario contestó que estaba instigando a Patricia a tomar clases de italiano con ella (Donoso 1999: 153).

Pero no todo eran latinoamericanos en el ámbito del *boom*. Barcelona era por entonces el foco cultural más importante de España, con diferencia, y sus escritores, artistas e intelectuales eran no solo los mejores, sino también los más abiertos a Europa y los más independientes y críticos con la dictadura, que por entonces ya era *dictablanda*. Los catalanes que frecuentaban a los del *boom* eran los pertenecientes a la *gauche divine*, la divina izquierda de los sesenta y setenta. Por las noches solían reunirse en la *boîte* Boccaccio, y por el día en la tortillería Flash Flash. El más importante de todos ellos, como ya sabemos, fue Carlos Barral quien, sobre todo, intimó con Mario, y también con Donoso, hasta el día de la famosa pelea. Fue en un cóctel en casa de Óscar Tusquets y Beatriz de Moura, por entonces marido y mujer, y dueños de la editorial Tusquets, que Beatriz continúa dirigiendo. Comenzó una discusión entre Barral y Donoso porque el editor le echó en cara que hubiera publicado *El obsceno pájaro de la noche* con su rival, y el chileno le contestó que fue él quien lo rechazó cuando le propuso hacerlo juntos. Carlos dijo que él no podía acceder a eso y le espetó, furioso: «Te ves ridículo con tus gafas pegadas con *scotch*» (Donoso 1999: 159). El chileno se había roto las gafas el día anterior, y mientras compraban otras las había pegado con cinta adhesiva. Tras ese incidente, Donoso cayó en cama, en la misma casa de los dueños, con una úlcera que nunca había tenido, y Barral salió de la fiesta con unas copas de más y llorando a mares. Pero, finalmente, parece que se reconciliaron.

Otros miembros de la divina izquierda catalana amigos del *boom* eran, por supuesto, los Tusquets, Jorge Herralde (que en 1969 acababa de fundar la editorial Anagrama), Rosa Regás y Leopoldo Pomés; los hermanos Goytisolo, Luis y José Agustín, que habían permanecido en Barcelona, mientras que su hermano Juan —que también era muy amigo de ellos— vivía en París, exiliado; el crítico José María Castellet y varios de los poetas de su famosa antología de novísimos, como Gimferrer; críticos de cine y cineastas como Ricardo Muñoz Suay, Gonzalo Herralde y Román Gubern, arquitectos como Oriol Bohigas y Ricardo Bofill; la poeta chilena Carmen Orrego, etc.

Un episodio interesante de aquella época fue el paso de Jorge Edwards por Barcelona, rumbo a París. Él era muy amigo de Mario, desde los primeros sesenta en la capital francesa, como hemos visto, y a menudo se le relaciona con el *boom* por la cercanía con ellos y por el hecho de ser también narrador y pertenecer a la misma generación por la edad. Jorge había ingresado en Chile, muy joven, en el cuerpo diplomático, trabajo que le permitiría, según él, dedicarse a lo que realmente quería: escribir. Una de las primeras misiones que recibió, del gobierno de Allende, fue acudir a Cuba para restablecer las relaciones diplomáticas con la isla del Caribe. Pero allí, como escribió después en sus magníficas memorias *Persona non grata,* su experiencia fue penosa, ya que tuvo que sufrir el acoso y el espionaje por parte de Fidel Castro, quien lo expulsó de la isla y lo acusó de haber participado en actividades sediciosas y contrarrevolucionarias. Se entiende que todo eso era falso, y que la única culpa de Edwards fue hacerse amigo, con su natural simpatía, de todos los escritores cubanos, fuesen adictos o no al régimen, y reunirse con ellos y hablar de todo lo que se puede y lo que no se puede hablar en la isla. Pero las paredes oyen, y los micrófonos también, y a Fidel Castro se le acabó la paciencia y terminó por expulsarlo, antes de que acabara definitivamente, según él, con las relaciones diplomáticas entre los dos países de izquierda radical.

Tras el fracaso cubano, Edwards llegaba a Barcelona para incorporarse días más tarde a la Embajada en Francia, y trabajar codo con codo con Pablo Neruda. Esos días se alojó en casa de los Vargas Llosa y hubo comidas y cenas con todos los del *boom* y amigos cercanos, todos ávidos de noticias de Cuba. Allí contó, sobre todo, el ambiente que se había vivido entre los escritores con el estallido del caso Padilla, y cómo a él también le salpicó el tema. Fue particularmente intenso el relato de su última conversación privada con Fidel, la última noche de su estancia en La Habana, dramatización que hizo en la cena en casa de los Donoso. El dictador cubano había tomado simpatía por Jorge, pero ya la acusación se había enviado a Chile, y no había marcha atrás. Fidel le había estado siguiendo los pasos día a día mediante escuchas en su apartamento, informadores en las casas donde se reunían los poetas a deliberar sobre el régimen o el futuro de Heberto y los intelectuales cubanos, etc. Solo esperaba, el dictador del Caribe, que Jorge no se pasara, en ese momento, «al otro lado». Así lo relata por extenso María Pilar Serrano:

> La noche de la comida en Vallvidriera, Jorge estaba muy excitado, muy conmovido por el hecho, y al contárnoslo recorría nervioso la extensión de nuestro *living*. Parece ser que Fidel Castro tiene la misma costumbre que Jorge de pasearse conversando cuando está algo nervioso, y parece ser también que ambos lo hicieron en aquella última entrevista [...]. Nuestro amigo iba de un lado para otro en nuestro departamento, hablando y gesticulando, y de pronto se detenía ante los sillones y el sofá y hurgaba buscando algo debajo de los cojines. Se detenía también ante los cuadros repitiendo la operación de búsqueda de algo que no capté al principio qué podía ser. Lo observaba extrañada hasta que me di cuenta de que actuaba con reflejos condicionados. «Quédate tranquilo, Jorge», le dije, «aquí no hay micrófonos ocultos, ya no estás en Cuba, estás en la España de Franco». Había otras cosas en la España del Caudillo, y quizá incluso micrófonos escondidos, pero no en la anónima casa de un escritor extranjero.

> (Donoso 1999: 167-168)

Sin duda alguna, el testimonio más sobresaliente de la Donoso no son todas las anécdotas referidas, sino la radiografía espiritual que hace de cada uno de los miembros del *gratin,* de la *mafia* que *sona* en Barcelona durante los primeros setenta. Se puede decir, con una expresión muy española, que «los clava». Parecen fotografías, instantáneas del alma de los cuatro jinetes del *boom,* los cuatro mosqueteros de la narrativa latinoamericana, de los cuatro muleros lorquianos, de los cuatro Beatles, de los cuatro elementos, de las cuatro estaciones, de los cuatro puntos cardinales y ordinales de la edad de oro de las letras mestizas. Comienza por Carlos Fuentes, y lo define como la estrella joven del Congreso del 62, por encima de Neruda y Carpentier, con sus intervenciones, con su simpatía mexicana, su facilidad para el baile y la confrontación dialéctica. Recuerda el enfrentamiento con el profesor norteamericano Frank Tannenbaum el cual, paternalista y conciliador, trató a los latinoamericanos en tono casi lastimoso y Fuentes le contestó con un discurso brillante y defensor de la «raza» frente al imperialismo. Fuentes ya era entonces muy ambicioso y deseaba convertirse en un gran escritor. Asimismo, el mexicano ha sido siempre un donjuán, un conquistador, que ha tenido relación con actrices de cine y teatro, mujeres de la alta sociedad y también intelectuales. El número de sus amistades relevantes es muy extenso, como Buñuel, Styron, María Félix, Susan Sontag, Norman Mailer, Pablo Neruda, Jeanne Moreau, etc. Nunca vivió en Barcelona, pero el contacto con Mario y Gabo durante esos primeros setenta fue constante, y no solo en las Navidades o en fechas señaladas, como el estreno de su obra en Avignon.

De Mario dice, ya lo hemos adelantado, que es «casi-casi» perfecto, «el primero de la clase», o como un disciplinado cadete militar (Donoso 1999: 172), inteligente, encantador y metódico. En Barcelona, escribía de ocho de la mañana hasta la una de la tarde, sin levantarse apenas de su escritorio; después almorzaba, hacía un pequeño descanso, de tres a cuatro, pero no para echar la siesta española, sino para despachar la correspondencia, y después...

> comentar Le Monde con Gabo en algún café, salir con amigos sin volver tarde para poder repetir el horario al día siguiente, y, antes, compartir un rato con los niños. Así o algo muy parecido. ¡Qué pesado, qué lata! decíamos con los amigos [...]. Pero al estar con él, su sonrisa cordial y su gran simpatía nos desarmaban y casi, casi le perdonábamos el que fuera tan perfecto.
>
> (Donoso 1999: 173)

Tan amable que, a pesar de su celo por las horas de trabajo, era «el más accesible de los cuatro, el que mejor soporta el asedio de los periodistas, admiradores y estudiantes. Pero yo siento —continúa la chilena— que maneja esa cordialidad como una pantalla que le facilita y hasta le simplifica sus contactos con el mundo exterior mientras él mantiene, tras el biombo, su "ego-escritor" intocado, lúcido y funcionante. El método y el orden perfecto le sirven para mantener sometidos a sus demonios, de los que tiene plena conciencia y a los que sabe no solo manejar, sino administrar estupendamente bien. Decía que no tomaría nunca tranquilizantes por miedo a que le maten o anulen sus demonios tan necesarios para su obra» (Donoso 1999: 173-174). Por último, la chilena da unas pinceladas de su vida política en esos años de Barcelona. Afirma que políticamente es un «puro» que actúa siempre por los dictados de su conciencia, aunque vayan en contra de sus intereses y beneficios. Todo lo que ocurrió con el caso Padilla se vivió entre Barcelona y París, durante el año 1971, y Mario nunca titubeó en hacer lo que pensaba que era justo y legítimo, aunque eso acarreara, como así fue, una batería de descalificaciones, ataques y maledicencias de la peor especie. Y lo más triste: su ruptura con Cuba, a la que no ha vuelto desde entonces. Otro caso similar, aunque menos notorio, vivido en Barcelona, fue la carta que leyó en el monasterio de Montserrat, muy cerca de Barcelona, solidarizándose con los amigos que se encontraban encerrados allí en señal de protesta por la dictadura franquista. No solo leyó la carta en público, sino que se quiso quedar con ellos allí, pero se fue nada más «por insistencia de los propios encerrados, que temían que por su condición de extranjero pudiera ser expulsado del país» (Donoso 1999: 175).

A Gabo es al que mayor atención le dedica. Asegura que es el más complejo, y el más difícil desde el punto de vista del trato humano. Entre tímido y arrogante, entre amable y descortés, entre cordial y distante. Nunca da cursos en universidades, como dijimos, ni conferencias ni suele asistir a coloquios. Sale menos de Barcelona por «motivos profesionales» que Mario. Una vez aceptó una invitación, con ocasión de la recepción de un premio en los Estados Unidos, y puso como condición que en la comida del evento no hubiera más de cuatro personas. Y cuando Televisión Española, por aquellos años barceloneses, comenzó unas entrevistas a los mejores escritores hispánicos, Gabo rehusó. También suele rechazar los premios y condecoraciones, sobre todo después de recibir el Nobel. Comenta María Pilar que, después de la primera «borrachera» de éxito de *Cien años de soledad,* ya instalado en Barcelona, Gabo se asustó, y no quería leer las críticas que continuaban saliendo, interminables. Además, mantuvo siempre durante esos años, hasta 1975, fecha de la publicación de su siguiente novela, una modestia y una actitud de sorpresa ante esas dos obras: la de la primera fama y la del patriarca. En una ocasión, la mujer de Donoso llamó a Mercedes, cogió Gabo el teléfono, y tuvo con él la siguiente conversación:

> Le pregunté sorprendida por qué cogía él el teléfono, ya que sabía que por las mañanas se ponía su *overall,* su mono azul, y se encerraba a trabajar no contestando ni las llamadas a él dirigidas. Me dijo: «Es que ayer llegué de Madrid y no he empezado de nuevo a escribir. Me fui porque encontraba que mi nuevo libro era una mierda... Esperaba que a la vuelta opinaría distinto... Lo sigo encontrando una mierda. Tampoco logro que haga calor en el libro. Pongo que hace calor y no hace...». Y claro, después hizo mucho calor, y el libro no es una mierda, es una estupenda novela. Según él mismo y uno que otro crítico, su mejor libro. Es García Márquez también un gran hipocondríaco, como Carlos Fuentes, como Pepe mi marido y tantos otros escritores.

> (Donoso 1999: 178)

Y tanto que sí. En otra ocasión, Mercedes llamó por teléfono a María Pilar, y al preguntarle cómo estaba, ella dijo que muy bien, pero que a Pepe le habían diagnosticado una leucemia, a lo que Mercedes, sin inmutarse, le dijo: «No te preocupes, Gabito acaba de tener cáncer a la cabeza y está mucho mejor...» (Donoso 1999: 179). El miedo a lo desconocido, la exageración de los males, los presagios de pesares que pueden ocurrir, son moneda corriente en la vida de Gabo, como aquel verano en que hacía mucho viento en Cadaqués y sintió que si se quedaba allí o si volvía a ese lugar en condiciones parecidas, el viento lo iba a matar. Inmediatamente, se acabaron las vacaciones: los Gabos volvieron a Barcelona, por el temor a la muerte del colombiano. Solo un escritor de la época es más hipocondríaco que él: Alfredo Bryce Echenique. Precisamente en un congreso que organizamos en Granada sobre el *boom* y el humor, el peruano nos comentó un día que estaba muy preocupado porque por la noche había sentido un dolor fuerte en el codo, como un latigazo extraño, y que temía que le diera cuando le tocaba esa tarde dar su conferencia. Así que, como ya lo conocíamos, llamamos a un médico amigo y le dijimos que, por favor, lo atendiera un momento, para tranquilizarlo. Antes de meterlo en el hospital, le explicamos a Javier quién era el personaje al que iba a atender. Entre risas y veras nos dijo que no nos preocupáramos, que le iba a quitar el dolor radicalmente. Llegamos al Traumatológico, preguntamos por el doctor Morata, y nos llevaron inmediatamente a su consulta. Allí, le hizo enseñar el brazo entero, lo examinó, lo movió cuidadosamente, escuchó al paciente y, con mucha autoridad, como quien está absolutamente seguro de lo que pasa, le explicó con detalles muy técnicos algo que ni él ni nosotros entendimos, porque tampoco tenía demasiada lógica, y rápidamente le firmó una receta de un medicamento que, nos comentó después, era solo placebo. Salimos del hospital, compramos la «medicación», se la tomó, y la tranquilidad total volvió a su semblante. La conferencia vespertina fue todo un éxito, alargado después a altas horas de la noche con una cena en la tasca Juanillo, en pleno corazón del Sacromonte, con la Alhambra iluminada al fondo, asomando por los barrotes de la ventana.

Otro de los males que aquejaron a Gabo durante su vida barcelonesa fueron los «golondrinos», los incómodos abscesos que se forman en las axilas, bastante dolorosos. Le pasaba todas las primaveras. Ya le había pasado en México, mientras escribía *Cien años de soledad,* dolor que fue creciendo hasta que ya no podía más, y un día dijo: «Voy a joder a uno de los Buendía haciendo que le salgan golondrinos cuando empiecen los primeros calores en Macondo. A ver qué pasa...» (Donoso 1999: 179). El efecto fue fulminante: Gabo superó sus golondrinos mexicanos al traspasarlos a un generoso Buendía, que cargó con sus dolores, cual cirineo. Pero en Barcelona hicieron acto de presencia nuevamente, y allí ya no había Buendía a quien traspasar los dolores...

La esposa de Donoso y la de Gabo también se hicieron muy amigas. Un día que estaban reunidos los dos matrimonios, la chilena comentaba que quería vender un *clip* de platino con brillantes, porque necesitaba dinero para ir tirando, mientras Pepe terminaba su novela y llegaba el siguiente contrato con los Estados Unidos. Gabo le aconsejó, decidido: «Que te acompañe Mercedes, ella está acostumbrada a hacer esas cosas y las hace muy bien». María Pilar dice que su amiga es cálida y acogedora, que no se toma en serio y que es muy sincera y directa. Un día le propuso que tomaran juntas clases de catalán, y la colombiana le dijo, sin pudor alguno: «Ay no..., a mí me duele la barriga cuando estudio» (Donoso 1999: 181).

Cierra el cogollito de los cuatro el mayor, el único que ha muerto a estas alturas: Julio Cortázar. De él comenta que lo veían en muchas ocasiones, porque desde su casa de veraneo en Saignon hasta Barcelona hay bastante menos que de allí a París, y se visitaban con frecuencia. Cortázar solía vestir con ropas de tonalidades azules en esa época, lo que hacía resaltar aún más sus ojos —de ese color—, algo que le molestaba o ruborizaba que le hicieran notar. Lo dibuja como algo reservado, escondido tras un biombo de amabilidad y cortesía, pero mucho más que Mario. Al menos el peruano recibe y da intimidad, pero Cortázar jamás. Los demás amigos no recurrían a él en momentos de crisis. También lo define como apasionado en política, pero como un caballo con anteojeras, que no quiere ver más que el camino que tiene por delante.

Gabo y Mario: cabeza y corazón de la estirpe barcelonesa

Es claro que, incluso dentro del «cogollito», la relación más especial es la de Gabo con Mario, no solo por la cantidad de datos de ellos dos que aporta la chilena y por el hecho de coincidir un lustro viviendo en Barcelona, sino también por las afinidades personales que los envolvieron desde aquel primer encuentro en el verano de 1967. Una vez pasó un crítico italiano por Barcelona en la época en que los dos vivían allí, y asistió a una reunión en la que también estaban Gabo y Mario. Cuando los vio reírse juntos y hablar durante el cóctel, dijo:

> En Italia, que un escritor como Vargas Llosa escriba un libro sobre la obra de otro escritor como García Márquez sería imposible.

Y que ambos estén en la misma reunión sin que uno eche veneno en el café del otro, bueno, eso ya parecería ciencia-ficción.

(Donoso 1999: 75)

La identificación entre Gabo y Mario llegó a ser, cara a la galería, tan común, que en muchas ocasiones los confundían. José Miguel Oviedo nos contó que Mario aludió en cierta ocasión a una anécdota: se encontraba el peruano en un avión, viajando en primera clase, y se le acercó una azafata con un ruego: había un pasajero de la clase turista que estaba fascinado, leyendo una de sus novelas más conocidas, y le había visto entrar en el avión. Deseaba imperiosamente que le firmara un autógrafo, pero no podía acceder a la zona preferente. Sin embargo, el escritor sí podía entrar en la clase turista. Ni corto ni perezoso, Mario se levantó y llegó hasta donde estaba su fan, conducido por la azafata. El ávido y desocupado lector, cuando vio llegar a su ídolo, puso una cara de felicidad algo más que elocuente, y le dijo: «Muchísimas gracias por haber querido venir a firmar la novela. Su obra *Cien años de soledad* es lo mejor que he leído en mi vida». El peruano, educado como siempre, ni se inmutó. Firmó el ejemplar, le sonrió, le agradeció su amabilidad y se volvió a su asiento de primera clase. José Donoso, en sus vivencias de los años de Barcelona, cuenta el siguiente sucedido, que podría ser la otra cara de la moneda:

En una ocasión, García Márquez, que tenía mucho miedo a volar, tuvo que hacer un viaje que no admitía otro medio de transporte y se subió al aparato hundiéndose inmediatamente, aterrado, en su asiento. De pronto, su vecino le habló: «¡Qué honor estar sentado a su lado! ¡Usted es el escritor más grande de América, permítame que le ofrezca una copa!». Gabo aceptó, agradecido, y se bebió unos *whiskeys* que agregados a la cháchara de su compañero le hicieron más corto el viaje. Al despedirse en el aeropuerto al final del viaje, su interlocutor le apretó las manos emocionado: «¡He estado feliz de conocerlo, señor Vargas Llosa! Hasta luego».

(Donoso 1999: 140)

El rizo se volvió a rizar cuando un escritor argentino, Ricardo Bada, en una recepción en Alemania, volvió a pedir autógrafos bajo la norma del «tanto monta». En una carta dirigida a Mario Vargas Llosa, el 22 de abril de 1976, reaviva la memoria del peruano: «Recuerdo de la única vez que nos hemos encontrado, en el vestíbulo de un hotel de Colonia, con motivo de una de esas ceremonias raras en que se beben cócteles y se despelleja al prójimo, recuerdo —repito— que Ud. me firmó a regañadientes un libro de Gabriel García Márquez, los *Cien años de soledad* traducidos al alemán, haciéndome observar que Gabo era aquel otro caballero que se encontraba en una esquina; pero yo me empeñé en que fuese Ud. y no el autor quien pusiera la firma en la traducción, y Ud. debió pensar que yo estaba borracho y firmó. Luego firmó el autor, una hora después, debajo de la firma de Vargas Llosa, no sin comentar en una línea "Y yo también"» (Princeton C.0641, III, Box 3).

También a Donoso le pasó una vez, en la etapa barcelonesa, una anécdota parecida. Fue en Morella, un pueblo de la provincia de Castellón, muy cercano a la frontera con Cataluña. Daban un paseo por allí los chilenos con su hija, y llegaron tarde al hotel, cuando el comedor se encontraba lleno. No había sitios disponibles y la sobremesa del fin de semana se alargaba. Desesperados, porque era tarde y tenían hambre, empezaron a mirar por todas las mesas, a ver quién estaba ya pidiendo la cuenta o tomando el café. En ese momento, un señor de uno de los asientos se levantó y se dirigió hacia el escritor, preguntando: «¿Es usted José Donoso?». Al asentir, les invitó a sentarse a la mesa con él y con su hijo, mientras se dirigía al mesero: «Camarero, por favor, traiga usted tres sillas y un buen vino, que este señor es José Donoso y esta su familia y yo les invito con mucho gusto». Contentos, se sentaron con él y comenzó la conversación, hasta que el anfitrión comentó: «Usted escribió ese gran libro... *Sobre héroes y tumbas...*» (Donoso 1999: 142). Fue imposible aclarar el malentendido a un hombre tan amable, para no dejarlo allí mismo en ridículo. La conversación continuó y, a pesar de la confusión, se hicieron buenos amigos.

Y algo muy similar le ocurrió a Julio Ramón Ribeyro, el cuentista peruano que fue tan amigo de Alfredo Bryce y, durante algunos años, de Mario. Él mismo lo contaba en sus *Prosas apátridas*. Fue en una feria en Huanta, en plenos Andes peruanos. Allí se encontraba también un curita, profesor en una escuela. Terminaron almorzando juntos y bebiendo cerveza en una tienda campestre. «¡Julio Ramón Ribeyro!», decía asombrado el presbítero, «¡quién lo iba a pensar!». Cuando se despedían, apretándole la mano calurosamente, el curita añadió: «¡Y decir que he almorzado con el autor de *La ciudad y los perros*!». Ribeyro quedó estupefacto, pero le dio vergüenza desmentir el equívoco. Más tarde, el protagonista se dio cuenta de la equivocación y pensó que Ribeyro era un impostor.

BARCELONA: ESCARCHA CUANDO MARIO MARCHA

En 1974 Mario Vargas Llosa toma la decisión de cruzar de nuevo ese puente transatlántico y volver a Lima. En el mes de julio de ese año, sus amigos le prepararon una gran fiesta de despedida en casa de Carmen Balcells. De ese día existe un testimonio gráfico inigualable, una fotografía en la que aparecen juntos García Márquez, Edwards, Vargas Llosa, Donoso y Muñoz Suay. Estos cinco ases no han vuelto a encontrarse hasta la fecha y sus puentes de la amistad se han desmoronado como un castillo de naipes, como una montaña de sal. Los únicos restos de sal que han permanecido con el paso del tiempo son los de las lágrimas que derramó Carmen Balcells por la partida de los Vargas Llosa. Compungida y desolada, su editora expresó su afectación en una carta fechada el 5 de julio de 1974:

> Desde que el barco se alejó del muelle que se aflojó un poco la tensión en que viví los días anteriores a tu partida y entré en una etapa de depresión que ha durado más de quince días. No pretendo decirte que esta depresión fuera únicamente motivada por tu salida, pero sí puedo asegurarte que ello fue el motivo que me postró en un estado de meditación y tristeza llevándome a considerarlo todo bajo el prisma más pesimista.
>
> Espero que me llames a tu llegada a Lima probablemente antes que te llegue esta carta [...].

No quiero terminar esta carta sin hacerte una formal declaración de amor fraternal, por tu incondicional apoyo durante estos años, apoyo que ha servido para sentirme sola y jodida desde que has dejado esta ciudad.

(Princeton C.0641, III, Box 1)

Meses más tarde, el 28 de octubre de 1974, otra carta incide en la pena por la marcha de Mario, y todo lo que ha pasado en ese tiempo. La desolación de la catalana raya en amargura: «He recibido y leído con cariño tu carta, triste, triste. Yo desearía mantener contigo una comunicación epistolar de mismo rango, pero mi pobre sintaxis catalana, mis limitaciones de todo orden me arrinconan al ámbito de las conversaciones, de palabra dicha, que no deja rastro ni avergüenza [...]. Desearía hacer consideraciones sobre la vida, la muerte, la juventud, el placer, no sabes cómo admiro a cualquier ser mediocre capaz de expresar con orden escrito sus pensamientos. No hablemos de ti, mejor será contarlo por etapas» (Princeton C.0641, III, Box 1). Los peruanos dejaban una huella indeleble en la capital catalana y los que allí quedaron lo notarían para siempre. María Pilar Serrano también siente la marcha de los amigos y presiente que una época importante de su vida ha terminado. En una carta del 7 de octubre, le dice a su amiga: «En Barcelona te recordé continuamente; la ciudad está muy unida a la historia de nuestra amistad. [...]. Los Gabos no habían llegado [de las vacaciones de verano]. Carmen los esperaba para finales de mes (todo esto en septiembre, claro) y no he sabido nada. Recibí una postal de ella desde México que me dice que prefiere contarme tantas cosas personalmente» (Princeton C.0641, III, Box 7). Uno de los últimos testimonios que conservamos de la época de Mario en Barcelona es la carta que recibe un par de meses antes de su partida. Alfredo Bryce le cuenta, quizá para que no dé el paso definitivo para la vuelta a la patria chica, cómo están las cosas en Lima. Como siempre, las referencias a Gabo siguen siendo obligatorias. La misiva está fechada el 24 de marzo de 1974:

Aquí, Lima. Y como hace trescientos años, pese al verso, el jardín sigue sin florecer. También, como hace 300 años, los piratas asolan la costa. Acabamos de librar, desde los muros de un Real Felipe imaginario, una batalla rápida, fugaz que nos molestó y exaltó, alternativamente. Leí en *Nouvel Observateur* el texto de GGM sobre Chile y le propuse a José Miguel escribirle para poder publicarlo. *Expreso,* esa mezcla desagradable de jacobinismo y odriísmo, se decidió a navegar en barco de pirata y tirárselo. JMO habló con Carmen B. por teléfono y advertimos a Ruiz Caro que no publicara el texto, a través de Lucho Pásara, que cambió *Expreso* por *Postdata* pero sigue teniendo amigos allá. (Al final, peleas entre *Expreso* y *Postdata.* Sale publicado en *Postdata).* [...]. El jueves me llamaron del Chiclayo y entre otras cosas me cuentan que lo han tirado en su edición de provincias. Me han quedado en mandar los recortes, y entonces veremos qué hacemos. Tiraremos diez mil ejemplares con GGM (pese a que el texto está por debajo de otras cosas periodísticas de él) y eso nos permitirá, espero, asentarnos definitivamente.

(Princeton C.0641, III, Box 4)

Y es que las cuestiones políticas siempre han estado presentes en las conversaciones de los del *boom.* El texto de Gabo sobre Chile fue un intento de defensa de Allende frente al golpe de Pinochet. Pero, obviamente, no podía faltar el comentario sobre Cuba. En las siguientes líneas, Alfredo, que es en esa época tan de izquierdas o más que Mario, ironiza con actitudes de otros escritores peruanos que, después de tres años del caso Padilla, siguen entusiasmados por Cuba o, más bien, acaban de recibir el latigazo del placer de la revolución comunista, del cual los del *boom,* excepto García Márquez, ya están de vuelta. Es interesante ver cómo González Viaña utiliza para un artículo laudatorio con la revolución, el título de Jorge Edwards donde cuenta sus peripecias en la Cuba represora:

González Viaña se apareció un día en mi oficina del centro de Estudios. Yo estaba con Carlos Ferrand. González V. acababa de regresar de Cuba. Entra, y en su versión siempre entrecortada, nerviosa, dice: «Es una maravilla... Es... es (ya aquí no sabía si era una broma o un éxtasis místico/sexual)... es el hombre comunista (unción religiosa al pronunciarse... es... la nueva-humanidad-que-se-ha-puesto-de-pie-y-ha-echado-a-andar...)». Bueno... le pregunté si había visto a Lezama, y me contestó que había cosas más importantes que él. Sin duda, pero no me contestaba. Me quedé con la intriga de si me estaba tomando el pelo, pero no, el domingo pasado publicó en *La Crónica* «Cuba: personas gratas», artículo que marca la oficialización de su subida al carro. Pero bueno, este repórter limeño político/chismográfica, amenaza fregarte tu almuerzo barcelonés, y por más que seas un escritor burgués, todo el mundo tiene derecho a comer en paz, así es que lo termino.

(Princeton C.0641, III, Box 4)

Barcelona había sido el lugar de encuentro de Alfredo con Gabo, en los años de la mafia del *boom,* precisamente a través de Mario. Cuando uno de los dos introducía a un personaje ante el otro capo, ya era considerado como del grupo. Más tarde, Alfredo se distanciaría de Mario, por cuestiones políticas, pero seguiría muy unido a Gabo, como lo demuestra el capítulo cubano de sus *Antimemorias,* en el que relata las aventuras con el colombiano por la capital cubana, mientras residía en la mansión que le consiguió Fidel. Bryce cuenta en su libro *A trancas y barrancas* sobre el episodio barcelonés:

> Mario Vargas Llosa acababa de presentarme a Gabo, en Barcelona. Estábamos conversando en un hotel, y Gabo como que no andaba muy tranquilo.
> —No me gustan los escritores con corbata —se desahogó, por fin.
> —Lo siento mucho —le respondí—, porque yo que no tengo ni un asomo de biblioteca, tengo en cambio setenta y siete corbatas. Claro que algunas son heredadas, pero...
> —Te invito a comer a *La Puñalada* —me dijo, sonriente y contento—; es mi restorán favorito, aquí en Barcelona.
>
> (Bryce 1996: 225)

Mario se fue de Barcelona, no volvió nunca más a *La Puñalada,* ni con Gabo, ni con Alfredo, pero siempre reconoció que esa etapa fue una de las mejores de su vida. El ambiente cultural era incluso superior al de París o Londres, ciudades en las que ya había vivido en los años sesenta. El idioma, las costumbres, la gente, los artistas, la cultura, el hecho de que tanto Gabo como él fueran ya escritores consagrados, el nacimiento de Morgana, etc., hicieron que esa vida resultara altamente gratificante. Tres años más tarde, el 2 de noviembre de 1977, Mario responde a Alonso Cueto, después de que este le pidiera consejo acerca del lugar ideal en Europa para instalarse y comenzar una carrera literaria. Alonso sigue siendo, hoy por hoy, uno de los buenos amigos de Mario, y en los últimos años ha conseguido una proyección internacional, con premios y acceso a grandes editoriales, que no tuvo en las últimas décadas del siglo anterior. Dice Mario:

> Tu carta me recordó mucho los primeros años que pasé en Madrid en 1958, en una ciudad bastante más sombría y claustral de la que tú has conocido. Pero tu falta de entusiasmo, para no decir tu desánimo, es muy parecido al que yo sentí allá al principio. Mi experiencia en esa época con los escritores españoles fue prácticamente nula, y la universidad fue una desilusión casi tan grande como había sido San Marcos. Sin embargo, y a pesar de todo eso, ese año trabajé mucho y creo que fue el más importante porque en esa soledad descubrí realmente lo que quería hacer en la vida. Te cuento estas cosas porque tu carta ha tenido la virtud de removerme un poco esos recuerdos que van siendo bastante viejos.

> No sé bien qué consejo darte, porque tengo las mismas dudas que tú al respecto al mejor sitio para pasar un tiempo en Europa. Lo único que te desaconsejo es París, una ciudad ocupada por los latinoamericanos, y donde la literatura me parece que anda por las patas de los caballos. Pienso que España es hoy día un lugar mucho más estimulante desde todo punto de vista, incluido el cultural. Estoy seguro que te gustaría mucho Inglaterra, donde hay realmente mil cosas que ver y aprender. Si estás en condiciones de llegar hasta aquí, te ofrezco alojarte aunque no estarás muy cómodo. Pero a Patricia y a mí nos alegraría mucho tenerte unos días con nosotros, y así podríamos hablar largo y tendido sobre muchas cosas.

> Lo de Barcelona me parece una magnífica idea. Es una ciudad que a mí me encanta, por lo menos, cuando yo vivía en ella, era el lugar ideal para escribir. ¿Te interesaría hacer traducciones? Sé que no están muy bien pagadas, pero de todas maneras podría servirte

de complemento, e incluso ser un buen ejercicio si te ofrecen libros interesantes. Si te interesa, yo puedo hablar con Seix Barral y otras editoriales donde tengo amigos.

(Princeton C.0641, III, Box 6)

Y Gabo también se fue de Barcelona. Donoso aseguraba en 1982, cuando el colombiano llevaba ya varios años fuera de Cataluña: «No puedo dejar de sentir nostalgia por ese Gabo, de Barcelona, cerrando las cortinas de su casa a las cuatro de la tarde "porque es demasiado temprano para tomar *whiskey,* que a mí me gusta comenzar cuando ya está oscuro", escuchando a Béla Bartók —¿hay un paralelismo en la admiración de Bartók por lo popular de su país y por el héroe Kossuth, y la admiración de García Márquez por las tradiciones populares de su tierra y por Fidel Castro?— mientras manejaba su fantástico equipo de alta fidelidad y cuidaba sus discos y su grabadora como a un juguete soberbio. Pretendía que él nunca había leído nada, porque no era un literato ni un intelectual, pese a ser capaz de citar a Faulkner con capítulo y versículo» (Donoso 1999: 203).

Casi todo el tiempo posterior a la etapa de la mafia del *boom,* Gabo lo ha pasado en México, donde ocurrió el triste espectáculo del puñetazo, el cual, además, tiene reminiscencias catalanas, a juzgar por el comentario de Mario al propinar tremendo gancho al ex amigo. El 13 de enero de 1982, años después de abandonar la Ciudad Condal, escribe Gabo un artículo en el que recuerda con pasión aquellos años de la calle Caponata y el barrio de Sarriá: «Hace veinte años, en México, fui a ver varias veces la película *El último cuplé,* cautivado por la nostalgia de las canciones que tanto había oído cantar a mi abuela. La semana pasada, en Barcelona, fui con una pandilla de amigos a ver el espectáculo vivo de Sara Montiel, pero ya no por escuchar otra vez las canciones de la abuela, sino cautivado por la nostalgia de aquellos tiempos de México. Cuando las cantaba mi abuela, a mis seis años, las canciones me parecían tristes. Cuando las volví a escuchar en la película, treinta años más tarde, me parecieron mucho más tristes. Ahora, en Barcelona, me parecieron tan tristes que apenas eran soportables para un nostálgico irremediable como yo. Al salir del teatro, la noche era diáfana y tibia y había en el aire una fragancia de rosas de mar, mientras el resto de Europa naufragaba en la nieve. Me sentí conmovido en aquella ciudad hermosa, lunática e indescifrable, donde he dejado un reguero de tantos años de mi vida y de la vida de mis hijos, y lo que entonces padecí no fue la nostalgia de siempre, sino un sentimiento más hondo y desgarrador: la nostalgia de la nostalgia» (García Márquez 1991: 209). Por eso, concluye sobre sus siete años catalanes: «de algún modo difícil de explicar, todavía no me he ido por completo, ni creo que me vaya nunca» (García Márquez 1991: 210).

Barcelona era la nostalgia de la nostalgia. Allí, Lennon y McCartney lo habían sido más que nunca, el poeta y el arquitecto habían escrito algunas de sus grandes obras, habían pasado, junto con los amigos del *boom* y los de la divina izquierda, horas inenarrables, habían visto crecer a sus niños, pero allí también estuvo el germen de la discordia. La *mafia,* con todos sus puentes, se resquebrajó. Para siempre.

12

LAS NUPCIAS CATALANAS DEL *BOOM:*
EL PADRINO, LA MADRINA Y EL JUEZ

El «padrino» de ese matrimonio bien avenido del *boom* fue indudablemente el catalán Carlos Barral, que vivió en los sesenta y los setenta una etapa dorada como editor. El trabajo de apoyo y difusión de la editorial que capitaneó, Seix Barral, es unánimemente reconocido. La editorial protagonizó uno de los capítulos más interesantes de la historia cultural de nuestro país, y llegó a convertirse en un paradigma, un símbolo de la época. Vázquez Montalbán consignó este hecho: «Éramos conscientes de que, por primera vez en España, en muchos años, un instrumental editorial, una razón industrial, se empleaba como arma de combate al servicio de la cultura progresista» (Prats 1995: 123). Pero fue específicamente Carlos el que se alzó con el verdadero liderazgo de este nuevo período cultural iniciado en la Península, que fungió de caja de resonancia del continente latinoamericano:

> Así era señalado, criticado, amado y odiado, acusado y aplaudido, adorado o despreciado; escuchado con suma atención e, incluso, seguido como si fuera un chamán oracular. Había descubierto a MVLL al publicar *La ciudad y los perros,* tenía cierta influencia y una gran relación personal con los más prestigiosos editores europeos, concedía el Biblioteca Breve, era antifranquista militante —y cotidiano— y «manejaba» la fuerza española en el Prix Formentor. Vivía en Barcelona, una ciudad industriosa y resistente.
>
> (Armas 2002: 100)

Carlos Barral fue el primer editor de Vargas Llosa, pero también su gran amigo y defensor. Su relación con Gabo, en cambio, fue más incierta. No eran enemigos, pero tampoco se profesaban una gran adoración. Se sabe que Barral prefería a todas luces como novelista al peruano, pero su favoritismo no fue el causante de que rechazase el manuscrito de *Cien años de soledad,* enviado por García Márquez a la editorial. Sobre este episodio han corrido ríos de tinta, aunque Barral siempre sostuvo que nunca llegó a rechazarlo, que todo fue un malentendido y que estaba de vacaciones cuando el manuscrito llegó a la editorial, y que, por tanto, nunca lo leyó. Dasso Salvídar suscribe esta aseveración y señala que García Márquez también ha confirmado lo esgrimido por Barral: todo fue una «falsedad», un quimérico rumor proveniente de lenguas maledicentes. Sin embargo, Armas Marcelo apunta otra versión de los hechos: alguien cercano a Carlos Barral leyó el original, y en una vista rápida desdeñó la calidad de la novela. Saldívar no desestima esta hipótesis de la lectura por uno de los adláteres de Barral, aunque se reitera en la falta de intervención del prestigioso editor en el tema. Dasso aporta datos más concretos a este respecto: el poeta Gabriel Ferrater lo leyó —total o parcialmente— porque se enteró, a través de su novia que trabajaba en la agencia Balcells, de que Carmen estaba completamente fascinada por la obra:

> La reacción de Ferrater fue inmediata: comentarle a Balcells que si la novela se presentaba al Premio Biblioteca Breve, de la editorial Seix-Barral, sería la ganadora con toda seguridad. La agente lo consultó con García Márquez, pero este rechazó la oferta no solo por el contrato que ya tenía firmado con la editorial argentina, sino porque no quería que su novela se editara bajo el rótulo de ningún premio, ni quería prestarse al jugoso juego de los premios a priori, pese a que Biblioteca Breve era el galardón más prestigioso en todo el ámbito de la lengua castellana.
>
> (Saldívar 1997: 448)

No obstante, Carlos Barral no tiene empacho en declarar que *Cien años de soledad* no le parecía la mejor novela de su tiempo.

Para él, García Márquez no era más que un «narrador oral del norte de África». Ciertamente, se inclinaba por Vargas Llosa, «no solo porque sabe muchísima literatura, sino que sabe hacerla mejor que nadie» (Armas 2002: 106). Pero en sus memorias da cuenta, de un modo un tanto cínico, al más propio estilo Barral, de sus encuentros con Gabo, de los veranos compartidos y de la participación del colombiano en los premios de su editorial:

> No concurrió nunca al premio ni propuso manuscritos a la editorial, pero fue jurado del mismo y sus criterios y recomendaciones, mucho más sutiles y exigentes de lo que él quisiera aparentar, fueron muy tenidos en cuenta. También él, instalado en Barcelona, pasó durante algún tiempo sus salpicadas vacaciones en mi pueblo marinero, del que lastimosamente le expulsaron las «pavoserías», como él diría, de unos amabilísimos vecinos contiguos, quienes le saludaban con zalemas susceptibles de ser entendidas como terribles conjuros y que lo hacían tropezar con un jarrón lleno de plumas infaustas, *pennae pavonis* de brujería, que esa buena gente ostentaba como decoración del rellano de la escalera, de paso obligado para el escritor, lo cual le obligaba con demasiada frecuencia a purificarse con baños de agua de azulete y flores amarillas.
>
> (Barral 2001: 576)

Quizá Barral, con estas palabras no del todo inocentes, pretendía atemperar los ataques y acallar las bocas de muchos. Sea como fuere, García Márquez, ya en Barral editores, publicó un volumen de siete cuentos, *La increíble y triste historia de la cándida Eréndida y de su abuela desalmada* (1972); bien por el afecto de ambos, por la intercesión de Vargas o porque Barral no podía dejar de publicar, por cuestiones profesionales, económicas y éticas, a una de las plumas más gloriosas del pasado siglo XX. Aun así, tampoco tuvo que ser fácil el acuerdo editorial, porque Gabo era un escritor complicado para los editores, una auténtica bestia negra. Tenía una opinión nefanda del comercio literario, que le parecía abusivo, injusto y amoral. El colombiano, en una entrevista, hizo unas declaraciones reveladoras a este respecto:

Y es que hay más: fuera de la persecución de los periodistas, tengo ahora una que nunca pensé tener: la de los editores. Aquí llegó uno a pedirle a mi mujer mis cartas personales, y una muchacha se apareció con la buena idea de que yo le respondiera 250 preguntas, para publicar un libro llamado «250 preguntas a García Márquez». Me la llevé al café de aquí abajo, le expliqué que si yo respondía 250 preguntas el libro era mío, y que, sin embargo, el editor era el que se encargaba cargaba con la plata. Entonces me dijo que sí, que tenía razón, y como que se fue a pelear con el editor porque a ella también la estaba explotando. Pero eso no es nada: ayer vino un editor a proponerme un prólogo para el diario del Che en la Sierra Maestra, y me tocó decirle que con mucho gusto se lo hacía, pero que necesitaba ocho años para terminarlo porque quería entregarle una cosa bien hecha.

Si es que los tipos llegan a los extremos. Por ahí tengo la carta de un editor español que me ofrecía una quinta en Palma de Mallorca y mantenerme el tiempo que yo quisiera, a cambio de que le diera la próxima novela. Me tocó mandarle decir que posiblemente se había equivocado de barrio, porque yo no era una prostituta. Ese caso me hace recordar el de una vieja de Nueva York que me mandó una carta elogiando mis libros, en la cual, al final, me ofrecía enviarme, si yo quería, una foto suya de cuerpo entero. Mercedes la rompió furiosa. Voy a decirle una vaina, en serio: a los editores yo los mando, tranquila y dulcemente, al carajo.

(Vargas Llosa 2007: 180-181)

Pero el propio Carlos Barral también se vio atrapado en esta red del comercio editorial a gran escala, y en la competitividad despiadada, que le causó un rosario de problemas con la editorial por criterios fundamentalmente económicos. La empresa literaria se fue al traste cuando Víctor Seix murió en un trágico accidente: la llegada de otros miembros de la familia Seix rompió el equilibrio de la editorial y, en 1970, se produjo la separación definitiva. Seix Barral se quedó con el prestigioso nombre y con una mayor solvencia económica, pero los escritores se fueron con su mecenas, con el «padrino» del *boom*. En esta contienda participó activamente Vargas Llosa que, conciliador, intentó evitar esa ruptura por el beneficio de las letras hispánicas; y porque estaba profesionalmente vinculado a la editorial: sus libros habían aparecido todos bajo ese sello y desde hacía años participaba como jurado del Premio de Novela Biblioteca Breve. Vázquez Montalbán describió este duro proceso en un artículo publicado en *Triunfo* en 1970, y reseñó el hecho de que los intelectuales y escritores se posicionaran del lado de Carlos Barral: Marsé, García Hortelano y Vargas Llosa le comunicaron a los Seix su deseo de cancelar el contrato por títulos publicados o títulos futuros si Carlos Barral salía de la empresa. El peruano (y el resto) terminó tomando partido por Barral, al que ayudó y apoyó, asesorándole y recomendándole la publicación de los autores latinoamericanos más relevantes del momento. Así, el equipo de Carlos pasó a su nueva editorial, que se llamó Barral Editores. E incluso los miembros del jurado del premio Biblioteca Breve cambiaron de editorial para formar parte del premio, recién creado, de la nueva empresa de Carlos. Precisamente, Gabo narra su invitación a participar en este premio a Vargas en una carta:

> Seix & Barral me ha pedido que te sustituya en el jurado del Biblioteca Breve. Les contesté que lo haría con mucho gusto si hacen una selección previa muy drástica y no tengo que leer más de cinco o seis originales. Lo hago sin mucha ilusión, convencido de que no habrá otro Vargas Llosa imprevisto en los próximos años, y que todo lo que viene al concurso es más o menos basura. Me consuela la idea de que por lo menos las reuniones del jurado sean divertidas.
>
> (Princeton C.0641, III, Box 10)

Pero aunque el equipo de Barral en su nueva editorial se erigió sobre dos pilares vastísimos, Juan Ferraté y Pere Gimferrer, y evidenciaron su intención de seguir con la política editorial anterior y con los mismos focos de interés cultural, la empresa fracasó. La editorial fue perdiendo, lentamente, su autonomía y prestigio, hasta ser absorbida por Labor y desaparecer de forma definitiva.

EL MEJOR REGALO DE BODA: EL PREMIO LITERARIO

Las editoriales, sobre todo en España, propusieron concursos internacionales con premios atractivos para dar a conocer obras de gran calidad literaria, concursos que eran muy bien recibidos por el público, que veía con buenos ojos que los jurados estuvieran compuestos por miembros calificados. En este sentido, la editorial más exitosa fue Seix Barral que, tras *La ciudad y los perros,* promulgó la publicación de obras latinoamericanas. De esta manera, ganaron el glorioso premio Biblioteca Breve novelas tan importantes como *Tres tristes tigres* de Cabrera Infante, *Cambio de piel* de Carlos Fuentes y *El obsceno pájaro de la noche* de José Donoso. El Premio Biblioteca Breve fue fundado en 1957 y se convocó por primera vez en 1958. En los primeros diez años estuvo dotado económicamente, pero luego se dio otro galardón: la garantía de publicación de la obra bajo el marchamo del Premio Biblioteca Breve. El cambio de política estuvo motivado por la polémica que suscitaron las editoriales comerciales: para reiterar el carácter netamente literario de la suya y desligarse de lo comercial, se resolvió eliminar el premio económico. Un premio que, sin duda, ofrecía panoramas insospechados al ganador y reforzaba la idea de que estos galardones abrían el mercado literario a nuevos nombres. Carlos Barral lo aclara en sus memorias: «Sin que nadie se lo hubiera propuesto con verdadera determinación, el premio era al cabo de los años un puente literario transatlántico, practicable solo para una cierta literatura, digamos que de mi gusto y manías, que se pretendió vanguardia de una literatura con vocación universal» (Barral 2001: 572).

Pero también se otorgaban otros premios muy prestigiosos, como el de la Crítica, que fue concedido a Vargas Llosa, el único hispanoamericano que lo ganó, y en dos ocasiones. En 1964, con su primera novela *La ciudad y los perros* y en 1967 con *La casa verde.* Nuria Prats llama la atención sobre el hecho de que el contingente catalán fuese siempre el sector dominante de estos jurados cuando se otorgó el premio a un escritor latinoamericano. Y es que en Barcelona es donde, por primera vez y de modo más insistente y pasional, se impulsa esta narrativa; por parte de Madrid, en cambio, había más reparo a la hora de otorgar el premio a un escritor que no fuese español. Más tarde, en la convocatoria de 1969, se propondría la candidatura de *Cien años de soledad,* pero se desestimó por incumplimiento de las bases: no se trataba de una primera edición original y no se había publicado en España. Pero, en realidad, se mezclaron otros motivos para desecharlo:

> Azancot fue uno de los críticos que más trabas pusieron a la concesión del premio al narrador colombiano, pues consideraba que este «no podía ni debía recibirlo». [...]. En ese deber es donde se esconden los planteamientos, fundamentalmente políticos, más sustanciosos. Por un lado, se debía reaccionar contra «la supervaloración indiscriminada, por *snobismo* masoquista o por ignorancia, de todo lo que nos llega de Latinoamérica», hecho que podía repercutir negativamente sobre los escritores españoles. Por otro, porque *Cien años de soledad,* aunque contase con algunos logros, no reunía, siempre según Azancot, las condiciones estéticas necesarias para ser merecedora de tal galardón.
>
> (Prats 1995: 219)

El tercer premio más relevante del panorama de aquella época era el Formentor, que recibió Borges en 1961 de la mano del Congreso Internacional de Editores, compartido con Beckett. Este congreso celebrado en terreno balear durante varios años hasta que la dictadura franquista lo impidió, fue ideado y promocionado por Carlos Barral. A él asistían todos los editores más reconocidos y populares de Europa, América Latina, Norteamérica y Asia. El propio Barral habla en sus memorias de este premio y del retraso cultural español causado por el franquismo: «En el campo de la narrativa y en los círculos editoriales, el proyecto de Formentor, que no había nacido pensando en ello, tendió a mitigar durante unos años estas contrariedades y a ampliar las perspectivas sobre nuestras letras» (Barral 1982: 244). No hay que olvidar, a este respecto, que la editorial no contaba con el apoyo de la Administración (franquista) y estaba en el punto de mira por la actitud subversiva de Barral. Pero lo que le interesaba a Carlos era la literatura española, que contaba con muy

pocos nombres propios hasta la incorporación de los novelistas hispanoamericanos. Fueron el apoyo editorial y los incentivos de los
premios los que favorecieron a los escritores del otro lado del
Atlántico, haciendo de esta porción del continente el generador literario más brillante en lengua castellana. Así, el mundo literario
europeo, y más tarde el norteamericano, miró hacia América Latina
y se produjo un «segundo descubrimiento» de estos países. Este fenómeno desencadenó una reacción «negativa» por parte de algunos
escritores españoles, que se consideraron mal tratados e injustamente silenciados por las editoriales peninsulares, lo que llevó a varias
polémicas y enfrentamientos de distinta índole entre autores de uno y
otro lado del océano. Y también dentro de España. Incluso se llegó
a hablar de un complot entre catalanes contra los escritores peninsulares: el jurado que dio cinco de los diez premios de Seix Barral
a los latinoamericanos estaba constituido, ciertamente, por catalanes: Castellet, Clotas, Barral y Félix de Azúa. Se decía que querían
así desprestigiar la novela en lengua española que se escribía en la
Península, como si fuese un rencor en contra de los «castellanos» o
«peninsulares», para terminar con una tiranía de siglos desde Cervantes. Asimismo, el grupo latinoamericano de éxito sufrió envidias
por parte de otros escritores e intelectuales, lo que culminó con
la publicación del conocido libro de Luis Guillermo Piazza titulado
precisamente, y en tono agrio, *La mafia,* basado en la chismografía
que rodeaba a ese grupo, y en el entorno de unos amigos de Carlos
Fuentes en México. De hecho, a Fuentes le sentó muy mal la publicación de ese libro, como se desprende del comentario que le hace
a Mario en una carta del 24 de noviembre de 1970, donde también
le comenta, entusiasmado, el resultado de su lectura de la nueva novela del peruano:

> Mis felicitaciones y admiración por tu *Conversación en La Cate-*
> *dral.* Creo que no solo es tu mejor libro, sino la única gran novela
> política que se ha escrito en castellano. Pienso hacer una edición
> ampliada de mi ensayito sobre la novela, e incluir un largo papel so-
> bre tu libro, sobre «62» y sobre Donoso. Aquí, como en todo el
> continente, los ataques arrecian, y desde luego la literatura es un

pretexto para arremeter contra los escritores críticos e independientes. El pobre Carballo, desde su imaginaria Sierra Maestra en los diarios y revistas más reaccionarios de México, acusa de conservadores a Octavio, a Julio, a medio mundo, y lo mismo hace contra ti el inmundo Luis Guillermo Piazza (cuyas iniciales indican su verdadero *métier:* La Gran Puta). Los mediocres se han unido para servir al poder pero con la bandera de la revolución, vaya continente de pícaros.

(Princeton C.0641, III, Box 9)

Lo que está claro es que el padrino del *boom,* Carlos Barral, hizo magníficos regalos de boda a sus escritores, regalos como los premios literarios, que junto con las labores editoriales nos dan el índice de la profunda renovación literaria que se vivió en España en esas décadas.

Una madrina de *lujo:* Carmen Balcells

En Barcelona también residía Carmen Balcells, la madrina, «Mamá Grande del *boom»,* la agente literaria de la mayoría de los grandes escritores, «con sus consejos, su habilidad, su instinto profesional, su simpático ejercicio de la masonería y la amistad, y desde luego, su gran talento —casi mágico en ocasiones— para hacer triunfar a los novelistas, hispanoamericanos o españoles —pero sobre todo hispanoamericanos— frente a las pretensiones de cualquier editor. Había empezado Carmen Balcells trabajando con Ivonne y Carlos Barral, para luego independizarse conforme avanzaba la década de los sesenta y convertirse ella, la agente literaria, en un *factor humano* fundamental en la vida profesional de algunos de los más relevantes escritores del *boom,* incluidos Gabriel García Márquez y MVLL» (Armas 2002: 100-101). De eso no cabe la menor duda, aunque también ha sido tildada de tirana de la edición en lengua castellana, como habría de decir Barral, y eso que, cuando se conocieron, ella era una «muchacha tímida, emotiva y de lágrima fácil» (Barral 1982: 246). Fue precisamente Barral quien la puso en el camino «después de que se bregara en la agencia de un escritor rumano exiliado en Barcelona, Vintila Horia» (Lucas 2008: 49). Y con el tiempo, la madrina creció y la vulnerabilidad anterior devino fortaleza, decisión y espíritu aguerrido. Sin ella, las nupcias, los matrimonios felices del *boom* con la literatura, las celebraciones y regalos de boda, no habrían sido los mismos. En una reciente entrevista —de las pocas que ha concedido— de *El País,* la propia Balcells declaraba: «Conseguí que casi todos ellos pasaran y se quedaran en Barcelona. Al menos un tiempo. Nunca se repetirá algo como aquello» (Lucas 2008: 48). También Carlos Barral, en sus afamadas memorias, describe el sumo cuidado de Balcells y su gran atención con los latinoamericanos recalados en Barcelona:

> [...] se estaba convirtiendo a marchas forzadas en la más activa agente literaria de autor de Europa, tras un tímido crecimiento como modesta intermediaria editorial, se trataba de una apuesta generosa e inteligente. La gente de letras de ese planisferio literario estaba interpretando, por fin, el significado de una literatura muy antigua y rica que se apuntaba de pronto al testimonio de las arduas complicaciones sociales del continente más castigado [...]. Se trataba, como diría Bryce Echenique, de una literatura exagerada [...] pero convincente dentro de un panorama general de atención maniática a la banalidad y al gesto cotidianos. La mayoría de esos jóvenes escritores, por otra parte, agitaban entonces las banderolas de una inconcreta e indefinida segunda revolución iberoamericana y proclamaban, como la izquierda europea, fe absoluta en la experiencia revolucionaria castrista.

> (Barral 2001: 557-558)

Luchaba contra viento y marea por los intereses de sus protegidos, sobre todo por los de Vargas Llosa y García Márquez. En la citada entrevista sentenció: «Para mí son clientes de la agencia. Así de claro. Y luego existen vínculos, cómo no, relaciones entrañables. Pero nunca he olvidado que en esta casa vivimos de los grandes escritores. Y yo me hago querer todo lo que puedo para evitar las deserciones. En esto somos como el ejército. Respecto a la amistad, los años te hacen comprender que en toda una vida solo da tiempo a tener tres o cuatro amigos, no más. Esos son los que caben en una existencia» (Lucas 2008: 48). Pero ya hemos visto el cariño incondicional que les profesaba al peruano y su familia, algo extensible al terreno profesional, en el que siempre ha buscado y procurado lo mejor para el escritor. Por este motivo, en 1969, por ejemplo, quiso convencer a Vargas Llosa de que dejase Seix Barral y se pasase a Planeta, editorial que le ofrecía más dinero. Balcells, obviamente, sabía la amistad que unía a Vargas y Barral, pero, aun así, intentó persuadirle y velar por sus intereses:

> Querido Mario:
> La única función que debes esperar de tu agente es que resuelva por ti los asuntos administrativos que gran parte de escritores no están en condiciones de resolver. La única dificultad con que yo podría tropezar en el manejo de tus asuntos para lengua castellana era llegar a un acuerdo favorable con Seix Barral teniendo en cuenta todos los elementos psicológicos que rodean el caso. Es decir, ellos te dieron el permiso, siempre trataste directamente con Carlos tus asuntos, yo quiero muchísimo a Carlos, tú también, etc., etc., etc. [...].
> Es difícil explicarte cómo resolví esa conversación con Carlos, todo fue tan claro, tan directo, tan sin recelos de ningún tipo que no puedo comprender ni aceptar tu postura que corresponde a una actitud de agradecimiento hacia Carlos absolutamente fuera de lugar.
> Los negocios son una cosa muy seria, la editorial es un negocio donde la única materia prima son los escritores. Dentro del «mercado», piensa objetivamente lo que representan nombres como Vargas Llosa, García Márquez, Carlos Fuentes, etc. Estos nombres en las listas de los editores significan dinero al momento y sobre todo dinero futuro. [...].
> Carlos, evidentemente, es un tío magnífico, pero es un tío magnífico por muchas razones, de modo que no te pongas sentimental porque lo que te ofrece Carlos es menos de lo que haría cualquier otro editor por tenerte en sus catálogos.

> (Princeton C.0641, III, Box 1)

Poco más tarde, el 30 de julio del mismo año, insiste sobre las cosas en las que quiere que Mario actúe como ella propone: dejarse querer por las mejores editoriales y por la ciudad de Barcelona. A cambio, le ofrece un «amor» muy especial: «Querido Mario: la cartita que te escribí ayer no sirve de nada. Sí, sí, te quiero mucho. Lo que pasa es que cuando me empeño en algo de una manera especial y ese "algo" funciona de acuerdo con mis deseos, me llevo tal susto que no sé afrontar la nueva situación. Algo así me ha ocurrido contigo». Es una carta muy larga; casi al final, dice: «No sé por qué tengo el presentimiento que vas a quedarte en el Perú algún tiempo, haciendo política...!!» (Princeton C.0641, III, Box 1). No se equivocó ni en lo de vivir en Barcelona, ni en lo de cambiar de editorial, ni en lo de la política..., aunque sería en los ochenta, y no entonces, como sabemos.

Su postura era férrea y arrolladora. «Barcelona és bona si la bolsa sona», parece decirle al peruano. Y del mismo modo actuó la Mamá Grande con Gabo. Verbigracia, cuando la editorial Sudamericana de Buenos Aires le propuso a García Márquez publicar *Cien años de soledad*. Y es que, como dice Dasso, «Carmen Balcells, que ya tenía diez años de experiencia en lides editoriales y que sabía muy bien cómo moverse en el terreno aún semibaldío de los derechos de autor había estado intentando [...] obtener un mayor adelanto y un contrato mejor atornillado. Pero García Márquez se puso nervioso, tal vez temiendo que podía perder la ocasión de que lo publicara la editorial de sus sueños, y le hizo saber a su agente: "No anden ahí discutiendo por quinientos dólares, que lo que quiero es que me publiquen y que me publiquen ya"» (Saldívar 1997: 447-448). En ese tiempo Gabo lo único que anhelaba era ver impresa su obra, pero cuando lo consiguió y la novela se convirtió en un éxito mundial, empezó a preocuparse más por cuestiones monetarias y por la difusión internacional de la misma, esto es, su traducción a otras lenguas. Así, el 20 de marzo de 1967 le escribe en una carta a Vargas Llosa: «Me dice Roger Kelin que se quiere llevar nuestros libros para Coward McCann. Le dije a Carmen Balcells que por mí no había inconveniente, y ella me comunica ahora que el asunto se decidirá en Londres por estos días. A ver qué pasa. Les edition du Seuil parece que tomaron *Cien años de soledad*. Esto me hace pensar que a lo mejor las cosas cambian, después de 20 años de estar escribiendo para los amigos» (Princeton C.0641, III, Box 4).

Y mientras *Cien años de soledad* iba cosechando éxitos por el continente, la madrina de lujo del *boom,* Carmen Balcells, «continuaba en silencio su labor de hormiguita arriera para que la novela fuera traducida a los principales idiomas del mundo. En realidad, ella ni siquiera había esperado a que empezara la fiesta de la consagración, no solo porque conocía las urgencias del autor, sino porque había captado enseguida, como todo el mundo, que una novela de semejante calibre no precisaba de ninguna fiesta ni consagración previas para ser presentada en otras lenguas» (Saldívar 1997: 457). Su olfato literario era inigualable, su espíritu comercial insólito y sus contactos insuperables: un lujo de agente literaria. Algo que tiene que ver con los resultados comerciales que todavía podemos observar, después de más de cuatro décadas. Tomás Eloy Martínez, aquel que tanto hiciera por dar a conocer en Argentina la primera edición de *Cien años de soledad,* nos comentaba hace dos años, en entrevista personal, que había visto a Gabo meses antes en su casa de Cartagena de Indias, y que mientras charlaban amigablemente un rato, no cesaban de entrar faxes en la máquina del colombiano, y todos eran de la agencia Balcells, donde la ya «Bisabuela Grande» le enviaba información sobre los últimos estados de cuentas de cada una de sus obras: ediciones, traducciones a numerosas lenguas, miles de ejemplares vendidos y miles de dólares por cada uno de esos conceptos. A este respecto, cuenta la misma Balcells que «Un día la llamó Gabo desde México y al acabar la conversación este le preguntó: "Carmen, ¿me quieres?"». La respuesta fue, una vez más, un golpe de talento: «Mira, no te puedo contestar a eso porque supones el 36,2 por 100 de nuestra facturación» (Lucas 2008: 48). Y es que no cabe duda de que la madrina de lujo del *boom* guarda, en un cuaderno amarillo, la fórmula mágica del éxito, además de una gran caja —amarilla— de secretos «con los que se podría repensar la intrahistoria de la narrativa de la segunda mitad del siglo XX». Porque no hay que olvidar que su labor como agente literaria hizo que su oficio entrara en la modernidad, poniendo patas arriba «el tinglado operativo de la representación de autores. Hoy su modelo de gestión se estudia en algunas de las mejores universidades del mundo. "Lo que me propuse fue convertir mi trabajo en algo digno", dice satisfecha» (Lucas 2008: 48).

UN JUEZ IMPLACABLE: LA CENSURA FRANQUISTA

Ante tal juez de la censura no solo tenían que comparecer los escritores peninsulares, sino también los hispanoamericanos. La forma en la que esta planeó fue distinta en uno y otro caso, ya que sobre los escritores de fuera no pesaba el mecanismo corrector de la autocensura. Aún las dificultades de la censura, como detalla Barral, fueron muchas y de muy distinta clase: «Las posibilidades de cada libro, las perspectivas del autor recién descubierto, dependerían del humor de funcionarios ignorantes cuya reacción era imprevisible, y ese era un hecho al que había que referirse también continuamente» (Barral 1982: 244). El catalán califica de «pesadilla doméstica» la insoslayable labor de la censura en la España de Franco, y se queja de todos los obstáculos que hubo de sortear para promocionar la literatura de vanguardia tanto en lengua española como en otras lenguas. Ciertamente, el trabajo de Barral fue admirable, ya que tuvo que lidiar con la estrecha vigilancia a la que había sido sometido, con detenciones policiales, y con idas y venidas a los tribunales. Y todo por la renovación del panorama literario en España.

Pero Franco y su maquinaria represora tenían que vigilar cada una de las publicaciones españolas a través de un organismo censor cuya actuación era inaceptable, además de absurda e injusta: «La ausencia de criterios, la arbitrariedad y el talante ridículo de las resoluciones, eran una escocedura constante de aquella sucia actividad censoria. A menudo, la naturaleza de los cortes, el orden en que se producían y su cadencia en el texto, definían un personaje y contaban una historia» (Barral 2001: 401-402). Había que incluir en muchas ocasiones «una humillante nota a pie de página» o simplemente conformarse, porque algunos veredictos eran «inapelables».

Por estas razones, «en 1960, doscientos cuarenta intelectuales españoles firmaron una carta dirigida a los ministros de Educación

Nacional y de Información y Turismo, pidiendo una revisión y regulación de los mecanismos de la censura y criticando la arbitrariedad que propiciaba la legislación vigente, según la cual podían darse hechos como que una misma obra fuese prohibida para un determinado medio —libro— y aprobada para otro —revista—, o que se prohibiese un día lo que al siguiente se aprobaría. La primera de las arbitrariedades descritas no es tal, por cuanto los censores no solo juzgaban la conveniencia de la autorización ciñéndose al contenido de los escritos sino teniendo en cuenta —dependiendo del tipo de publicación— el medio de difusión, la tirada, el precio del ejemplar, si era para exportación, etc. Por lo que a veces se denegaba o autorizaba un texto según la repercusión pública que fuera a tener» (Prats 1995: 289-290).

Como la censura era más permisiva con los escritores latinoamericanos, algunos malintencionados críticos y escritores peninsulares sostuvieron que el éxito latinoamericano y su respaldo editorial se había producido solo como forma de evitar la censura, que era más leve con ellos que con los autóctonos. Porque «al recrear una sociedad y unas situaciones ajenas a la española, los censores, normalmente, pasaron por alto los ataques de estos escritores a sus respectivos regímenes. Pero la permisividad se anulaba en el momento en que hubiese cualquier referencia dudosa al régimen franquista, una crítica del "dogma" de la hispanidad, o simplemente una crítica a la actuación de los españoles en América desde el descubrimiento» (Prats 1995: 300). De hecho, diversas publicaciones latinoamericanas fueron denegadas: en 1955 se rechazó la edición de *Pedro Páramo* y en 1965, la de *El túnel* de Sábato; en 1971, *Este domingo* de Donoso y en 1973, *El libro de Manuel* de Cortázar. Pero el caso más curioso fue el de *Ficciones* de Borges, presentada por Edhasa y cuyos avatares con la censura no tienen desperdicio. En 1956 denegaron su edición dos censores distintos, pero luego se publicó —tras la insólita revisión de un teólogo— con muchas menos supresiones de las recomendadas por los primeros censores. Uno de los informes de los lectores reza así: «Un libro así caerá de las manos de los no estudiosos en tales materias y juzgo que ningún daño mayor podrá hacer ya a las cabezas ya tocadas de fantasmagorías alegóricas y alocadas. Con todo y por llevar esos escritos el sello de la teosofía —como otras obras de esta editorial—, si por el criterio de la Superioridad se autorizara su publicación —lo cual yo no propongo— juzgo indispensable se practiquen las tachaduras en la páginas arriba señaladas» (Prats 1995: 306-307).

Los principales ejes de actuación de la censura eran la moral sexual, las opiniones políticas, el cuidado del uso del lenguaje y la religión. El lenguaje y las cuestiones políticas fueron los puntos débiles de *La ciudad y los perros* ante ella. Las tachaduras y comentarios hechos a la novela eran inadmisibles para Vargas Llosa, por lo que decidió mantener una reunión con uno de los censores —Robles— para intentar llegar a un acuerdo. Carlos Barral puntualiza esta anécdota:

> Vargas leyó con ritmo expresivo los largos párrafos incriminados, con inesperados efectos: todos los cortes aconsejados fueron suprimidos. Robles explicó finalmente que había una sola cosa que no podía conceder. El militar de más alta graduación que aparecía en el libro [...] coronel-director del Colegio Leoncio Prado, aparecía motejado de cetáceo, lo cual, en un país «desgraciadamente» gobernado (comenzaba a transpirar el futuro) por el brazo militar, podía parecer alusivo y era inadmisible. Cetáceo era altamente insultante. ¿Cómo reaccionaría un ciudadano al que en las calles de Madrid se le interpelase con «so cetáceo»? Si dijese ballena sería tal vez diferente. Vargas explicó que todos los personajes del libro eran alguna vez, si no habitualmente, designados con epítetos animalescos y que cetáceo era una alusión de los cadetes a la tripa del coronel. Sí, pero ¿por qué no ballena? Bueno, ballena. El autor cedió, fue su única concesión.

> (Barral 2001: 401)

Pero Nuria Prats pone en tela de juicio el testimonio de Barral y sugiere que sus memorias se revelan poco exactas. La verdad de los hechos, dice, fue otra:

> La editorial Seix Barral pidió autorización para la publicación de la novela, bajo el nombre de *Los impostores,* el 16 de febrero de 1963.

El 27 de ese mismo mes fue denegada. El 25 de marzo la editorial se acogió al recurso de nueva revisión del original. El resultado de esa petición no debió de ser favorable, ya que se vieron obligados a recurrir a la llamada «censura oficiosa», es decir, a la entrevista con Carlos Robles Piquer, a la sazón Director General de Cultura General y Espectáculos. De esa entrevista se obtiene la intención de la Administración de que se autoriza siempre y cuando se realicen una serie de modificaciones [...] podemos comprobar que el número de correcciones que el autor debió realizar fue mayor y más sustancial que el solo cambio de adjetivo que Barral recordaba.

(Prats 1995: 311)

Por otro lado, el director general de Cultura Popular exigió a la editorial Seix Barral que la publicación de Vargas Llosa fuese acompañada de comentarios sobre la novela, firmados por autores populares. Barral acató y presentó unas líneas laudatorias de Salazar Bondy, Roger Callois, Alastair Reid, José María Valverde, Uff Harder y Julio Cortázar. La única que no fue autorizada para publicación fue la de Cortázar, que no se atenía al mero elogio de la innovación técnica, de la maestría en la estructuración y en el estilo, etc. Las palabras del argentino, con un sesgo ideológico y político muy concretos, eran susceptibles de ser «malinterpretadas» y tenían un tono subversivo: «Implacable testigo del infierno, su alucinante experiencia puede ser también fórmula de redención el día en que nuestros pueblos descubran la libertad profunda que espera su hora enterrada al pie de las estatuas ecuestres de las plazas». Quizás por todo este revuelo armado con la censura, y esta es la tesis más admisible, se tuvo que cambiar el título de *Los impostores* a *La ciudad y los perros,* ya que era común cambiar de rótulo cuando el manuscrito era denegado. Finalmente, la novela fue autorizada el 28 de septiembre de 1963, más de seis meses después y con el texto no íntegro, aunque, en realidad, los reparos del franquismo por las alusiones militares fueron poco relevantes.

Otro caso que llama la atención y que igualmente está ligado a la editorial Seix Barral es el del cubano Guillermo Cabrera Infante, que en 1964 obtuvo el Premio Biblioteca Breve con su novela *Vista del amanecer en el trópico,* rebautizado luego como *Tres tristes tigres.* La novela no se editó hasta 1967, tres años después, porque la censura había denegado tajantemente la autorización del original presentado al premio, lo que obligó al autor a realizar considerables modificaciones con el fin de poder ser aprobada y publicada. Hay una estupenda carta de Julio Cortázar al cubano del 8 de diciembre de 1966, cuando todavía eran amigos, en la que le hace un comentario acerca de lo que ocurrió con Vargas Llosa y lo que está viviendo Guillermo en sus propias carnes esos días:

> Lo de la censura española no tiene desperdicio, y coincide exactamente con cosas que le pasaron a Mario Vargas Llosa, a quien por ejemplo le cambiaron «un general de vientre de cetáceo» por «un general de vientre de ballena» y cosas por el estilo. Me alegro con todo que tu libro (TTT) haya pasado el muro de la mierda y que pueda salir por fin; los cambios o cortes a que aludes no pueden tener importancia en una novela. Ojalá a mi vuelta de Cuba encuentre un ejemplar esperándome; y ojalá te encuentre también a ti, o yo pueda ir a Londres y pasarme unos días contigo.
>
> (Princeton C.0272, II, A, Box 1)

Días más tarde, el 29 de diciembre de 1966, Cabrera Infante escribe una carta a Mario Vargas Llosa en la que le cuenta cómo su novela ha cambiado de nombre y ha sufrido muchos avatares, y ya le «pesa demasiado», debido al estado de las cosas en un país pobre, pacato y ayuno de libertad, al menos por lo que se refiere al ambiente de la capital:

> Ya sé que Madrid te parece (con toda razón, ahora lo sé) el patio de un convento, y no muy rico convento, más bien miserable, donde todas las monjas tienen bigotes y la madre superiora hace tremendos fuelles hediondos cuando se sienta [...]. Tengo una proposición para trabajar con la firma *Cointreau* en Barcelona, pero es cosa de posibilidades publicitarias y ya España empieza a llenarme los ojos de este polvo peninsular y africano, que cada vez me gusta menos [...]. Aproveché tiempo para hacer cambios en el libro, quitar cosas [...], volví al plan primitivo y reestructuré toda la parte fi-

nal, añadiendo una porción de novela que tenía en borrador y que iba a formar parte del libro y le puse el título que yo quería antes, que quizá no te guste. Ahora se llama *Tres tristes tigres* [...]. Vamos a ver qué pasa con este libro que ya me pesa demasiado.

(Princeton C.0641, III, Box 6)

¿Por qué el cubano corregía y corregía su obra? ¿Por un exclusivo rigor literario o por culpa de la censura, que lo volvía loco? Probablemente, por un poco de todo. Sabemos que Guillermo era obsesivo hasta la saciedad, y con su obra literaria mucho más. De hecho, su viuda nos ha hecho saber que existen tres novelas que él había terminado mucho antes de morir, y que se van a ir publicando poco a poco. Pero el problema es que no están del todo corregidas: tienen demasiadas páginas, y, como él mismo nos comentó en alguna entrevista, su método de corrección era siempre el de aligerar el peso de las novelas, desestimar lo que no sirve (Cremades y Esteban 2002: 156). Y en aquel año de 1966, además de su propia responsabilidad creativa, existía el problema de la censura española, en un país que no le acababa de convencer.

En la última entrevista que tuvimos con él, muy poco antes de morir, en su casa londinense de Gloucester Road, nos confesó que, cuando salió de Cuba, aparte de dejar «enterrado su corazón», como Luis Aguilé, pensó que España podía ser un buen lugar para instalarse, y pidió allí el asilo político, pero no se lo concedieron porque creían que era un espía de Castro, infiltrado mediante la treta de hacerse pasar por disidente. Y así es como terminó en Londres. Nos narraba también, acerca de su doble decepción con España (las suspicacias y el retraso cultural debido a la censura) una anécdota muy divertida, que le ocurrió precisamente el verano de ese año en el que estaba tratando de pelear con los censores la publicación de su obra premiada. Fue en Torremolinos, cuando comenzó el plan de promoción del turismo de aquella zona, que tanto juego ha dado al cine español desde entonces hasta ahora. De hecho, en ese año de 1966 se estrenó la película *Amor a la española,* donde los nacionales se dedican, en Torremolinos, a la caza de la extranjera. Más tarde, vendría *Fin de semana al desnudo* (1974) y un sinfín de películas rodadas en la misma población, hasta las comedias de los últimos años, cada vez peores, pero insistentes en los mismos tópicos, como *Torremolinos 73* (2000), o *Kárate a muerte en Torremolinos* (2003).

Allí, en Torremolinos, Guillermo Cabrera se encontraba con Miriam, su esposa, pasando un tranquilo día de playa, en un lugar donde no había casi nadie. Al poco tiempo de llegar, unos guardias civiles, vestidos reglamentariamente de verde y sudando a chorros bajo un sol implacable de verano y un tricornio no menos implacable, se acercaron a la pareja para decirle que no podían estar así en la playa, porque la señora llevaba biquini, y eso estaba prohibido: se le veía demasiada carne. Los cubanos, que no querían tener problemas, agarraron sus bártulos y fueron a un lugar donde Miriam pudiera ponerse un bañador entero, de una pieza. Una vez realizada la operación, volvieron al mismo sitio, pero la parejita de verde se acercó de nuevo para decirles otra vez que la señora no podía estar así en la playa.

—¿Cómo «así»? —preguntaron ellos—, sorprendidos nuevamente.

—Con un bañador de color carne, que da la impresión de estar desnuda.

Esta vez las carcajadas llegaron hasta Marbella. Pero tuvieron que marcharse, terminando antes de lo pensado su «tranquilo» día de playa en la España franquista.

Pero ahí no acabaron las historias de censuras para los latinoamericanos. *La casa verde* también tuvo que pasar por ella y de nuevo Vargas hubo de hacer supresiones, esta vez por ataques a la moral. En cambio, *Conversación en La Catedral* se editó por otra modalidad del mecanismo censor: el del «silencio administrativo», con el que salieron a la luz también *Juntacadáveres* de Onetti y *El derecho de asilo* de Carpentier. No obstante, y a pesar de todos estos impedimentos, la relación de los latinoamericanos del *boom* con la empresa editorial española era excepcional, y su deseo de celebrar sus nupcias, ante el padrino Barral y la madrina Balcells, en Barcelona no mermó por el franquismo. Sabían que el implacable juez de la censura también estaría presente, pero no fue óbice suficiente para impedir la celebración de su unión. Ahora bien, ninguno de nuestros protagonistas, Gabo y Mario, participaron de acto cultural alguno que estuviera auspiciado por el gobierno franquista. Así, cuando a comienzos de 1973 Luis Rosales y Félix Grande intentaron convencer a Vargas Llosa y García Márquez de que participaran en Cultura Hispánica, no lo lograron:

> [...] se comunicaron con los dos «capos» de la novela latinoamericana en España para que asistieran a Cultura Hispánica, bien a través de algún curso organizado *ad hoc,* bien con la presencia de ambos, o de alguno de los dos, en esa institución que, por otra parte, realizó una buena labor en las relaciones culturales de América Latina y España durante el franquismo. García Márquez dejó en manos de MVLL la confirmación de la decisión que ambos, y no por haber tomado un común acuerdo, sino por convicción propia, mantenían desde hacía tiempo: con instituciones franquistas, aunque solo fueran «parapolíticas», no habría ninguna colaboración.
>
> (Armas 2002: 4).

La cuestión es que ni el franquismo, ni su censura, ni las críticas viperinas de los peninsulares frenaron el *boom* de la literatura latinoamericana, ni la consagración de su unión con las editoriales españolas. La ceremonia se celebró en Barcelona, como hemos dicho, por todo lo alto, con madrina de lujo y padrino extraordinario, con unos invitados que formaban parte de esa nueva capa de lectores (el público universitario), ansiosa de nueva y buena literatura. Pero no hay que olvidar el trasfondo de la Revolución Cubana, la curiosidad que despertó en todo el mundo, que ayudó enormemente a la eclosión del *boom* de las letras de América Latina. Y es que el aluvión de traducciones de las narraciones latinoamericanas a otras lenguas, y en este plano sobresale Gregory Rabassa, no solo tiene que ver con la excelencia de los textos, sino con el interés internacional en la revolución socialista de Cuba. Por la revolución, esa unión se hizo más sólida y se consagró; por la revolución empezaron las desavenencias y la separación.

13
EL «GANCHO LITERARIO» DE AQUEL AÑO BISIESTO

Casi todos los años hay una obra literaria con «gancho» que se impone a las demás y permanece meses y meses en el número uno de ventas. Gabo es un escritor con gancho desde que *Cien años de soledad* se publicó por primera vez en 1967. Lo es con cada uno de sus textos a partir de entonces y lo ha sido especialmente con la nueva edición que se hizo de su obra magna en 2007, para conmemorar sus ochenta años, los veinticinco del Nobel y los cuarenta de la primera edición. Mario también suele serlo. Lo fue *La casa verde* en los tiempos del Premio Rómulo Gallegos, lo ha sido con *La guerra del fin del mundo, Pantaleón y las visitadoras, Conversación en La Catedral,* etc., y en los últimos años, *La fiesta del Chivo.* Literatura con gancho.

El 12 de febrero de 1976, el gancho literario doblemente bisiesto tuvo evidencias más físicas, y no tuvo nada que ver con la literatura. Siempre se habla de la importancia de las fases de la luna y la conjunción de los astros en el comportamiento de los humanos, pero ese día nada auguraba tristes y aciagos sucesos. Era el año del dragón, según el calendario chino; y en la historia de América Latina habían ocurrido sucesos memorables como la fundación de Santiago de Chile, por Pedro de Valdivia (1541), el descubrimiento del Amazonas por Francisco de Orellana en 1542, la Batalla de la Victoria por la Independencia de Venezuela, en 1814, la proclamación del Acta de Independencia de Chile en 1818 por Bernardo O'Higgins, la aparición del periódico *El Espectador,* de Bogotá, en 1891, donde años más tarde trabajaría Gabo durante mucho tiempo, etc. En Europa, y en una época más cercana, sucedieron acontecimientos como el encuentro de Mussolini y Franco en 1941, la proclamación de Isabel II como reina de Inglaterra en 1952, o el discurso aperturista de Arias Navarro en la España de la pretransición, en 1974, conocido como «el espíritu del 12 de febrero». Dos años más tarde, en México, terminó de un modo violento la amistad entre García Márquez y Mario Vargas Llosa. Otro espíritu de distintas características sobrevoló la ciudad azteca esa jornada doblemente bisiesta: era dos veces 6 y año bisiesto (del latín *bi-sextus,* 'dos veces seis', porque los romanos, en lugar de añadir el 29, contaban dos veces el 6).

Nada, o casi nada, es para siempre. Ni tiene por qué serlo. La buena literatura es independiente de la relación entre los escritores. Es más, a veces, la mala baba de unos con otros genera obras literarias memorables. Cómo no pensar en el soneto quevedesco de la nariz dedicado a su enemigo Góngora, a quien también untaba sus versos con tocino para que no los oliera (se supone que si era judío no debería tomar cerdo); cómo no acordarse del comentario de Borges cuando le terminaron de leer *Cien años de soledad* y dijo que a esa obra le sobraban cincuenta años; en fin, cómo no reparar en el estímulo positivo que recibió Cervantes, espoleado por el éxito de su contrincante Mateo Alemán, que al filo del XVII publica *Guzmán de Alfarache* con un éxito sin precedentes en España, y, Cervantes, buceando en la envidia, se sienta a escribir algo que pudiera superarlo. El resto de la historia ya se conoce: en 1605 aparece el *Quijote.* Rivalidades literarias que tienen finales felices.

En otras ocasiones los finales son más aparatosos: Valle-Inclán tuvo que ser amputado como consecuencia de un bastonazo que le dio el novelista Manuel Bueno. Pero el escritor que se lleva la palma en estas *lides* es, sin duda, el norteamericano Norman Mailer quien, en 1958, desafió al novelista William Styron (este, por cierto, amigo de García Márquez) a una pelea a puñetazos por una supuesta burla que Styron habría hecho a su segunda esposa, Adele Morales.

Afortunadamente, allí no pasó nada, pero la sangre sí llegó al río en la siguiente trifulca, esta vez con Gore Vidal, a quien agredió por haberlo comparado con Charles Manson, en 1971. Aunque la más celebre de sus confrontaciones fue la que mantuvo con Truman Capote durante muchos años, hasta que en 1979, cuando Mailer publica *La canción del verdugo,* reconoce públicamente la genialidad y la influencia, incluso, de Capote.

Los que casi llegaron también a las manos fueron Vladimir Nabokov y el crítico norteamericano Edmund Wilson, que habían sido durante años grandes amigos. Hemos tenido la suerte de repasar toda la documentación sobre el tema (cartas, textos en prosa, manuscritos con borradores de sus obras, etc.), que se encuentra en la sala Beinecke Rarebooks Library, de la Universidad de Yale, y abarca temas tan amplios como la entomología, la genética, la fonética, la gramática del ruso y del inglés, y la literatura en ambos idiomas. Aunque Wilson había elogiado repetidamente a Nabokov, ya había existido un desencuentro a partir de un ensayo de este sobre los orígenes históricos del marxismo, y un estudio sobre la personalidad de Lenin, que Nabokov discutió. Todo explotó con la voluminosa publicación de la versión en inglés de «Euguení Onegin» de Pushkin, en la que Nabokov había usado términos caídos en desuso y expresiones obsoletas, abundando en comentarios exegéticos. Wilson se manifestó prontamente en discrepancia con el enfoque recargado de la obra traducida por Nabokov, y ello dio origen a abiertas refutaciones y descargos entre ambos intelectuales, hasta llegar a un alejamiento mutuo y a un considerable enfriamiento de la amistad entre los dos escritores.

Aunque, para polémicas intelectuales bien conocidas por Vargas Llosa, la que enfrentó a Camus y a Sartre, dos de los autores que más influyeron en la formación intelectual del joven peruano. En su volumen de artículos *Contra viento y marea,* ha hablado largamente de ella, y ha recogido textos de los dos relacionados con la agria discusión. Así lo comenta Mario en su prólogo: «Vale la pena recordar ahora, pues pocos lo hacen, esa célebre polémica del verano parisino de 1952, que tuvo como escenario las páginas de *Les Temps Modernes* y que opuso a los autores de *La náusea* y *La peste,* hasta entonces amigos y aliados y las dos figuras más influyentes del momento en la Europa que se levantaba de las ruinas de la guerra. Fue un hermoso espectáculo, en la mejor tradición de esos fuegos de artificio dialéctico en los que ningún pueblo ha superado a los franceses, con un formidable despliegue, por ambas partes, de buena retórica, desplantes teatrales, golpes bajos, fintas y zarpazos, y una abundancia de ideas que producía vértigo. Es significativo que yo solo conociera la polémica meses más tarde, gracias a una crónica de la revista *Sur,* y que solo pudiera leerla uno o dos años después, ayudado por diccionarios y por la paciencia de Madame del Solar, mi profesora de la Alianza Francesa».

Gabo y Mario eran amigos íntimos desde 1967. Luego, sus diversos caminos políticos e ideológicos los fueron distanciando en intereses, pero no en amistad. No en vano vivieron codo con codo en Barcelona, siendo vecinos, durante cuatro años, y pasaron, como hemos visto, horas memorables, con celebraciones, aventuras, viajes y efemérides familiares en las que todo era motivo de alegría.

Pero ese día fatídico del febrero bisiesto de 1976, todo terminó entre ellos. Al menos su amistad y el diálogo. A partir de ahí, los dos tomaron caminos diferentes, y así han estado y siguen estando treinta años después. El 12 de febrero de 1976 se iba a proyectar, en pase privado, la película de René Cardona *La Odisea de los Andes,* que recordaba el suceso que tuvo lugar cuatro años antes, cuando un avión lleno de jugadores de *rugby* uruguayos que cruzaba la cordillera se estrelló. Doce de los pasajeros murieron, y los restantes, solos en medio de un lugar inhóspito, lleno de nieve, y con temperaturas bajo cero, sobrevivieron tras una larga travesía de setenta y dos días, habiéndose comido los cadáveres de sus compañeros.

Un momento antes del comienzo de la proyección, en la zona de asientos del Palacio de Bellas Artes de la ciudad de México, Gabo se levantó para ir a dar un abrazo a su amigo Mario. Lógico y natural, ya que hacía algún tiempo que no eran vecinos. En 1974, Mario volvió a Lima con su familia, y García Márquez hizo lo mismo poco después, para instalarse en México D. F. Desde entonces, su trato fue menos visible y constante, separados ya no por una esquina de una calle, sino por medio continente.

En el momento en que Gabo llegaba al lugar donde estaba Mario, este le propinó un gancho certero que noqueó al colombiano. No hubo más *rounds* ni comparecencias posteriores. Ni presentaciones previas, ni anuncios en megafonía. Todo en un segundo y sin avisar. Meteórico y fulminante. Gabo quedó en el suelo, medio inconsciente, sangrando visiblemente por la cara, entre el mentón y el ojo izquierdos, ante el asombro de los asistentes, que eran muchos, y todos relacionados con el mundo de la cultura, el arte y la literatura. Juancho Armas cuenta que Mario giró en redondo y dijo a su mujer, que lo acompañaba: «Vámonos, Patricia» (Armas 2002: 110). Algunos medios han acuñado la siguiente frase como complemento del puñetazo: «Esto es por lo que le hiciste a Patricia en Barcelona» [1], otros cambian la palabra «hiciste» por «dijiste» (Gutiérrez 2007: 9), y la edición del diario argentino *Clarín* del 9 de marzo de 2007 sostenía: «¡Cómo te atreves a venir a saludarme después de lo que le hiciste a Patricia en Barcelona!». Una versión más cercana, la de Juancho Armas, contradice en algún punto la de ciertos periódicos, porque él cuenta que Patricia le confesó que no estaba presente en el momento de la pelea (Armas 2002: 111). Elena Poniatowska, la escritora mexicana, ha relatado que ella —la narradora— sí estaba presente en el lugar donde ocurrieron los hechos: «El golpe fue sin más, llegó García Márquez y Vargas Llosa lo recibió con un puñetazo, yo no me quedé ni siquiera a ver la película. No me acuerdo ni quién más estaba, yo no escribí nada de eso porque no es mi estilo, pero sí le fui a traer un filete de carne a García Márquez (para ponérselo en el ojo y aliviar la hinchazón), porque al lado estaba una tienda que se llamaba *Cielo de Hamburguesas*. Ahí quedó todo, ya después no volvimos a hablar de eso, era muy desagradable» (Aguilar 2007: 1).

En el Palacio de Bellas Artes nadie estaba preparado para una situación así, y no reaccionaron. El incidente quedó ahí. Ya no se sabe, ni importa, si al final se estrenó la película o no.

---

[1] Información de César Coca, de Madrid, para los periódicos del grupo español Vocento, publicada el 27 de agosto de 2006, bajo el título «Un "gancho" literario», en *Ideal*, sección «Vivir», pág. 59.

LAS PRUEBAS DEL DELITO

El hecho es que durante treinta años ha habido un silencio absoluto alrededor de este incidente, cortado bruscamente por la aparición de un fotógrafo, Rodrigo Moya, amigo de Gabo, que el 6 de marzo de 2007, justo el día que Gabo cumplía ochenta años de ancianidad, saturó el interés de la opinión pública mundial con un artículo y unas fotos inéditas en el periódico mexicano *La Jornada*. Moya cuenta que conoció a Gabo en una fiesta que su madre, nacida en Medellín pero residente en la capital azteca, daba en casa para intelectuales colombianos radicados en México:

> El tal Gabo no me cayó muy bien que digamos. En plena reunión él se tendió en uno de los largos sofás, la cabeza apoyada en el brazo acodado, y desde esa posición como de marajá aburrido sostenía escuetos diálogos, o emitía juicios contundentes o frases entre ingeniosas y sarcásticas. Estaban aún lejos *Cien años de soledad* y el Premio Nobel, pero el paisano de mi madre se comportaba ya con una seguridad y cierta arrogancia intelectual que no a todos agradaba. Poco después leí *La hojarasca*, y luego *Relato de un náufrago,* y *El coronel no tiene quien le escriba,* y todo lo que escribiría a lo largo de los siguientes casi 50 años, y entendí entonces por qué aquel tipo de bigote y gestos como de fastidio y pocas pero contundentes palabras como de frases célebres, podía recostarse en el sofá en medio de una ruidosa tertulia y decir lo que le viniera en gana.

> (Moya 2007: 1)

Esa primera impresión no fue muy buena, pero en sucesivas visitas a casa de su madre se hicieron muy amigos, también de Mercedes y de los pequeños Rodrigo y Gonzalo. La gran suerte de Moya es que, el 29 de noviembre de 1966, Gabo apareció en su apartamento para pedirle que le hiciera algunas fotos, con el fin de ilustrar la contraportada de un libro que acababa de terminar después de casi dos arduos años de trabajo. Llegó con una despampanante chaqueta, que a Rodrigo no le gustó nada, hasta el punto de sugerirle que podía prestarle alguna de las suyas para la foto. El libro se publicó con su foto y con el título de *Cien años de soledad*. Ninguno pensaba, entre las bromas de la «sesión fotográfica», que esa imagen y ese título iban a cambiar la historia de la literatura.

Diez años más tarde Gabo apareció de nuevo en el apartamento de Rodrigo. Esta vez sin chaqueta y sin libro. Pero con un ojo morado, en muy malas condiciones, y una herida en la nariz. Gabo quería dejar constancia de la agresión, y Rodrigo era su amigo fotógrafo, el más indicado para hacerlo. Por supuesto, lo primero que hizo fue preguntar por qué había ocurrido ese desencuentro:

> Gabo fue evasivo y atribuyó la agresión a las diferencias que ya eran insalvables en la medida que el autor de *La guerra del fin del mundo* se sumaba a ritmo acelerado al pensamiento de derecha, mientras que el escritor que 10 años después recibiría el Premio Nobel, seguía fiel a las causas de la izquierda. Su esposa Mercedes Barcha, quien lo acompañaba en aquella ocasión luciendo enormes lentes ahumados, como si fuera ella quien hubiera sufrido el derechazo, fue menos lacónica y comentó con enojo la brutal agresión, y la describió a grandes rasgos: En una exhibición privada de cine, García Márquez se encontró poco antes del inicio del filme con el escritor peruano. Se dirigió a él con los brazos abiertos, para el abrazo. ¡Mario...! Fue lo único que alcanzó a decir al saludarlo, porque Vargas Llosa lo recibió con un golpe seco que lo tiró sobre la alfombra con el rostro bañado en sangre. Con una fuerte hemorragia, el ojo cerrado y en estado de *shock*, Mercedes y amigos del Gabo lo condujeron a su casa en el Pedregal. Se trataba de evitar cualquier escándalo, y el internamiento hospitalario no habría pasado desapercibido. Mercedes me describió el tratamiento de bisteces sobre el ojo, que le había aplicado toda la noche a su vapuleado esposo para absorber la hemorragia. Es que Mario es un celoso estúpido, repitió Mercedes varias veces cuando la sesión fotográfica había devenido charla o chisme.

> (Moya 2007: 1)

El artículo termina aludiendo a los avatares de esas fotos, metidas treinta años en un cajón: «Guarda las fotos y mándame unas copias, me dijo el Gabo antes de irse. Las guardé 30 años, y ahora que él cumple 80 años, y 40 la primera edición de *Cien años de soledad,* considero correcta la publicación de este comentario sobre el terrífico encuentro entre dos grandes escritores, uno de izquierda, y otro de contundentes derechazos» (Moya 2007: 1).

Parece que la ensalada de conmemoraciones que han acompañado a los ochenta años de Gabo y a los ciento cuarenta años de soledad ha derivado en todo tipo de comentarios, conjeturas y repasos de la vida del Nobel, así como de sus allegados. En los prolegómenos de las efemérides se habló incluso de acercamiento de los dos genios literarios, el poeta y el arquitecto, el turco y el indio, Lennon y McCartney, por varios indicios. En primer lugar, Mario Vargas Llosa había dado, por primera vez en casi treinta años, permiso para realizar una nueva edición de *Historia de un deicidio,* su gran obra sobre el colombiano, que sus editores, su agente literaria, su público, el público de Gabo, habíamos reclamado a gritos desde hacía años. Era imposible encontrar un ejemplar, a no ser que el interesado acudiera a alguna privilegiada biblioteca que en su tiempo hubiera comprado uno, sin saber que en algún momento constituiría una reliquia. Y así fue hasta que, a partir de 2005, han visto la luz las obras completas de Vargas Llosa en la editorial Galaxia Gutenberg, y en uno de los tomos, el sexto, dedicado a su obra ensayística, aparece íntegro el texto sobre Gabo, junto con los dedicados a Joanot Martorell, Flaubert, etc. Aparte de ser un alivio para lectores e investigadores, porque todos los tomos vienen con buenos prólogos, tanto de Mario como de críticos relevantes, podría significar un gesto de acercamiento. Pero no tiene por qué ser así. Vargas Llosa contestaba de este modo en la edición del 20 de mayo de 2006, en el suplemento cultural de *El País, Babelia,* a una pregunta de María Luisa Blanco sobre las obras completas del peruano:

—Y ha incluido *García Márquez: historia de un deicidio.*
—Desde Luego. No he reeditado *García Márquez: historia de un deicidio* por la sencilla razón de que es una obra que tendría que actualizar, y eso requeriría por mi parte un esfuerzo. Es un libro que termina prácticamente con el volumen de cuentos que publicó García Márquez luego de *Cien años de soledad,* o sea, más de la mitad

de la obra de García Márquez ha quedado fuera. Pero en unas *Obras completas* está incluido.

—¿No influye el distanciamiento con García Márquez?

—Ese tema no lo tocamos.

—Se lo pregunto por la cuestión anímica, porque es difícil enfrentarse con frialdad a algo conflictivo, a algo que duele.

—Mire, hay cosas que realmente no las escribiría de la misma manera hoy en día, por supuesto, pero supongo que eso le pasa a todos los escritores y a todos los seres humanos. Cuando revisas tu vida encuentras muchas cosas que hubieras preferido no hacer o que hubieras preferido hacer de otra manera. Pero yo creo que si tú publicas tus obras completas, no tienes derecho a hacer esas mutilaciones, no tiene sentido además. Por eso creo que es muy importante que se publique todo en un orden cronológico, donde se puede seguir una vida con todas sus contradicciones, las caídas, las levantadas, los traspiés que también tiene una vida literaria y artística.

(Zapata 2007: 125-126)

En segundo lugar, y más importante, tiene especial relevancia el hecho de que, en la edición que conmemora el cuarenta aniversario de la publicación de la gran obra macondiana, Mario haya incrustado un prólogo dentro de un conjunto heteróclito de personajes que rinden homenaje al de Aracataca. Se trata de una edición popular de la Real Academia Española, junto con la Asociación de Academias de la Lengua Española, de la que se sacaron un millón de ejemplares, y de la que ya solo quedan restos en algunas librerías. La edición es magnífica, con un glosario de cincuenta y cinco páginas, hecho por la Academia Colombiana, una genealogía de los Buendía y una revisión del texto, depurando erratas, corregida después por el autor. En cuanto a los estudios que preceden a la introducción, además del de Vargas Llosa, titulado *«Cien años de soledad:* realidad total, novela total» que constituye una de las partes centrales de su obra clásica *Historia de un deicidio,* hay ensayos de Carlos Fuentes, hoy por hoy el mejor amigo de Gabo en la órbita del *boom,* de Álvaro Mutis, otros de los grandes amigos desde los primeros tiempos de México, Víctor García de la Concha, que publica la edición, Claudio Guillén, excelente teórico de la literatura, y para terminar, tres buenos críticos latinoamericanos: Gustavo Celorio, Pedro Luis Barcia y Juan Gustavo Cobo Borda, este último uno de los que más ha escrito sobre la vida y la obra de su compatriota colombiano.

Puede haber ocurrido que, al coincidir en un mismo sentido todas las Academias y tantos críticos y amigos de buen talante, Mario haya accedido animado por las circunstancias. No obstante, parece que esos rumores de reconciliación son más bien eso, rumores: no se los ha visto juntos en ningún lugar ni han hecho declaraciones, ni públicas ni privadas, al respecto. Algunos medios hablaron de ello: el 10 de enero de 2007, el periódico *Los Tiempos* de Bolivia recogía una información que había salido días antes en el diario inglés *The Guardian,* según la cual, el hecho de que estuvieran los dos de acuerdo en la inclusión del prólogo del peruano en la edición conmemorativa del colombiano era ya una prueba fehaciente del acercamiento. José Miguel Oviedo, cercano a ellos dos desde los sesenta y gran amigo de Mario, nos ha comentado que eso no tiene por qué haber sido así: la Academia y su agente literaria (que es la misma) han podido terciar para que cada uno dé su aceptación. En cambio el periódico *El Universal* desmiente este posible acercamiento, y *El Tiempo* de Bogotá lo atribuye a un «malentendido». Otro rotativo pondría en ellos ciertas palabras aclaratorias, por separado; Gabo habría dicho «No me opongo a que se publique (el texto de Mario), pero yo no se lo voy a pedir», y Mario «No me opongo a que se publique, pero yo no lo voy a ofrecer» (Gutiérrez 2007: 8), que son las declaraciones que el expresidente de Colombia Belisario Betancour adelantaba al comenzar el Congreso de la Lengua de Cartagena donde se rindió el homenaje a Gabo. También afirmó, y en esa frase puede haber comenzado el malentendido, que «sus relaciones están en una zona cariñosa de ablandamiento». Sea como fuere, ahí está ese prólogo enriqueciendo una edición que va a convertirse en clásica, y que será recordada durante mucho tiempo.

Tomás Eloy Martínez, aquel periodista y narrador argentino que tanto tuvo que ver en 1967 con el éxito de *Cien años de soledad,* amigo personal de los dos, escribió en *La Nación,* de Buenos Aires, el 26 de abril de 2000, que «ellos no se odian. La verdad es que la amistad que tuvieron en el pasado fue muy entrañable. Los verdaderos amigos de García Márquez son los que tuvo a partir de los 35 años. Y en ese sentido, Vargas Llosa es uno de esos amigos». Por esas mismas fechas, en las que Mario promocionaba por todo el mundo *La fiesta del Chivo* y Gabo se acababa de debatir entre la vida y la muerte con un cáncer linfático del que ya se estaba recuperando, al peruano le preguntaban con mucha frecuencia sobre el colombiano; y siempre respondía: «No, no hemos vuelto a hablar, pero me alegro de que esté bien» (véase nota 1, pág. 293: noticia de César Coca, pág. 59).

Parece, además, que si ese acercamiento no ha ocurrido se debe, en parte, a la esposa de Gabo que, en repetidas ocasiones, se ha declarado en contra. A comienzos de los noventa, en una entrevista para la televisión, una reportera preguntaba a García Márquez por quien fuera su amigo. El colombiano cambiaba el gesto, quedaba en silencio durante unos interminables segundos y luego comentaba con cara de pocos amigos que no quería hablar de ello. Poco después, en una conversación en México con Xavi Ayén para *Magazine,* revista dominical de *La Vanguardia* de Barcelona, el periodista pregunta: «¿No ve posible que se produzca una reconciliación?»; en ese momento, entra Mercedes Barcha, la esposa de Gabo, y responde con contundencia: «Para mí ya no es posible. Han pasado treinta años». «¿Tanto?», pregunta Gabo sorprendido. «Hemos vivido tan felices estos treinta años sin él que no lo necesitamos para nada», remacha Mercedes, antes de matizar que «Gabo es más diplomático, así que esta frase pueden ponerla exclusivamente en mi boca» (Zapata 2007: 126). Incluso hay quienes aseguran que, en un momento dado, ellos quisieron restablecer sus relaciones, pero el siguiente comentario de Mercedes a Patricia lo impidió:

—¡#äx...&??@x% #äx...&??@x%!

(Zapata 2007: 125)

LAS DECLARACIONES POSTERIORES

Una vez que el fatídico incidente ocurrió y ninguno hizo ademán de intentar una reconciliación, lo único que conocemos son las declaraciones que se han cruzado en entrevistas. Nunca se han dirigido el uno al otro directamente a través de medios de comunicación, pero sí han contestado cuando un periodista les ha pedido una opinión. Pero esas respuestas, tanto del colombiano como del peruano, siempre han tenido un contenido literario, político o histórico, nunca personal, y mucho menos refiriéndose al suceso aciago. Lo más cercano que tienen los dos es la firma, por separado, de un ejemplar de un colombiano. ¿Recuerdan aquel diálogo de Mario y Gabo en 1967 en Lima sobre la novela? ¿Recuerdan que hubo una publicación, instigada por José Miguel Oviedo, en Milla Batres, copiosamente pirateada? Pues bien, un librero bogotano llamado Álvaro Castillo Granada, que tenía un ejemplar de una de las primeras ediciones del libro, consiguió que los dos se lo firmaran, claro está, en momentos diferentes. Primero lo hizo Mario, de esta forma:

Para Álvaro Castillo esta reliquia bibliográfica (y pirata). Cordialmente, Mario Vargas Llosa. 2000.

Un año más tarde pasó por allí Gabo y puso la siguiente dedicatoria:

Y con la adhesión de la contraparte.

(Zapata 2007: 127)

Cuando a Gabo le dieron el Premio Nobel, en 1982, Mario declaró que de haber estado en el jurado, «debo admitir que habría votado por Borges» (Zapata 2007: 121). Esta afirmación, en sí misma, y sin un contexto preciso, es la más lógica del mundo. Toda la comunidad cultural internacional es consciente del grave crimen que se le hizo a Borges, negándole el premio por razones políticas. Su viuda, María Kodama, nos ha contado en una entrevista personal que el año que Borges fue reconocido con un galardón en Chile, durante el gobierno de Pinochet, recibió una llamada de Artur Lundkvist —secretario permanente (hasta que murió; la parca no perdona ni a los secretarios del Nobel) de la Academia Sueca y, además, el único que sabía español y proponía a los candidatos de nuestra lengua cervantina—, coaccionándole para que no fuera a recibir la medalla, porque se trataba de una dictadura represiva, y amenazándole con no postularlo para el Nobel si lo hacía. Añade María Kodama que, si en algún momento Borges había albergado la posibilidad de no ir, en ese momento ya no tuvo duda. Llegó, vio, venció, pero se quedó sin Nobel.

Ahora bien, hacer esa declaración en el preciso momento en que Gabo está celebrando su Nobel, es señalarse, por un motivo personal, ajeno a esa magnífica noticia, cuando en otro tiempo, Mario había afirmado que Gabo era uno de los mejores escritores de nuestro tiempo, y le había dedicado un estudio elogioso y concienzudo sobre sus primeras obras. Poco antes, Vargas Llosa reconocía a Estrella Gutiérrez, periodista de Inter Press Service, que seguían distanciados, pero por razones políticas (Zapata 2007: 121), algo difícilmente creíble, a juzgar por todo lo expuesto hasta ahora. A Soler Serrano, en una entrevista del programa español *A fondo,* le dijo escuetamente: «hemos sido muy amigos. También fuimos vecinos en Barcelona durante cuatro años»; en cuanto al episodio del puñetazo, le explicó: «Bueno, los periodistas tienen a veces más imaginación que los propios novelistas», y agregaba: «Ha habido un incidente, efectivamente, pero que no tiene características literarias ni políticas, como han dicho los periódicos» (Zapata 2007: 122-123). Ahí se acercaría más a los motivos personales, pero siempre con la prudencia y el hermetismo que los dos han guardado en estos treinta y dos años. Y así hasta la fecha. De hecho, el 20 de junio de 2007, en el periódico de Quito *Mienlace.com,* que le había entrevistado con motivo de una conferencia impartida en ese país andino sentenció: «García Márquez y yo tenemos un pacto tácito que es: nosotros no hablamos de nosotros mismos para darle trabajo a los biógrafos, si es que merecemos tenerlos después», y luego agregó: «Que los biógrafos averigüen, que ellos descubran, que digan que pasó».

Nosotros, evidentemente, sí pensamos que merece la pena que esos dos monstruos de la literatura mundial tengan biógrafos, y por eso hemos escrito este libro, y estamos seguros de que muchos miles de personas piensan lo mismo. Ahora bien, ¿qué se esconde debajo de esas evasivas? Probablemente, el pacto al que Mario acaba de hacer referencia. Por una información confidencial, cuyo responsable no quiere que se diga su nombre, sabemos que los dos genios de la literatura actual mantienen cierto contacto privado —eso sí, esporádico—, desde hace tiempo, pero eso no debe salir a la luz, quizá por la actitud de Mercedes. Lo más importante de todo esto es que, a pesar de que esa apasionante relación se perdió para siempre, los lectores no hemos perdido sus obras, y desde 1976 hemos podido leer casi veinte novelas, libros de cuentos y ensayos, entre las de uno y las del otro, y bastante más de veinte obras si contamos también los volúmenes maravillosos de material periodístico (reportajes, libros de viajes, periodismo de investigación, artículos de opinión), memorias, libros de crítica literaria, etc. Por eso, este episodio no dejará de ser una anécdota más entre las muchas que se cuentan de los próceres de la literatura universal.

Nos interesan, entonces, mucho más las declaraciones posteriores a 1976 que tienen que ver con la literatura o las ideas, y no tanto con los problemas personales, que deben ser parte de la intimidad de los protagonistas, y no tanto del aireamiento público. Lo que parece también estar claro es que, ya antes de 1976, ese distanciamiento se había empezado a producir. Cuenta Juancho Armas que ya era amigo de Mario desde mucho antes, y que un día quiso conocer a Gabo, cuando ambos eran vecinos en Barcelona. En un viaje que el periodista y escritor canario hizo a la Ciudad Condal en 1973, le sugirió que invitara a Gabo a su casa. En esa reunión iban a estar también el poeta Jorge Justo Padrón y el novelista León Barreto. Cuando llevaban los cuatro media hora en casa, llegó Gabo, sonriente, bromista, vestido con un mono azul que llevaba mucho por esa época, un poco estrambótico. Los tres invitados llevaban sendos ejemplares de *Cien años de soledad* para que el maestro los firmara. Narra Armas:

García Márquez tomó en sus manos cada ejemplar, lo observaba con cierto detalle y nos lo iba firmando a cada uno. Cuando Justo Jorge Padrón le dio el suyo, García Márquez le puso más atención que a los demás. «Este está virgen. Es recién comprado», dijo mirando el lomo del ejemplar que Jorge Padrón le había entregado. Efectivamente, el poeta había adquirido la novela media hora antes de llegar a la casa de MVLL. Y eso no se le pasó desapercibido a Gabriel García Márquez, un lince bragado en todos esos pequeños detalles.

(Armas 2002: 107)

Pero el detalle posterior fue lo que más le llamó la atención a Juancho. Dice que Mario, en esa reunión, hablaba poco, miraba con cierta distancia al colombiano y parecía que no le gustaban muchas de sus salidas y sus bromas, que eran continuas:

«Ahora me voy al cine», dijo García Márquez al despedirse. «¿Vestido así?», le pregunté un poco provocativamente. «Claro —me dijo—, es para asustar a los burgueses». Y MVLL volvió a mirarlos con desdén. Entonces reparé en que, además, García Márquez llevaba los calcetines de distinto color, como que no prestaba atención alguna a su indumentaria exterior.

(Armas 2002: 107-108)

Y lo que no ofrece dudas es que, aunque las diferencias políticas ya eran abismales, lo personal fue el arranque de la ruptura. En la entrevista con Setti, el periodista le pregunta sobre el caso y las diferencias políticas y personales, a lo que Mario contesta: «Mire, yo no me peleo con las personas porque discrepen políticamente de mí. Yo tengo grandes discrepancias con el escritor uruguayo Mario Benedetti. He tenido polémicas con él. Y sin embargo le tengo mucho aprecio... No nos vemos ahora hace mucho tiempo, pero le tengo mucho respeto, porque, además, es un hombre muy consecuente que trata de vivir de acuerdo con sus ideas. Yo tuve un distanciamiento personal con García Márquez por asuntos de los que no quiero hablar...». Y Setti continúa preguntando, sin ningún tipo de escrúpulo: «Además de la cuestión política...». A lo que Mario responde: «... una cuestión personal. Pero estoy en contra de las discrepancias políticas si se convierten en enemistades personales. Eso me parece una manifestación de barbarie» (Setti 1989: 17-35). Es decir, que la cuestión palpitante fue personal y no ideológica porque, de lo contrario, Vargas Llosa se consideraría a sí mismo un bárbaro. Y eso no es así.

Cuando se trata de hablar de literatura, la cosa cambia. En una entrevista de hace pocos años, ya entrado el nuevo milenio, le preguntan a Mario sobre la aportación del *boom* a la literatura contemporánea. En ningún momento se cita a sí mismo, pero asegura: «Creo que su valor no fue sociológico, ni histórico ni geográfico. Escritores como Borges, García Márquez o Cortázar fueron reconocidos porque eran grandes escritores, que hicieron una literatura atractiva y de una gran vitalidad en un momento en que la literatura en Europa se refugiaba en el formalismo y el experimentalismo» (Coaguila 2004: 266). Y, en concreto, de Gabo dice: «Quizá uno de los mayores éxitos de *Cien años de soledad* es que, siendo una literatura de gran calidad, ha logrado ser profundamente asequible para todos los públicos, llegar al lector más profano y tener, al mismo tiempo, todas las exquisiteces que demanda el más refinado» (Coaguila 2004: 267). Ciertamente es un gran elogio o, más bien, el reconocimiento de una genialidad que está al alcance de muy pocos narradores (incluido Mario Vargas Llosa, mucho más intelectualista y complicado en varias de sus novelas): escribir en varios niveles para que cada lector se sitúe en el sitio que le conviene para disfrutar a su modo la lectura de la novela.

También Gabo tiene palabras elogiosas para Vargas Llosa en el terreno literario. En un artículo del 15 de julio de 1981, titulado «¿Una entrevista? No, gracias», emite un juicio positivo sobre un juicio anterior de Mario Vargas Llosa elogiando *Cien años de soledad*. Dice:

> Después de terminar la nota anterior me encontré con una entrevista a Mario Vargas Llosa publicada en la revista *Cromos,* de Bogotá, con el siguiente título: «Gabo publica las sobras de *Cien*

años de soledad». La frase, entre comillas, quiere decir, además, que es una cita literal. Sin embargo, lo que Vargas Llosa dice en su respuesta es lo siguiente: «A mí me impresiona todavía un libro como *Cien años de soledad,* que es una suma literaria y vital. García Márquez no ha repetido semejante hazaña porque no es fácil repetirla. Todo lo que ha escrito después es una reminiscencia, son las sobras de ese inmenso mundo que él ideó. Pero creo que es injusto criticárselo. Es injusto decir que la *Crónica* no está bien porque no es como *Cien años de soledad.* Es imposible escribir un libro como ese todos los días». En realidad —ante una pregunta provocadora del entrevistador—, Vargas Llosa le dio una buena lección de cómo se debe entender la literatura. El titulador, por su parte, ha dado también una buena lección de cómo se puede hacer mal el periodismo.

(García Márquez 1991: 127-128)

Ciertamente el título engaña, pues parece que el contenido de la noticia va a ser crítico. Y, sin embargo, es un gran elogio a la obra cumbre del colombiano, a la vez que una defensa de la obra posterior de su ex amigo, que vive del mundo de Macondo, pero no tiene por qué ser una burda repetición del mismo. Asimismo, Gabo reconoce que ciertas frases de Mario no son solo brillantes, sino altamente certeras, y su propia experiencia no ha hecho sino corroborarlas. Por ejemplo, en un artículo del 9 de febrero de 1983, titulado «Está bien, hablemos de literatura», parte de una frase de Borges («Ahora, los escritores piensan en el fracaso y en el éxito»), a colación de ciertas actitudes que ha visto en escritores jóvenes, que se apresuran a terminar novelas sin trabajarlas bien, porque se cierra el plazo de un concurso. Y aquí viene la frase de Mario, citada por Gabo convenientemente y comentada por extenso:

Alguna vez le oí decir a Mario Vargas Llosa una frase que me desconcertó de entrada: «En el momento de sentarse a escribir, todo escritor decide si va a ser un buen escritor o un mal escritor». Sin embargo, varios años después llegó a mi casa de México un muchacho de veintitrés años, que había publicado su primera novela seis meses antes y aquella noche se sentía triunfante porque acababa de entregar al editor su segunda novela. Le expresé mi perplejidad por la prisa que llevaba en su prematura carrera, y él me contestó con un cinismo que todavía quiero recordar como involuntario: «Es que tú tienes que pensar mucho antes de escribir porque todo el mundo está pendiente de lo que escribes. En cambio, yo puedo escribir muy rápido, porque muy poca gente me lee». Entonces entendí, como una revelación deslumbrante, la frase de Vargas Llosa: aquel muchacho había decidido ser un mal escritor, como, en efecto, lo fue hasta que consiguió un buen empleo en una empresa de automóviles usados, y no volvió a perder el tiempo escribiendo.

(García Márquez 1991: 371)

Pero volvamos a marzo de 2007. Gabo está celebrando durante todo el mes su ochenta cumpleaños. Lo vemos en un tren amarillo parecido (dicen que era el mismo) al que lo llevó con su madre a vender «la casa». Luego lo vemos en La Habana, paseando con el patriarca en su ya largo otoño, vestido en chándal en lugar del traje verde olivo. También nos lo encontramos en la Casa de las Américas, entregándole a su amigo Pablo Milanés el Premio Haydée Santamaría, y declarando: «Es la primera vez en mi vida que condecoro a alguien menor que yo». Y el día 28, lo contemplamos divertido, contento, complaciente, con un montón de amigos, escritores, políticos y críticos literarios, en el marco de un Congreso de las Academias de la Lengua. Mario quien, por cierto, cumple ese día setenta y un años, no está en la fiesta, a pesar de que muchos medios aseguraron que iría. Ya hizo bastante con permitir esas dos publicaciones. Los dos han obviado tajantemente a quienes trataron de sonsacarles qué pasó el 12 de febrero bisiesto de 1976. El pacto entre caballeros de la mesa literaria, el Duque de Macondo y el Conde de la Casa Verde, sigue en pie. Elucubraciones: millones. Ahí están, inundando periódicos y publicaciones frívolas. Lo que hubiera entre ellos, sus amigos, sus posiciones políticas, sus mujeres, es cosa suya. Nadie tiene derecho a violar ese recinto sagrado. Y, aunque una hablara, sería una versión, que bien podría ser distinta a la del otro. Pero, descuiden, nadie lo va a hacer. Ni ellos ni sus biógrafos, que siempre encontrarán las mismas dificultades: nadie sabe lo que pasó, ni por qué pasó. Lo demás, ya es historia, la historia de dos genios de la literatura que fueron amigos, que fueron enemigos y que terminarán siendo sepa Dios qué. Ojalá este libro sirviera para que se diera el encuentro final, el de la reconciliación. Les propondríamos vivir otro verano igualito al de 1967. Como en la novela de Bioy Casares *El sueño de los héroes* (1954), donde el protagonista revive tres días enteros de un año especialmente importante para él, les montaríamos otro Premio Rómulo Gallegos, otra multitudinaria charla con firma de ejemplares en la librería de Marta Traba, otro bautizo de Gabriel Rodrigo Gonzalo y otra sesión doble en Lima sobre la novela latinoamericana actual, es decir, llena de putas tristes y niñas malas. Todo para que sean otra vez Gabo y Mario, los fundadores de la estirpe del *boom:* José Arcadio y Úrsula, Lennon y McCartney, Zipi y Zape, el turco y el indio, el poeta y el arquitecto.

EPÍLOGO
FINAL «NOBELESCO»

Siete de octubre de dos mil diez. En Nueva York son casi las ocho de la mañana. En Europa ya ha pasado el mediodía. Allí todos lo saben, pero en estas latitudes estamos comenzando a poner la radio. De camino a la universidad, alguna emisora comenta las últimas medidas de Obama para manejar mejor la inmigración, la muerte de un joven en plena calle hace unas horas en Brooklyn, y pasan datos del Catedrático Emérito de la Universidad de Delaware que ayer recibió el Premio Nobel de Química. El inglés de la locutora es bastante farragoso, apenas se entiende lo que dice. De repente, nombran al «*Peruvian writer*» Mario Vargas Llosa, y citan algunas de sus obras. ¡Qué casualidad! Resulta que hace tres días estuve con él en un acto en la Americas Society en la 68 con la Park. Allí hablamos de muchas cosas, quedamos para cenar un día en un restaurante cubano de la zona de Nueva Jersey pegada al Hudson, donde están las mejores vistas de Manhattan, pero no comentamos nada sobre el Nobel, que ya empieza a anunciarse. Otros años hemos hablado de eso por estas fechas, y Mario siempre ha dicho que es algo que no le preocupa, porque no lo tiene como un objetivo, y cuanto más sales en la prensa los días anteriores como candidato eterno, menos posibilidades tienes de que te lo den. «Fíjate lo de Borges, eso sí que fue la gran injusticia del siglo pasado», asegura siempre que se habla del tema. «No sólo lo merecía más que nadie, sino que además es el único escritor que está a años luz de cualquier otro en lengua española en nuestro tiempo». Así de contundente es la opinión de Mario sobre el argentino: «Es el mayor vacío que ha habido en la historia del premio».

Cambio de canal, la noticia sobre Mario en el anterior me parece extraña, así, de repente, porque nunca suelen aportar datos sobre temas hispanos. Me imagino que habrá sido algo relacionado con el curso que acaba de empezar a impartir en Princeton. Sin embargo, esta emisora, en cuanto la conecto, cita de nuevo a Mario, y ya entiendo algo mejor. De pronto afirma claramente que ha ganado el Premio Nobel, y la noticia se ha comunicado oficialmente hace tres horas. Casi no me lo creo. Estoy conduciendo y me faltan quince minutos para llegar a mi oficina, en el Departamento de Lenguas Extranjeras de la Universidad de Delaware. Cuando llego, enciendo el ordenador, miro el periódico y veo la noticia como portada en todos los diarios de habla española. Entro en el e-mail y tengo ya cerca de treinta mensajes sobre el tema: amigos, periódicos pidiendo información o algún artículo sobre él para la edición de mañana —el mundo hispano se ha revolucionado. Trato de llamarlo, pero es imposible, no se puede comunicar con él ahora mismo. Le escribo un e-mail de felicitación, y espero localizarlo durante el día. A las siete han convocado una rueda de prensa en el Instituto Cervantes de Nueva York. No creo que pueda llegar, termino tarde las clases y tengo que volver desde aquí, que no está cerca. Patricia me responde al rato diciendo que es una locura. Cuando veo en casa el telediario por la noche, durante media hora escucho los comentarios de tantas personas... el Rey, el Presidente del Gobierno español, el Presidente peruano, el mexicano, el chileno, el de la Comunidad Europea, Aitana Sánchez Gijón, con quien actuó el peruano en varias obras, algunas basadas en libretos que él mismo había escrito, el Director de la Academia, escritores y personalidades del mundo de la política, de la farándula, del arte y la cultura.

¿Y Gabo?

En noviembre del año pasado estuve en la feria del libro de Miami presentando la primera edición española y latinoamericana de este libro. Hubo una mesa redonda conmigo y con Gerald Mar-

tin, que acababa de sacar la edición en español de su biografía sobre Gabo. A ese acto acudieron cientos de personas, en primer lugar porque a la feria de Miami va muchísima gente y los actos siempre están llenos, en segundo lugar porque la figura de Gabo es
siempre atractiva, y la biografía de Gerald es relevante en ese sentido, ya que tardó más de veinte años en escribirla, después de entrevistar al colombiano durante mucho tiempo en diferentes ocasiones, y en tercer lugar porque Mario es un asiduo de la feria, y sus
seguidores allí son legión.

Terminado el acto, nos llevaron a la zona de autores, donde hay
un bufé y unas mesas durante toda la jornada. Allí nos tomamos
unas viandas mientras charlábamos de Gabo. Gerald me decía que
había estado con él meses antes, y que su impresión fue muy negativa. Tiene la memoria muy deteriorada y, aunque el cáncer que pa-
deció hace diez años está bien controlado, la cabeza ha empezado a
entrar en un túnel del que, desgraciadamente, ya no saldrá. ¿Alzhei-
mer? Lo único claro de todo esto es que ya no va a escribir más
obras: ni terminará los dos tomos prometidos de sus memorias, ni
sus últimos cuentos. Las putas tristes quedarán ahí como el último
vestigio de un genio que siempre se rebeló contra los estragos del
tiempo, en la imagen de un nonagenario que quiso regalarse una
virgen casi impúber y no pudo. Con un cierto paralelismo aterra-
dor, Gabo trata de escribir una frase, y cuando llega a la mitad no
sabe cómo terminarla porque no recuerda de qué modo ha empezado. Eso me confesaba con tristeza y melancolía Gerald en la zona
de escritores de la feria.

¿Y Gabo?

¿Se habrá enterado el poeta de que al arquitecto también le han
dado el Nobel? ¿Tendrá conciencia de lo que está pasando? ¿Será
capaz de darse cuenta de que ya, para toda la historia de la literatura universal, la Academia Sueca ha canonizado el *boom*? Lo hizo
con la Generación Perdida al dar el Nobel a varios de sus integrantes: William Faulkner en 1949, Ernest Hemingway en 1954 y John
Steinbeck en 1962. Lo acaba de hacer ahora cerrando el círculo que
va de Gabo a Mario, para demostrar que existió realmente la estirpe del *boom* y que estos dos genios son a todas luces los puntos de

apoyo de una generación sin precedentes en la literatura de América Latina. Si hubiera sido generosa y justa, la Academia debería haber premiado también a Julio Cortázar, a Alejo Carpentier y a Carlos Fuentes. Bueno, para este último todavía queda una remota posibilidad, si se vuelve a repetir el milagro de 1989 y 1990, donde dos escritores de origen hispánico, del club de la «ñ», Camilo José Cela y Octavio Paz, lo recibieron en años consecutivos. Habiendo dejado, lamentablemente, Miguel Delibes el camino despejado hace unos meses, Carlos Fuentes puede pensar que quizá tenga la misma suerte que su compatriota poeta hace veinte años. Ojalá la Fundación Nobel atine y premie con el mismo número de galardonados a la Generación Perdida norteamericana y a la del *boom*. Sería el modo de liquidar una deuda histórica, y mantener un equilibrio real y objetivo. Cuando Fuentes se enteró de la concesión del Nobel a Mario, enseguida se apresuró a felicitarlo. También estaba en Nueva York, y comentó a la prensa que ese premio significa «una recompensa a la enorme creatividad de toda su obra, pues todos sus libros forman una sola obra con distintas aristas. Me da una gran alegría —concluyó—, es un gran escritor de nuestra lengua y un escritor universal». También respondió a la cuestión sobre si esta circunstancia restaba oportunidades a sus opciones. «No, esto no tiene nada que ver conmigo —insistió—, es un premio a la obra de Vargas Llosa y me alegro mucho».

¿Y Gabo?

La última vez que lo vi fue precisamente en la celebración de los ochenta años de Carlos Fuentes, en diciembre de 2008. Estuvo en dos actos: el homenaje de los amigos y el estreno de la ópera que escribió Fuentes sobre Santa Anna. El homenaje fue una apoteosis absoluta. En la mesa de aquel gran auditorio, repleto hasta la bandera, estaban los dos narradores y otras personalidades. Cada uno de los ponentes ofreció su breve discurso y Fuentes agradeció las palabras de sus íntimos. Cuando le llegó el turno a García Márquez se produjo una corriente de magia difícilmente explicable. Se levantó de su asiento y ya el público empezó a aplaudir y a gritar como auténticos fanáticos de un mito del rock o un actor de Hollywood. Gabo no dijo una palabra sino que se dirigió directamente adonde estaba Fuentes y le dio un fuerte abrazo que duró mucho tiempo. Esa fue toda su intervención. Ni estaba para hablar ni le ha gustado hacerlo en público nunca. Pero ese abrazo fue más elocuente que todos los discursos y homenajes que se le hicieron al mexicano durante todo el año. Dos días más tarde coincidimos en el estreno de la ópera. Estaba sentado en una fila corriente, mezclado con el público. A la salida nos vimos un momento. Estaba rodeado de fans que le pedían autógrafos casi con violencia. Firmó pacientemente diez o doce. Se le veía cansado. Como la marea de gente era incalculable, se dirigió a la masa y comentó con su habitual sentido del humor: «Por favor, ahí tenéis a Carlos Fuentes, pedídselos a él, que también tiene mano y sabe firmar». Y entró en el coche que le esperaba, rodeado de guardaespaldas. Semanas antes había visto una cosa parecida (nunca estuve en un concierto de Los Beatles o de U2) en el Museo de Historia Natural de Nueva York. Había quedado con unos amigos que viven por la zona, pero era todavía algo pronto. Permanecí un rato leyendo en el coche, que estaba aparcado justo en la acera del Central Park, enfrente del museo. De repente, los coches que venían en los dos sentidos desaparecieron, y llegaron cinco o seis furgones todoterreno negros con los cristales ahumados. Uno paró en el centro mismo de la calle y los demás lo rodearon. De todos ellos empezaron a salir hombres vestidos con trajes oscuros, muy elegantes, armados. Después, del vehículo central salieron Bill y Hillary Clinton, y fueron escoltados hasta las escaleras del museo, entre una multitud que trataba de acercarse por detrás del perímetro de los *men in black*. Yo permanecía dentro del coche y el susto fue monumental. Estaba a un metro del guardaespaldas más cercano a la acera, pero no me vio. ¿Quién iba a pensar que habría alguien dentro de un coche aparcado en medio de la calle? Luego me enteré de que era una cena de gala para recaudar fondos para la campaña de Obama, que el mes siguiente iba a convertirse en el primer presidente negro de los Estados Unidos. Lo del Gabo en Guadalajara me recordó un poco a lo de Clinton, quizá porque sólo mediaba mes y pico entre un sobresalto y otro, y la histeria colectiva era similar.

¿Y Gabo?

Es la pregunta que se han hecho muchos amigos comunes de los dos y muchos seguidores de la obra de los grandes del *boom*. Estos días la referencia es obligada, y la noticia necesaria. El mismo jueves 7 de octubre por la tarde, infinidad de periódicos, en su versión online, difundían el chisme: supuestamente, Gabriel García Márquez, desde la página de Twitter de casi ciento cuarenta mil seguidores, http://twitter.com/ElGabo#, habría felicitado a Mario Vargas Llosa por el acontecimiento «nobelesco», en un post titulado «Cuentas iguales». Pocos minutos después de aparecer ese comentario, un periodista de los centenares de profesionales de la información que entrevistaron al nuevo Nobel ese día, comentó con él la noticia y Vargas Llosa agradeció, educadamente, el detalle del colombiano. Pero unos cuantos minutos después, el suceso fue desmentido por la Fundación Nuevo Periodismo Iberoamericano, institución creada por Gabriel García Márquez en su país para fomentar la calidad del periodismo en nuestra América. Su director actual, Jaime Abello, aclaró que esa cuenta lleva el nombre del Nobel colombiano pero no está manejada por él, sino por seguidores de él que la han abierto hace tiempo y publican noticias y comentarios, muchas veces en primera persona, como si él mismo los escribiera, pero Gabo ni entra ni tiene en cuenta las opiniones e ideas que allí se publican. «Es una suplantación, a veces con humor, pero hoy se le fueron las luces» declaraba Abello con contundencia. Los mensajes son siempre apócrifos, y muchas veces hay informaciones sobre supuestas visitas de Gabo a lugares donde nunca ha estado. La intervención de Abello terminaba indicando que si Gabo decidiera pronunciarse sobre la concesión del Premio Nobel a Mario Vargas Llosa, lo que consideraría como «una magnífica noticia», lo haría por el canal formal.

Álvaro Mutis ha manifestado, el día 7 de octubre, que la concesión del Nobel a Mario Vargas Llosa es una fabulosa noticia para el mundo de las letras, pero que duda de que la relación entre ambos laureados pueda cambiar o mejorar. Mutis, amigo íntimo de Gabo y buen amigo de Mario, sabe que esa herida abierta es cada vez más difícil de sanar, porque la edad y la condición física de Gabo hacen difícil un encuentro y porque el silencio de los dos al respecto es muy significativo. El colombiano apenas sale de su casa y su salud es muy precaria. No sabemos qué hizo Gabo el 7 de octubre, si pudo enterarse de la noticia o ha pasado desapercibida para él. Sin embargo, Mario Vargas Llosa se levantó muy temprano y, mientras releía *El reino de este mundo* de Alejo Carpentier, pensando en sus clases de la semana siguiente en Princeton, recibió una llamada como a las cinco de la mañana, las once o las doce del mediodía en Europa. Ni Patricia ni él lograron descifrar quién llamaba y para qué, pues apenas entendían lo que decía aquella voz. Pensaron que, a esas horas, sólo podían ser malas noticias.

Lo que no se explica es que la Academia Sueca no sea consciente de la diferencia horaria entre Europa y América y, en tal caso, de que las cinco de la mañana no son horas para llamar a nadie, ni siquiera para comunicarle que ha sido galardonado con la máxima distinción a la que puede acceder un escritor, un economista, un químico, un médico, un físico y un utópico luchador por la paz en el mundo. Cuando el que estaba al otro lado de la línea pronunció las palabras «Swedish Academy», se cortó la llamada. A los pocos segundos volvió a sonar otra vez el teléfono, y ahora sí se entendió bien el mensaje: Mario había ganado el Premio Nobel de Literatura en el bicentenario de la independencia de Latinoamérica, en un mes en que se celebra en Norteamérica la «herencia hispana» y a cinco días de «Columbus Day». Al principio el peruano pensó que era una broma, y recordó lo que le pasó a Alberto Moravia años antes, cuando un malintencionado lo llamó un día parecido y le dijo que había ganado el premio. Moravia comenzó a festejarlo desde ese mismo instante, y a las pocas horas se enteró de que era una falsa información. Por eso, Mario dijo a Patricia que esperase un rato antes de comunicarlo a los hijos y a los familiares más cercanos, por si se trataba de una información equivocada o perversa. Pero la evidencia no tardó mucho en corroborarse. Antes de las seis de la mañana, hora de Nueva York, miles de medios de comunicación escrita y oral daban la noticia a bombo y platillo: el Nobel de este año había recaído en un narrador hispano-peruano, «por su cartografía de las estructuras del poder y aceradas imágenes de la resistencia, la rebelión y la derrota del individuo», como dijo el presidente del jurado de la Academia Sueca, Peter Englund, en su comparecencia ante los medios de comunicación nada más conocerse el veredicto.

La estirpe del *boom* está de fiesta. Nosotros, los que amamos la lengua española y sabemos que, aunque sea sólo un instrumento para comunicarse, algunos malabaristas hacen de ella algo sublime, también estamos de fiesta. Una celebración que durará mucho tiempo, mientras haya ejemplares de las obras de Gabo, de Mario, de Carlos, de Julio, y de los que estaban alrededor del «cogollito», en las librerías de todo el mundo, en versión original o en traducción a más de cuarenta idiomas, mientras ellos se perpetúen en el tiempo a través de sus palabras, y mientras haya hombres en la tierra que lean lo que ellos han escrito. De momento, yo estoy esperando que aparezca de una vez *El sueño del celta*, que llegue a Nueva York, que lo pueda adquirir y que tenga un fin de semana medio libre, de esos en los que la lluvia, el frío o la nieve te impiden dar un paseo por el Central Park o quedar con los amigos para arreglar el mundo, para leerlo de un tirón, como hago siempre con las novelas de Mario, y llamar a su autor después de esta locura colectiva de los días posteriores al 7 de octubre, irnos a cenar definitivamente a un cubano de Nueva Jersey, decirle que me lo firme, comentarle mis primeras impresiones, hacernos unas fotos y celebrar lo que el otro día en la Americas Society ni siquiera intuimos cuando decidimos probar los mojitos y la ropa vieja al mejor estilo cubano.

Ángel Esteban, Passaic, Nueva Jersey, 10 de 10 de 10

Bibliografía

AGUILAR SOSA, Yanet (2007). «Pesaron más treinta años de enemistad que 100 de soledad». *El Universal.* <http://www.eluniversal.com.mx/cultura/51166.html>.

ARMAS MARCELO, Juan José (2002). *Vargas Llosa. El vicio de escribir.* Madrid, Alfaguara.

BARRAL, Carlos (1982). *Los años sin excusa. Memorias II.* Barcelona, Alianza Editorial.

— (2001). *Memorias.* Barcelona, Península.

BENEDETTI, Mario (1967). «Las dentelladas del prójimo». *Marcha,* 137, 27 de octubre.

BRYCE, Alfredo (1993). *Permiso para vivir. Antimemorias.* Lima, Peisa.

— (1996). *A trancas y barrancas.* Madrid, Espasa Calpe.

CASAL, Lourdes (1971). *El caso Padilla. Literatura y revolución en Cuba. Documentos.* Nueva York, Nueva Atlántida.

CENTENO MALDONADO, Daniel (2007). *Periodismo a ras de boom. Otra pasión latinoamericana de contar.* Mérida, Universidad de Los Andes.

COAGUILA, Jorge (ed.) (2004). *Mario Vargas Llosa. Entrevistas escogidas.* Lima, F. E. Cultura Peruana.

CORTÁZAR, Julio (1994). *Obra crítica.* Madrid, Alfaguara, 3 vols.

— (1999). *Todos los fuegos el fuego.* Barcelona, Edhasa.

CREMADES, Raúl y ESTEBAN, Ángel (2002). *Cuando llegan las musas. Cómo trabajan los grandes maestros de la literatura.* Madrid, Espasa Calpe.

DÍAZ MARTÍNEZ, Manuel (1997). «El caso Padilla: Crimen y castigo (Recuerdos de un condenado)». *Encuentro de la Cultura Cubana,* 4-5, págs. 88-96.

DIEGO, Eliseo (1996-1997). «Cartas cruzadas Gastón Baquero/Eliseo Diego», *Encuentro de la Cultura Cubana,* 3, págs. 9-12.

DILLON, Alfredo (2006). «Beckett y Joyce: dublineses en París». <http://www.myriades1.com>.

DONOSO, José (1999). *Historia personal del boom.* Madrid, Alfaguara.

EDWARDS, Jorge (1989). «Enredos cubanos (dieciocho años después del "caso Padilla")». *Vuelta,* XIII, 154, págs. 35-38.

— (1990). *Adiós, poeta.* Barcelona, Tusquets.

ESTEBAN, Ángel y PANICHELLI, Stéphanie (2004). *Gabo y Fidel. El paisaje de una amistad.* Madrid, Espasa Calpe.

ESTEBAN, Ángel y GALLEGO CUIÑAS, Ana (2008). *Juegos de manos. Antología de la poesía hispanoamericana de mitad del siglo XX.* Madrid, Visor.

ETTE, Ottmar (1995). *José Martí. Apóstol, poeta revolucionario: una historia de su recepción.* México, UNAM.

FERNÁNDEZ RETAMAR, Roberto (1980). «Calibán». En VV. AA. *Revolución, Letras, Arte.* La Habana, Letras Cubanas, págs. 221-276.

FUENTES, Carlos (1972). *La nueva novela hispanoamericana.* México, Joaquín Mortiz.

GARCÍA MÁRQUEZ, Eligio (2002). *Son así. Reportaje a nueve escritores latinoamericanos.* Bogotá, El Áncora Editores/Panamericana Editorial.

GARCÍA MÁRQUEZ, Gabriel (1991). *Notas de prensa (1980-1984).* Madrid, Mondadori.

GILMAN, Claudia (2003). *Entre la pluma y el fusil. Debates y dilemas del escritor revolucionario en América Latina.* Buenos Aires, Siglo XXI Editores Argentina.

GOYTISOLO, Juan (1983). «El gato negro que atravesó nuestras oficinas de la Rue de Bièvre», *Quimera,* 29, págs. 12-25.

GUTIÉRREZ, José Luis (2007). «Vargas Llosa vs. García Márquez: Historia de un puñetazo». *Leer,* XXIII, 182, págs. 8-9.

HERRERO-OLAIZOLA, Alejandro (2007). *Latin American Writers and Franco's Spain.* Albany, State University of New York Press.

LUCAS, Antonio (2008). «Pensé en vender la agencia, ¿pero a quién?». *El País,* 5 de octubre, págs. 48-49.

MENDOZA, Plinio Apuleyo (1984). *El caso perdido. La llama y el hielo.* Bogotá, Planeta/Seix Barral.

— (1994). *El olor de la guayaba.* Barcelona, Mondadori.

MENDOZA, Plinio Apuleyo (2000). *Aquellos tiempos con Gabo.* Barcelona, Plaza y Janés.

MOREJÓN ARNAIZ, Idalia (2004). «El crítico como estratega: Rama & Retamar vs. Monegal». <www.cubistamagazine.com>.

MORIN, Edgar (1960). «Intellectuels: critique du mythe et mythe de la critique». *Arguments* (XX), cuarto trimestre.

MOYA, Rodrigo (2007). «La terrífica historia de un ojo morado». *La Jornada,* 6 de marzo. <www.jornada.unam.mx/2007/03/06/index.php?section=cultura&article>.

OVIEDO, José Miguel (2007). *Dossier Vargas Llosa.* Lima, Taurus.

PALENCIA-ROTH, Michael (1990). «The Art of Memory in García Márquez and Vargas Llosa». *Language Notes,* 105, págs. 351-367.

PRATS FONS, Nuria (1995). *La novela hispanoamericana en España 1962-1975.* Granada, Universidad de Granada. Tesis doctoral.

RAMA, Ángel (1984). «El «boom» en perspectiva». VV. AA. *Más allá del boom: literatura y mercado.* Buenos Aires, Folios Ediciones, págs. 51-110.

— (1986). *La novela en América Latina.* México, Universidad Veracruzana/Fundación Ángel Rama.

— y VARGAS LLOSA, Mario (1972). *García Márquez y la problemática de la novela.* Buenos Aires, Corregidor.

RENTERÍA, Alfonso (1979). *García Márquez habla de García Márquez.* Bogotá, Rentería Editores.

SÁENZ HAYES, Ricardo (1952). *La amistad en la vida y en los libros.* Buenos Aires, Espasa Calpe.

— (2007). «Amistades históricas: Goethe y Schiller». <http://www.enfocarte.com>.

SALDÍVAR, Dasso (1997). *García Márquez. El viaje a la semilla.* Madrid, Alfaguara.

SETTI, Ricardo A. (1989). *Diálogo con Mario Vargas Llosa.* Buenos Aires, Intermundo.

SIERRA, Ernesto (2006). «Mundo Nuevo y las máscaras de la cultura». *Hipertexto,* 3, págs. 3-13.

VARGAS LLOSA, Mario (1983). *Contra viento y marea (1962-1982).* Barcelona, Seix Barral.

— (1993). *El pez en el agua. Memorias.* Barcelona, Seix Barral.

VARGAS LLOSA, Mario (2007). *Obras completas VI. Ensayos literarios I.* Barcelona, Galaxia Gutenberg.

— (2008). «París, entre unicornios y quimeras». <http://elviajero.el-pais.com/articulo/viajes/unicornios/quimeras/Paris/Vargas/Llosa/elp-viavia/20080628elpviavje_3/Tes>.

VÁZQUEZ MONTALBÁN, Manuel (1998). *Y Dios entró en La Habana.* Madrid, El País/Aguilar.

VIÑAS, David (1971). «Viñas o la otra alternativa en el debate acerca del caso Padilla». *La Opinión,* 11 de junio, pág. 23.

VERDECIA, Carlos (1992). *Conversación con Heberto Padilla.* Costa Rica, Kosmos.

VV. AA. (1971). «El caso Padilla. Documentos». *Libre.* IX/XI.

— (1971b). *Panorama actual de la literatura latinoamericana.* Madrid, Fundamentos.

WILLIAMS, Raymond L. (2001). *Otra historia de un deicidio.* México, Taurus.

YURKIEVICH, Saúl (1972). «Cuba: política cultural. Reseña de una conferencia de prensa». *Libre,* 4.

ZAPATA, Juan Carlos (2007). *Gabo nació en Caracas, no en Aracataca.* Caracas, Alfa.

ÍNDICE ONOMÁSTICO